p.123

p.124

p.135

p.136

p.137

p.138

p.138

p.139

p.139

─ p.140 ─

─ p.151 ─

─ p.152 ─

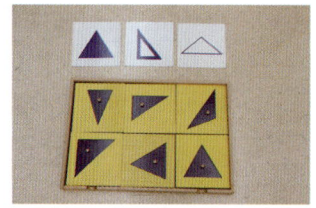  

─ p.153 ─

 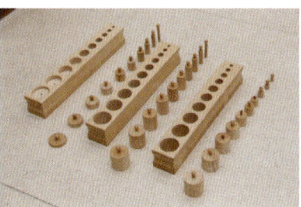 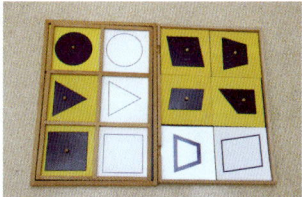

p.154

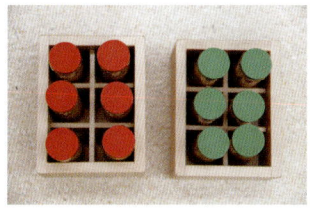  

p.155

   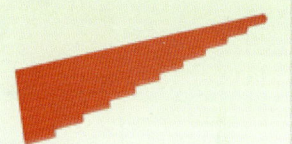

p.168

p.169

6

———————— p.169 ————————

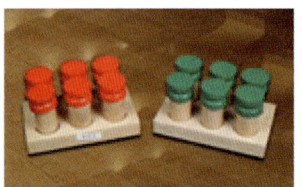

———————— p.170 ————————

— p.171 —

 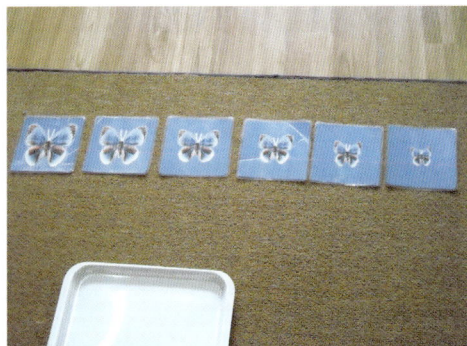

— p.192 —

 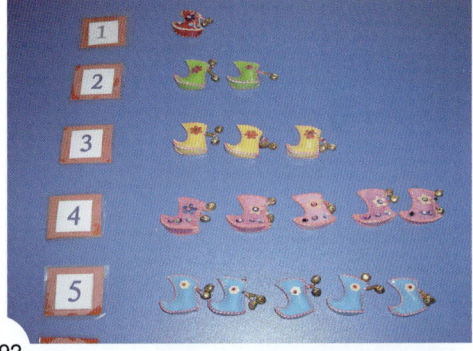

— p.192 —

8

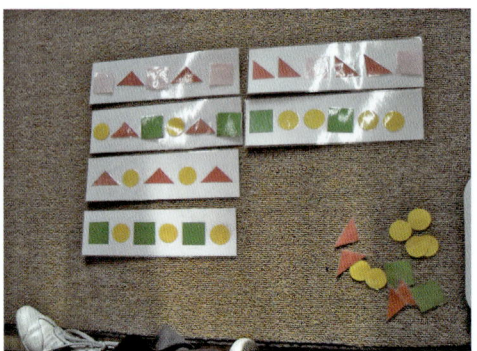

p.193

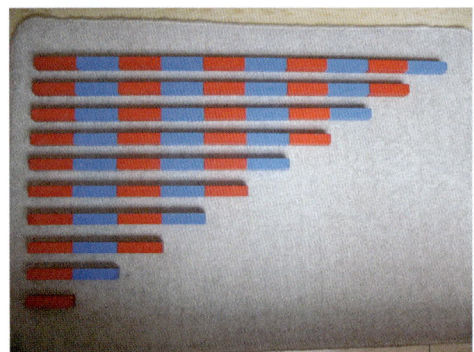

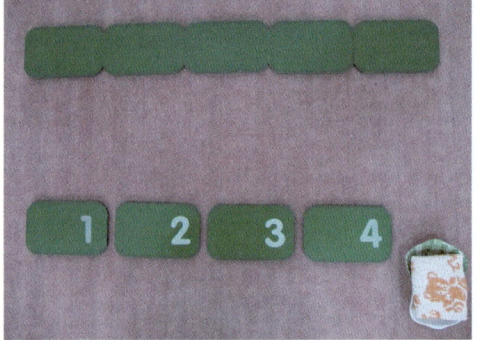

p.195

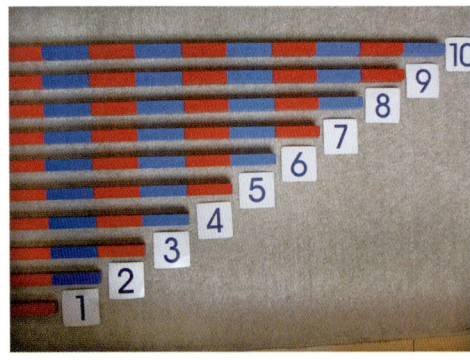

p.196

p.197

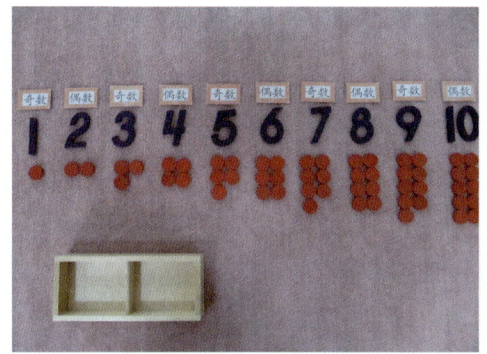

p.197

p.198

p.199

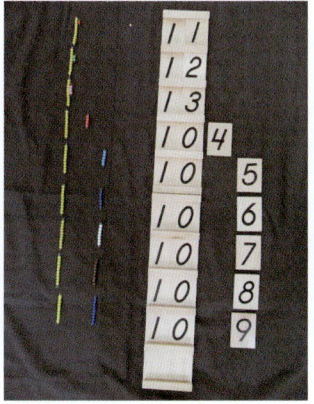

p.200

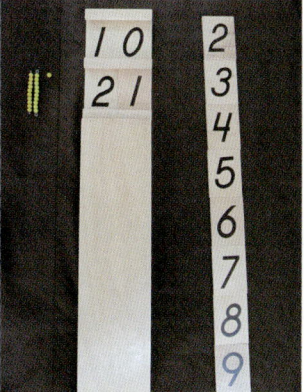

p.201

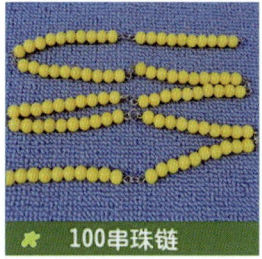

p.202

10

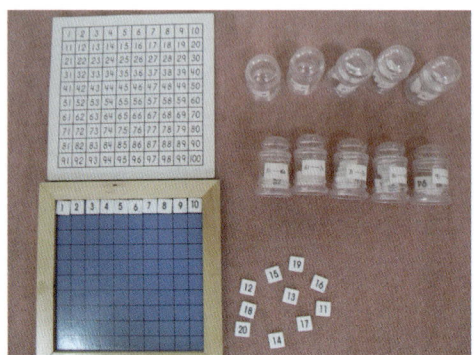
p.203

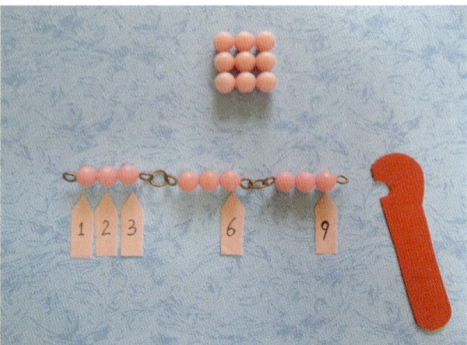

p.204

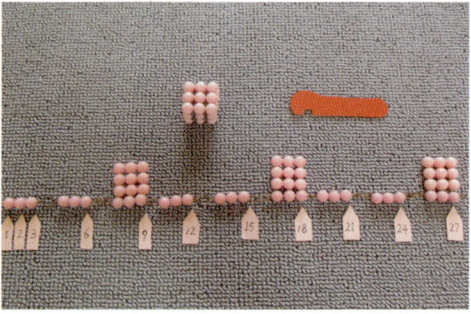
p.205

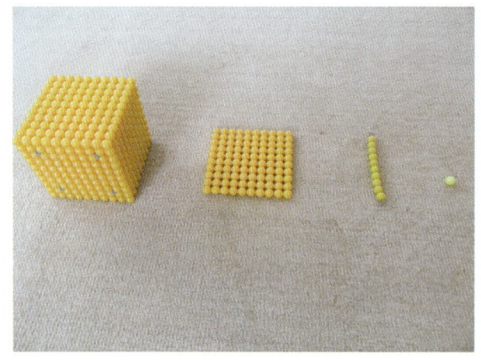
p.205

p.206

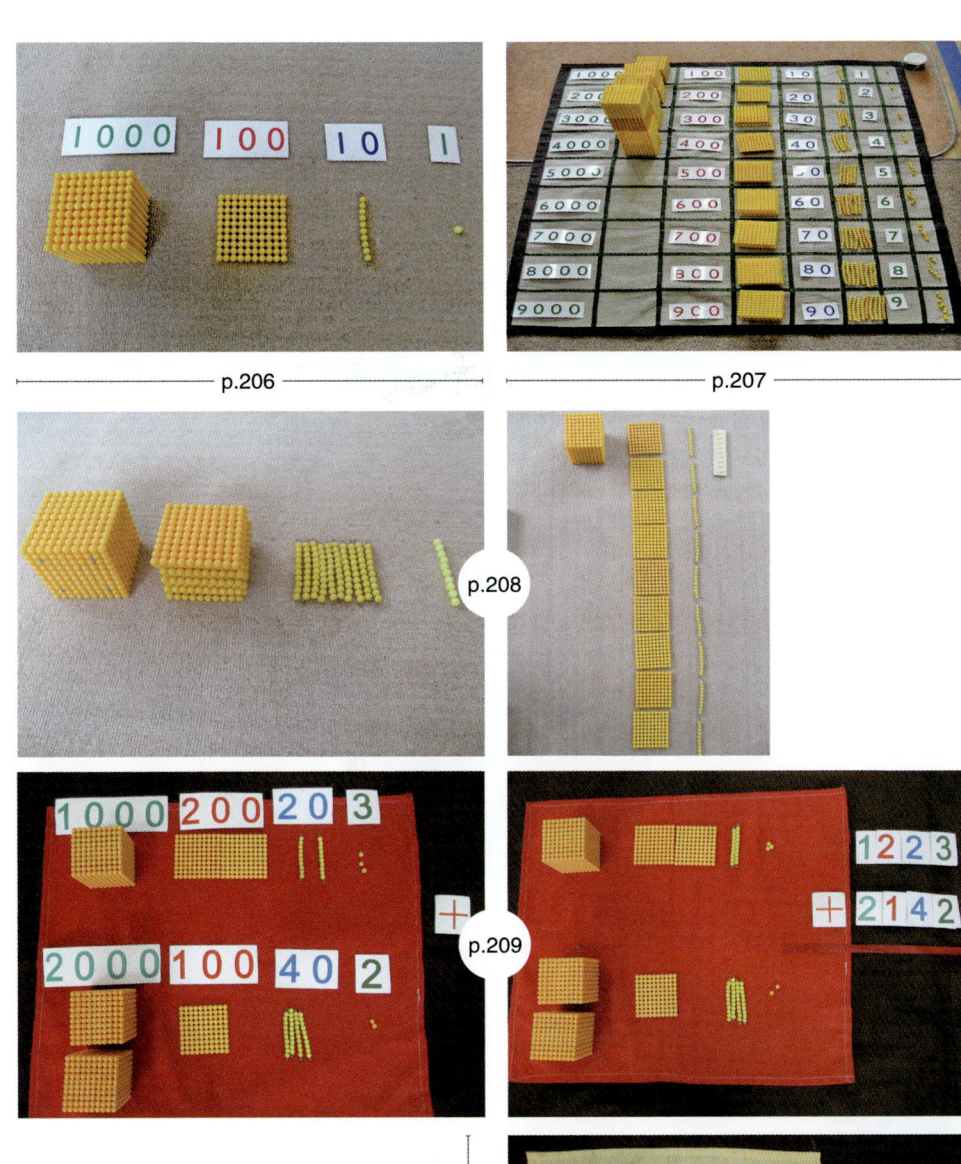

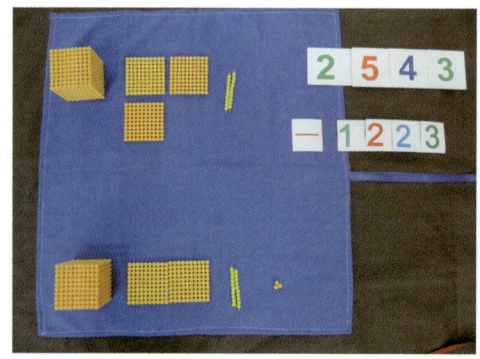
p.211

p.212

p.213　　　　　　　　　　p.214

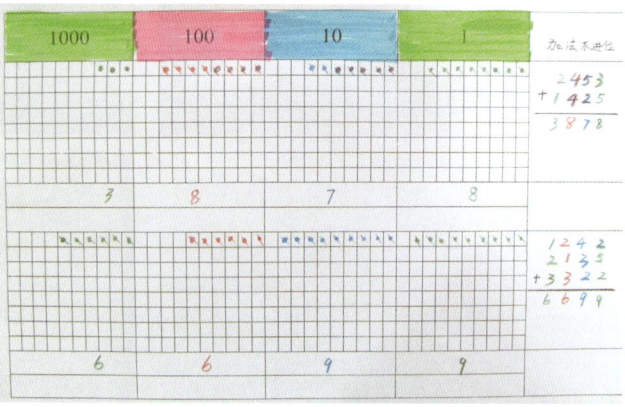
p.214

p.215

p.216

 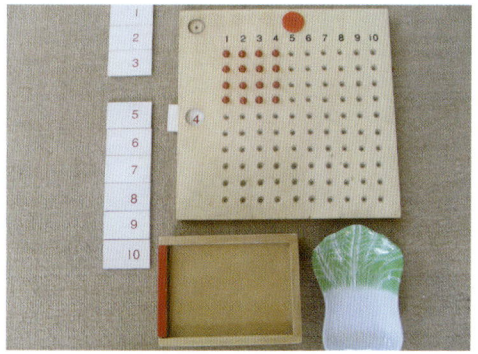

p.217

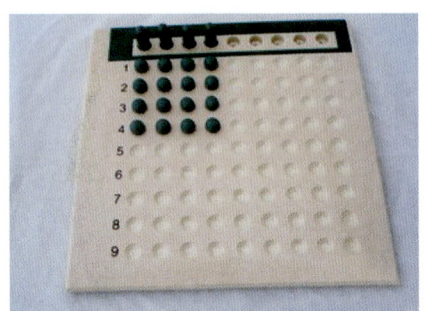

p.218

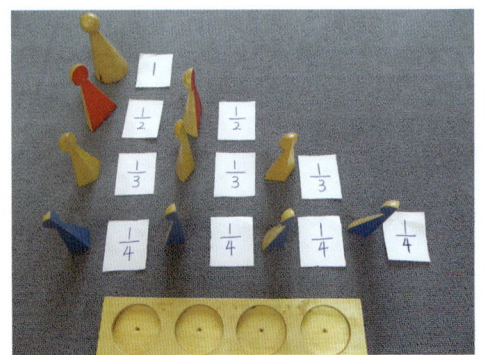

p.219

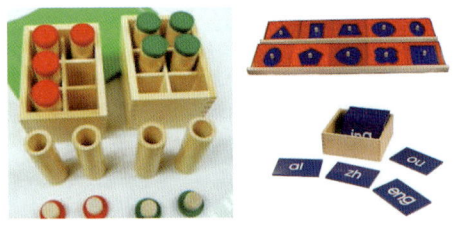

p.235 p.236

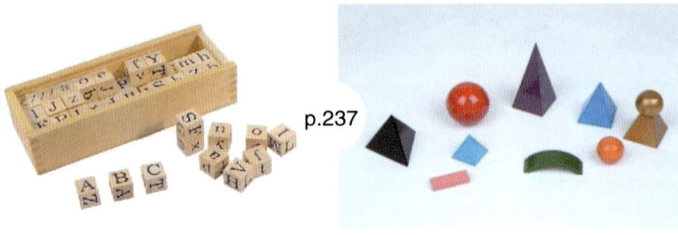

p.237

p.237

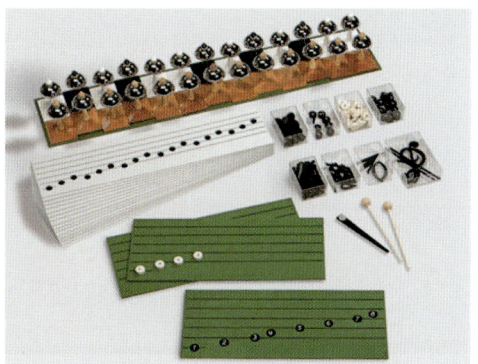

p.280

p.284

p.285

p.348

 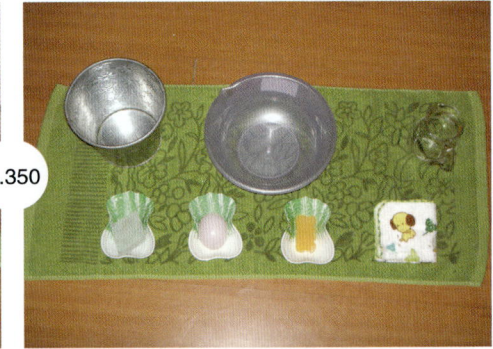

p.350

p.352

p.354

p.355

跟蒙台梭利
学做快乐的幼儿教师

刘文◎主编

黄冠坤◎副主编

中国轻工业出版社

图书在版编目（CIP）数据

跟蒙台梭利学做快乐的幼儿教师／刘文主编．—
北京：中国轻工业出版社，2015.6（2022.3重印）
ISBN 978-7-5184-0193-2

Ⅰ.①跟…　Ⅱ.①刘…　Ⅲ.①学前教育-教学
参考资料　Ⅳ.①G613

中国版本图书馆CIP数据核字（2014）第300329号

总 策 划：石　铁
策划编辑：吴　红　　　　　　责任终审：杜文勇
责任编辑：吴　红　　　　　　责任监印：刘志颖

出版发行：中国轻工业出版社（北京东长安街6号，邮编：100740）
印　　刷：三河市鑫金马印装有限公司
经　　销：各地新华书店
版　　次：2022年3月第1版第3次印刷
开　　本：710×1000　1/16　印张：24.25　插页：16
字　　数：260千字
印　　数：7001—9000
书　　号：ISBN 978-7-5184-0193-2　　定价：58.00元

读者热线：010—65181109，65262933
发行电话：010—85119832　传真：010—85113293
网　　址：http://www.chlip.com.cn　http://www.wqedu.com
电子信箱：1012305542@qq.com

如发现图书残缺请拨打读者热线联系调换
141539Y1X101ZBW

推荐序

2010年年底,为切实扶持学前教育的发展,国家针对学前教育的现状出台了多项强有力的促进措施。实现我国《国家中长期教育改革和发展规划纲要(2010—2020年)》,一要普及幼儿园教育,二要提升幼儿园教育质量,以满足社会日益增长的学前教育的需求。

2012年10月教育部正式发表了《3—6岁儿童学习与发展指南》(以下简称《指南》),回答了广大幼儿教师和家长一直困惑的"幼儿该知道什么、能做什么和发展水平如何"等问题。我想,可以用一句话来解读《指南》与蒙台梭利教育的关系:但凡科学的理论皆有付诸实践并指导实践的价值,而蒙台梭利教学方法可以成为实施《指南》的可行和可操作的教学方法之一。

作为一种科学的幼儿教育理念,蒙台梭利教育在目前我国幼教界广受关注,但是,在蒙台梭利教育"本土化"过程中却出现了诸多的问题。比如,有的幼儿园支离破碎地模仿,相当一部分幼儿园偏重蒙台梭利教育的教具操作部分,而忽略了蒙台梭利教育理念的基本精神与真正内涵;加之一些商家的炒作,更造成了幼儿教师和家长对蒙台梭利教育的误解。

刘文教授于1994年赴美国华盛顿蒙台梭利学校学习,回国后一直致力于蒙台梭利教育理论的实证研究和教师培训工作。为了研究蒙台梭利教育在中国实践的可能性,也为了解开人们对蒙台梭利教育的种种误解,在过去近20年里,刘文教授进行了积极探索,组成了多个科研项目组,参与和申请了多个国家级项目,取得了一些突破性的进展。她曾经出版过 6 本关于蒙台梭利教育研究的专著，并主持编写了两套蒙台梭利幼儿园教师用书，我曾为她写的第一本书《蒙台梭利幼儿教育理论与实践》作序（2002 年），那一年她因突出的科研成果晋升为我校最年轻的教授。

《跟蒙台梭利学做快乐的幼儿教师》一书由刘文教授主编，是其与来自全国各地从事蒙台梭利教育理论研究与实践的工作者共同研究的成果。

细读这本书，我们可以发现它具有以下特色：

第一，更加深入、全面、多角度地挖掘了蒙台梭利教育方法的思想核心，为国内的蒙台梭利教育工作者探索具有中国特色的蒙台梭利教育提供了理论依据。

第二，在阐述蒙台梭利教育理论的同时，作者更注重应用性，每章都结合了蒙台梭利教育在我国实践的案例进行分析，不仅可以为广大幼教工作者指点迷津，而且提供了具体的可操作方法的依据。

第三，结合国内的实际，指出在实施蒙台梭利教育过程中出现的问题，并提出了一些新的思考，为进一步研究蒙台梭利教育在中国的实践提供了新的思路，具有创新性。

第四，作者来自全国各地，既有大学教师，也有从事实践工作的幼儿教师，更有幼儿园管理人员。可以说汇聚了各地从事蒙台梭利教育的精英，这样的团队使得此书别具特色，也使此书的受众更加广泛。

总之，我很高兴能看到《跟蒙台梭利学做快乐的幼儿教师》这本书的问世，更为我国蒙台梭利教育的应用增添了一本具有理论高度兼具务实性的好书而倍感欣慰，期待广大儿童教育工作者和家长能够从中获益。

杨丽珠
2014 年 9 月 9 日
于辽宁师范大学

前　言

2014年7月7日在全国人大会议中心举行的国家人力资源和社会保障部中国就业培训技术指导中心（CETTIC）新闻发布会上，蒙台梭利教育培养师成为新增设的六种职业培训项目之一，这意味着这一具有100多年历史、被全球180个国家采用的幼儿教育方法在引进中国30多年之后首次得到官方认可的身份，在简政放权的大背景下，即将在中国"持证上岗"，很多从事蒙台梭利教育的朋友奔走相告这一好消息。

20年前，我有幸作为辽宁省幼儿教育研究会和辽宁师范大学联合公派的访问学者远赴美国华盛顿蒙台梭利学校学习，从此与蒙台梭利教育结下了不解之缘。当时我还是蒙台梭利教育的怀疑论者，因为我国教育界对蒙台梭利教育的评价褒贬不一。尽管如此，我相信蒙台梭利教育的优势应该兼容并蓄地融合在我国的教育教学实践之中。

带着疑问，我开始了对蒙台梭利教育的探索和研究，在美国系统地接受培训、学习和研究之后，一种内在的力量促使我将蒙台梭利教育思想中的精髓结合到我国幼教的基础研究与教学工作之中，同时我也开始了发展心理学博士和博士后学习与研究。

2002年，我出版了第一部关于蒙台梭利幼儿教育理论与实践的书，我的美国老师——美国华盛顿州蒙台梭利教师培训中心主任Sharlet Mcklurkin女士，和我的硕士导师——我国国家级教学名师杨丽珠教授欣然作序。

为了探讨蒙台梭利教育的科学性以及中国化问题，在过去20年中我们进行了四个阶段的实证研究，取得的成果主要有：

第一阶段，蒙台梭利班幼儿个性发展的研究。这一阶段的成果论文是《蒙台梭利教学法对幼儿个性影响的实验研究》。

第二阶段，蒙台梭利班幼儿创造性人格的培养。主要包括三项研究：

研究一：《蒙台梭利教育中幼儿创造性人格的比较与研究》。该研究尝试在蒙台梭利教育和非蒙台梭利教育两种模式下，通过问卷、观察、个案分析等方法了解幼儿创造性人格的发展状况，并对儿童创造性人格的特质加以比较、分析。

研究二：《蒙台梭利教育有效促进幼儿创造性人格发展的研究》。本研究采用问卷法、观察法对蒙台梭利班和非蒙台梭利班幼儿的创造性人格的发展情况进行分析，用数据对比来说明蒙台梭利教育理论和教学法的创造性、科学性、先进性和实践性。

研究三：《借鉴蒙台梭利教育培养幼儿创造性人格实践初探》。本研究采用《0—6岁婴幼儿发育筛查测验》、《瑞文测试》、《幼儿创造性人格评定》等工具来探讨蒙台梭利教学对幼儿创造性人格的影响。

第三阶段，蒙台梭利班幼儿创造性人格与认知关系（混龄教育）的研究。该研究探讨了蒙台梭利教育对儿童人格和认知两方面的影响，主要采用问卷法和实验法，从心理理论和创造性人格入手，探讨混龄教学对4—5岁幼儿认知和人格发展的影响，并以受认知水平影响最大的创造性人格特质——幽默感为切入点来考察其与心理理论之间的关系。

第四个阶段，蒙台梭利幼儿教育纵向研究和教师培训的研究。

本书正是第四个阶段的部分成果。

本书正是适应蒙台梭利教育的最新发展，综合国内外最新的蒙台梭利教育研究成果，从现代发展心理学的角度进行系统理论阐释，循序渐进地引导教师和读者，从理论到实践、从思想观念到具体操作、从环境创设到教室布置、从教师管理到幼儿园管理、从幼儿教养到亲子活动设计、从案例分析到应用方法示范，全方位、多视角地论述，以满足幼儿教师发展和培训之急需，同时也适用于幼儿家长及相关的研究者。

本书作者都是曾经向我学习或与我研讨过蒙台梭利教育的老师，他们分别来自河南周口师范学院、浙江心元教育集团（杭州）、成都金苹果城南阳光幼稚园、香港跨世纪教育集团、新疆乌鲁木齐市博望幼教集团、深圳幼教系统、大连环球双语幼儿园、大连万科魅力之城幼儿园、大连儿童之家、辽宁师范大学心理学院。从年龄来看，以中青年为主；从学历来看，基本上都在硕士学位以上；从工作经验来看，基本上都从事过幼儿班级的教学，然后升任主管、园长或集团培训部主任等；从地域分布来看，从西北到西南，从东北到东南，共涵盖了 7 个省市。

本书编写工作具体分工如下：第一章和第二章，刘文；第三章，朱函昱、李满仓；第四章，林丽、刘文；第五章，黄冠坤、朱函昱；第六章，靳薇薇；第七章，黄冠坤；第八章，宋红；第九章，胡日勒、刘文；第十章，魏玉枝、朱函昱；第十一章，黄冠坤、马云和张莉；第十二章，赖清文、刘文；第十三章，林丽；第十四章，赖清文、刘文；附录由朱函昱整理。全书由刘文、黄冠坤、朱函昱统稿，刘文定稿。研究生邵姝姮、车瀚博参与了本书的校对和排版工作。

本书得以顺利出版首先要衷心感谢北京师范大学的梁志燊教授。她是我的大学启蒙老师，是蒙台梭利教育在中国的实践和研究的发起者。她为我提供了许多研究与交流的机会，扩展了我的眼界和思路。虽然她已逝去，但是她对中国蒙台梭利幼儿教育事业的重要贡献永远铭记在我们心中。

其次，要感谢我的美国老师 Sharlet Mcklurkin 女士，她虽年逾八十，但仍奔走于世界各地培训幼儿教师和传播蒙台梭利教育。

再次，我要感谢我的硕、博士导师杨丽珠教授和博士后导师林崇德教授，他们虽然已步入古稀之年，但仍然孜孜不倦地在学术的道路上伏骥耕耘。他们德才双馨，是我学习的楷模。有幸成为他们的学生，为我的学术发展奠定了坚实的基础。

最后，要感谢万千教育编辑部的吴红编辑多次盛情邀请和耐心等待，这本书，我们写了一年半，他也耐心地坚守了这么长的时间。

同时，感谢所有为本书出版辛勤工作的同人！本书还参考引用了大量文献资料，在此对作者表示由衷的谢意！

对于蒙台梭利教育的一些争议，我们还需要开展更深入、更广泛的研究。我认为，实证研究是最佳解决途径。因为在蒙台梭利博士的那个时代，教育工作者包括蒙台梭利博士本人，只能依靠观察和现场实验研究。随着时代的发展和社会的进步，现在已经有更现代的科学方法和手段进行实证研究。本书中定有不当之处，敬请各位同行专家批评指正！

路漫漫其修远兮，吾将上下而求索！

刘 文

2014 年 9 月 10 日

于大连万科园

目 录

第一章 蒙台梭利的生平和教育活动 ·· 1
  第一节 蒙台梭利的求学之路 ·· 2
  第二节 蒙台梭利教育方法的产生和发展 ·································· 4
    一、蒙台梭利教育方法的产生 ·· 4
    二、蒙台梭利教育理论的发展与推广 ··································· 7
  第三节 蒙台梭利教育理论对世界和平的贡献 ························· 10

第二章 蒙台梭利的教育观点、评价及其影响 ···························· 15
  第一节 教育的目的 ·· 16
  第二节 教育哲学 ··· 16
    一、童年是一个完整的个体 ··· 17
    二、儿童是成人之父 ··· 17
    三、儿童是爱的源泉 ··· 18
  第三节 教育观 ·· 19
    一、影响儿童发展的因素 ·· 19
    二、敏感期 ·· 21
    三、吸收性心智 ··· 25
    四、儿童成长的原则 ·· 27
    五、有准备的环境 ·· 35
  第四节 蒙台梭利教育的现代科学意义 ···································· 38

一、蒙台梭利教育的科学性⋯⋯⋯⋯⋯⋯⋯⋯⋯⋯⋯⋯⋯⋯38
　　二、蒙台梭利教育的现实意义⋯⋯⋯⋯⋯⋯⋯⋯⋯⋯⋯⋯40
　　三、蒙台梭利教育法传入中国⋯⋯⋯⋯⋯⋯⋯⋯⋯⋯⋯⋯42

第三章　蒙台梭利的教师观⋯⋯⋯⋯⋯⋯⋯⋯⋯⋯⋯⋯⋯⋯⋯⋯47
　第一节　蒙台梭利教师的角色⋯⋯⋯⋯⋯⋯⋯⋯⋯⋯⋯⋯⋯⋯48
　　一、教师是观察者⋯⋯⋯⋯⋯⋯⋯⋯⋯⋯⋯⋯⋯⋯⋯⋯⋯48
　　二、教师是引导者⋯⋯⋯⋯⋯⋯⋯⋯⋯⋯⋯⋯⋯⋯⋯⋯⋯49
　第二节　蒙台梭利教师的准备⋯⋯⋯⋯⋯⋯⋯⋯⋯⋯⋯⋯⋯⋯51
　　一、蒙台梭利教师训练的必要性⋯⋯⋯⋯⋯⋯⋯⋯⋯⋯⋯51
　　二、蒙台梭利教师的准备工作⋯⋯⋯⋯⋯⋯⋯⋯⋯⋯⋯⋯53
　第三节　蒙台梭利教师的职业品质⋯⋯⋯⋯⋯⋯⋯⋯⋯⋯⋯⋯55
　　一、思想品德素质⋯⋯⋯⋯⋯⋯⋯⋯⋯⋯⋯⋯⋯⋯⋯⋯⋯55
　　二、基本文化素质⋯⋯⋯⋯⋯⋯⋯⋯⋯⋯⋯⋯⋯⋯⋯⋯⋯56
　　三、教育技能素质⋯⋯⋯⋯⋯⋯⋯⋯⋯⋯⋯⋯⋯⋯⋯⋯⋯56
　　四、个性心理素质⋯⋯⋯⋯⋯⋯⋯⋯⋯⋯⋯⋯⋯⋯⋯⋯⋯58
　　五、仪容仪表⋯⋯⋯⋯⋯⋯⋯⋯⋯⋯⋯⋯⋯⋯⋯⋯⋯⋯⋯59
　第四节　蒙台梭利教师的条件⋯⋯⋯⋯⋯⋯⋯⋯⋯⋯⋯⋯⋯⋯60
　　一、蒙台梭利教师的职责⋯⋯⋯⋯⋯⋯⋯⋯⋯⋯⋯⋯⋯⋯60
　　二、蒙台梭利教师的守则⋯⋯⋯⋯⋯⋯⋯⋯⋯⋯⋯⋯⋯⋯60
　　三、蒙台梭利教师五日观察表⋯⋯⋯⋯⋯⋯⋯⋯⋯⋯⋯⋯61

第四章　蒙台梭利教学法⋯⋯⋯⋯⋯⋯⋯⋯⋯⋯⋯⋯⋯⋯⋯⋯⋯63
　第一节　蒙台梭利教学法特点概述⋯⋯⋯⋯⋯⋯⋯⋯⋯⋯⋯⋯64
　　一、以儿童为中心⋯⋯⋯⋯⋯⋯⋯⋯⋯⋯⋯⋯⋯⋯⋯⋯⋯64
　　二、自由与规则⋯⋯⋯⋯⋯⋯⋯⋯⋯⋯⋯⋯⋯⋯⋯⋯⋯⋯64
　　三、注重个体教育⋯⋯⋯⋯⋯⋯⋯⋯⋯⋯⋯⋯⋯⋯⋯⋯⋯65

四、自我教育 ··· 65
　　五、注重儿童人格的完善 ····························· 66
　　六、敏感期教育 ····································· 66
　　七、混龄教学 ······································· 66
　　八、排除奖惩制度 ··································· 66
　　九、注重日常生活教育及感觉教育 ····················· 67
　　十、注重和平教育 ··································· 67
　第二节　混龄教学 ······································ 68
　　一、混龄班教学的理论基础 ··························· 68
　　二、混龄编班模式 ··································· 69
　　三、混龄班级的优势 ································· 70
　　四、混龄编班对环境设置及教师的要求 ················· 71
　第三节　科学观察 ······································ 72
　　一、观察的基本要求 ································· 72
　　二、观察的内容 ····································· 73
　　三、观察的方法 ····································· 74
　　四、观察的原则 ····································· 75
　　五、观察记录表 ····································· 75
　　六、蒙台梭利教师的反思与分析 ······················· 78
　第四节　教师示范和指导方法 ···························· 79
　　一、教师示范原则 ··································· 79
　　二、教室内教师指导原则 ····························· 80

第五章　蒙台梭利教室的准备 ······························· 83
　第一节　营造温馨的蒙台梭利教育环境 ···················· 84
　　一、蒙台梭利教室的整体要求及规划 ··················· 84
　　二、划分蒙台梭利教室内的区域 ······················· 85

三、完善蒙台梭利教室内的设施⋯⋯⋯⋯⋯⋯⋯⋯⋯⋯⋯⋯⋯86
四、装饰蒙台梭利教室内的细节⋯⋯⋯⋯⋯⋯⋯⋯⋯⋯⋯⋯⋯89

第二节　提供丰富的蒙台梭利教具⋯⋯⋯⋯⋯⋯⋯⋯⋯⋯⋯⋯⋯⋯90
一、蒙台梭利教具的配备⋯⋯⋯⋯⋯⋯⋯⋯⋯⋯⋯⋯⋯⋯⋯⋯90
二、蒙台梭利教具的摆放⋯⋯⋯⋯⋯⋯⋯⋯⋯⋯⋯⋯⋯⋯⋯⋯95
三、蒙台梭利延伸教具的制作⋯⋯⋯⋯⋯⋯⋯⋯⋯⋯⋯⋯⋯⋯96
四、蒙台梭利教具的原则⋯⋯⋯⋯⋯⋯⋯⋯⋯⋯⋯⋯⋯⋯⋯⋯96

第六章　蒙台梭利日常生活教具与教学⋯⋯⋯⋯⋯⋯⋯⋯⋯⋯⋯⋯⋯99

第一节　蒙台梭利日常生活教育的概述⋯⋯⋯⋯⋯⋯⋯⋯⋯⋯⋯⋯100
一、蒙台梭利日常生活教育理论⋯⋯⋯⋯⋯⋯⋯⋯⋯⋯⋯⋯101
二、蒙台梭利日常生活教育方法⋯⋯⋯⋯⋯⋯⋯⋯⋯⋯⋯⋯105

第二节　蒙台梭利日常生活教育的基础教学⋯⋯⋯⋯⋯⋯⋯⋯⋯⋯108
一、教学内容⋯⋯⋯⋯⋯⋯⋯⋯⋯⋯⋯⋯⋯⋯⋯⋯⋯⋯⋯⋯108
二、教学环境的准备⋯⋯⋯⋯⋯⋯⋯⋯⋯⋯⋯⋯⋯⋯⋯⋯⋯110
三、日常生活教具⋯⋯⋯⋯⋯⋯⋯⋯⋯⋯⋯⋯⋯⋯⋯⋯⋯⋯112

第三节　蒙台梭利日常生活教育的延伸教学内容⋯⋯⋯⋯⋯⋯⋯⋯116
一、延伸教学内容⋯⋯⋯⋯⋯⋯⋯⋯⋯⋯⋯⋯⋯⋯⋯⋯⋯⋯116
二、延伸教具制作⋯⋯⋯⋯⋯⋯⋯⋯⋯⋯⋯⋯⋯⋯⋯⋯⋯⋯116
三、与其他领域结合的教学方法⋯⋯⋯⋯⋯⋯⋯⋯⋯⋯⋯⋯134

第四节　蒙台梭利日常生活教学中的问题与解决⋯⋯⋯⋯⋯⋯⋯⋯140
第五节　蒙台梭利日常生活教学过程中教师的观察与记录⋯141
一、教师观察的重要性⋯⋯⋯⋯⋯⋯⋯⋯⋯⋯⋯⋯⋯⋯⋯⋯142
二、教师观察的内容⋯⋯⋯⋯⋯⋯⋯⋯⋯⋯⋯⋯⋯⋯⋯⋯⋯144
三、观察表格与设计⋯⋯⋯⋯⋯⋯⋯⋯⋯⋯⋯⋯⋯⋯⋯⋯⋯146
四、记录的重要性⋯⋯⋯⋯⋯⋯⋯⋯⋯⋯⋯⋯⋯⋯⋯⋯⋯⋯157
五、记录的方式⋯⋯⋯⋯⋯⋯⋯⋯⋯⋯⋯⋯⋯⋯⋯⋯⋯⋯⋯158

第七章 蒙台梭利感官教育与教学 ································ 159
第一节 蒙台梭利感官教育的概况 ································ 160
一、蒙台梭利感官教育理论 ································ 160
二、蒙台梭利感官教育方法 ································ 162
三、蒙台梭利感官教育的重要性 ································ 166
第二节 蒙台梭利感官教育的基础教学 ································ 167
一、蒙台梭利感官教育的教学内容 ································ 167
二、基础教具介绍 ································ 167
三、教学环境的准备 ································ 171
第三节 蒙台梭利感官教育的延伸教学内容 ································ 172
一、延伸教学内容 ································ 172
二、延伸教具制作 ································ 173
三、与其他领域结合的教学方法 ································ 176
第四节 蒙台梭利感官教学中的问题与解决 ································ 178
一、教师教学问题与解决方法 ································ 178
二、幼儿遇到的问题与解决方法 ································ 179
第五节 蒙台梭利感官教学过程中教师的观察与记录 ································ 180
一、教师的观察 ································ 180
二、教师的记录 ································ 182

第八章 蒙台梭利数学教具与教学 ································ 185
第一节 蒙台梭利数学教育概况 ································ 186
一、蒙台梭利关于儿童的"数学心智" ································ 186
二、蒙台梭利数学教育观 ································ 187
三、蒙台梭利数学教育的特色 ································ 187
四、蒙台梭利数学教育的意义 ································ 190
第二节 蒙台梭利数学教育的基础教学 ································ 190

一、教学内容··190
　　二、蒙台梭利数学基础教具介绍································193
　　三、教学环境的准备··221
第三节　蒙台梭利数学教育的延伸教学内容··························221
第四节　蒙台梭利数学教育中的问题与解决··························223
　　一、儿童不愿选择数学区的教具································223
　　二、儿童对数学区教具的操作兴趣有反复性······················224
第五节　蒙台梭利数学教学过程中教师的观察与记录··················225

第九章　蒙台梭利语言教具与教学······························227
第一节　蒙台梭利语言教育的概况··································228
　　一、蒙台梭利语言教育理论····································228
　　二、蒙台梭利语言教育方法····································229
　　三、蒙台梭利语言教育的重要性································231
第二节　蒙台梭利语言教育的基础教学······························231
　　一、教学内容··231
　　二、基础教具介绍··234
　　三、教学环境的准备··238
第三节　蒙台梭利语言教育的延伸教学内容··························238
　　一、延伸教学内容··238
　　二、延伸教具制作··240
第四节　蒙台梭利语言教学中的问题与解决··························241
　　一、团体教学或个别教学······································241
　　二、蒙台梭利语言教育的时间安排······························242
　　三、幼儿教师语言教材的选择··································242
第五节　蒙台梭利语言教学过程中教师的观察与记录··················243
　　一、教师的观察··243

二、教师的记录……………………………………………………245

第十章　蒙台梭利科学文化教具与教学……………………………247
　第一节　蒙台梭利科学文化教育的概况……………………………248
　　一、蒙台梭利科学文化教育理论………………………………248
　　二、蒙台梭利科学文化教育方法………………………………249
　　三、幼儿科学文化教育的重要性………………………………251
　第二节　蒙台梭利科学文化教育的基础教学………………………253
　　一、教学内容……………………………………………………253
　　二、基础教具介绍………………………………………………255
　　三、教学环境的准备……………………………………………259
　第三节　蒙台梭利科学文化教育的延伸教学内容…………………261
　　一、延伸教学内容………………………………………………261
　　二、延伸教具制作………………………………………………262
　　三、与其他领域结合的教学方法………………………………264
　第四节　蒙台梭利科学文化教育中的问题与解决…………………265
　　一、教师存在的问题与解决方法………………………………265
　　二、幼儿遇到的问题与解决方法………………………………266
　第五节　蒙台梭利科学文化教学过程中教师的观察与记录……268
　　一、教师的观察…………………………………………………268
　　二、教师的记录…………………………………………………269

第十一章　蒙台梭利艺术教具与教学………………………………271
　第一节　蒙台梭利艺术教育的概况…………………………………272
　　一、蒙台梭利艺术教育理论……………………………………272
　　二、蒙台梭利艺术教育方法……………………………………273
　　三、蒙台梭利艺术教育的重要性………………………………276

第二节　蒙台梭利艺术教育的基础教学……277
　　一、教学内容……277
　　二、基础教具介绍……280
　　三、教学环境的准备……282
第三节　蒙台梭利艺术教育的延伸教学内容……283
　　一、延伸教学内容……283
　　二、延伸教具制作……286
　　三、与其他领域结合的教学方法……286
第四节　蒙台梭利艺术教学中的问题与解决……287
　　一、教师教学问题与解决方法……287
　　二、幼儿遇到的问题与解决方法……289
第五节　蒙台梭利艺术教学过程中教师的观察与记录……289
　　一、教师的观察……289
　　二、教师的记录……290

第十二章　蒙台梭利幼儿园管理……293

第一节　蒙台梭利幼儿园招生……294
　　一、蒙台梭利幼儿园的基本招生步骤……294
　　二、蒙台梭利幼儿园招生的特点……295
第二节　蒙台梭利幼儿园教职工的聘任……297
　　一、蒙台梭利幼儿园的招聘流程……298
　　二、蒙台梭利幼儿园园长的聘任……299
　　三、蒙台梭利幼儿园教师的聘任……300
　　四、蒙台梭利幼儿园其他教职工的聘任……301
　　五、其他问题……301
第三节　蒙台梭利幼儿园园长的职责……302
　　一、建设良好的内外部环境……302

二、创建和谐的工作氛围……………………………………303
　　三、学习人事管理的技能……………………………………303
　　四、建立健全完善的管理规章制度…………………………304
　　五、采取方法提高教职工的工作效率………………………305
　第四节　蒙台梭利幼儿园的规范化管理…………………………306
　　一、蒙台梭利幼儿园幼儿资料的管理………………………306
　　二、蒙台梭利幼儿园幼儿日常活动秩序的建立……………306
　　三、蒙台梭利幼儿园的健康管理……………………………308
　　四、蒙台梭利幼儿园的安全管理……………………………309

第十三章　蒙台梭利教师培训……………………………………311
　第一节　蒙台梭利教师培训历史及发展…………………………312
　　一、蒙台梭利教师培训的历史进程…………………………312
　　二、蒙台梭利教师培训的课程及发展情况…………………313
　　三、目前蒙台梭利培训的形式………………………………315
　　四、国内机构正规化培训常见问题…………………………316
　第二节　蒙台梭利教师本土培训的创新性研究…………………318
　　一、培训方式蒙台梭利化……………………………………318
　　二、蒙台梭利优秀园所的有效带动…………………………321
　　三、建立专业化教师成长系统………………………………322
　　四、蒙台梭利教师成长树……………………………………328

第十四章　蒙台梭利亲子教育和家园共育………………………329
　第一节　蒙台梭利亲子教育………………………………………330
　　一、尊重幼儿是蒙台梭利教育的核心精神…………………330
　　二、学会在观察中理解幼儿…………………………………331
　　三、重视启发教育的作用……………………………………331

第二节　建立幼儿园与家庭共育的桥梁 ························ 332
　　一、建立与家长和谐互动的关系 ······························· 332
　　二、建立良好的沟通渠道帮助新生入学 ······················· 333
　　三、促进家长对蒙台梭利理念的学习与理解 ··················· 336
　　四、以书面形式与家长沟通交流 ······························· 338
　　五、蒙台梭利幼儿园的家长义工 ······························· 339
　　六、建设和谐的大家园 ··· 341

附录1：蒙台梭利幼儿教育优秀教案（8篇）···················· 345

附录2：蒙台梭利幼儿园周计划（样表）·························· 356

附录3：蒙台梭利幼儿园学期总计划（样表）···················· 359

附录4：个别幼儿工作观察记录表 ·································· 363

附录5：全体幼儿工作观察记录表 ·································· 364

主要参考文献 ·· 365

第一章 蒙台梭利的生平和教育活动

- 第一节 蒙台梭利的求学之路
- 第二节 蒙台梭利教育方法的产生和发展
- 第三节 蒙台梭利教育理论对世界和平的贡献

玛利亚·蒙台梭利（Maria Montessori）1870 年 8 月 31 日出生于意大利安科纳省希亚拉瓦镇（Chiaravalle），是意大利第一位女医学博士[①]。她是世界著名教育家，被誉为 20 世纪初的"幼儿园改革家"。她的教学法自成体系，从 0—3 岁、3—7 岁，一直到 7—13 岁及青春期教育都有完善的课程体系与实施方法。1952 年 5 月 6 日蒙台梭利逝世于荷兰。她将毕生的精力奉献给了教育事业，给世人留下了许多前所未有的教育理论和方法。目前在中国，以她的名字命名的教育机构随处可见。

第一节　蒙台梭利的求学之路

蒙台梭利出生，正值意大利的复兴运动时期。那时人们对教育怀有前所未有的热情。她 5 岁时，因父亲调职，举家迁居罗马。一年后，蒙台梭利开始上学。虽是独生女，但父母特别注意对她的教育，比如要求她守纪律、同情和帮助穷苦和残疾的儿童，等等。因此，她幼年时就特别关心那些不幸的儿童，并且尽自己最大的能力来帮助他们。蒙台梭利从孩提时代起，就有很强烈的自尊心。有个老师对学生很严格，但是不尊重、不关心学生。有一次，这位老师用略带侮辱的口吻提及蒙台梭利的眼睛，为了抗议，她从此不在这位老师面前抬起"这对眼睛"，她认为儿童也是人，也需要受到尊重。在早年的学校生活中，蒙台梭利并不出众，但是已经具有了远大的志向。她具有强烈的责任感和坚定的性格。她的抱负是做一名工程师。

13 岁时，她选择了数学专业，进入米开朗基罗博瓦罗蒂工业学校就读。1886 年她以最优秀的成绩毕业。16 岁，蒙台梭利坚持要进当时只有男孩子才可以进的技术学校——国立瑞吉欧·达·芬奇工业技术学院（Regio Instituto Tecnico Leonardo da Vinci），学习数学、自然科学、语言

[①] 刘华. 蒙台梭利［M］. 北京：科学出版社，2009：3-14.

学等，同样取得了优异的成绩，她得到了所有学科的最后成绩总分150分中的137分，远超出了人们的预想①。

然而，在这所技术学校里，她做工程师的理想发生了改变，她慢慢地对生物科学产生了极大的兴趣，于是在1890年从达·芬奇工业技术学院毕业后，她申请进入罗马大学就读医院专业②，成为意大利首位进入罗马大学医学院学习的女性。"女孩子学医"在当时保守的欧洲社会里是惊世骇俗的，蒙台梭利不顾父亲对其经济上的中断以及教育制度的限制，凭着不屈不挠的努力，据说还有教皇利奥十三世出面为她说情，1890—1892年，仅两年就以80%的专业正确率通过了考试，获得了专业文凭，得到了进入医学院的通行证。历史上一些走在时代尖端的伟大女性大都是好学不倦的，蒙台梭利也不例外，她甚至认为唯有在遇到困难的时候才能真正知道自己在做什么。她是班上唯一的女生，时常单独留在解剖室里做实验，与死尸独处。家人反对，沉重的精神压力无人可倾诉，她却愈挫愈勇，培养出异于常人的毅力与顽强的精神，奠定了日后献身儿童教育的基石③。

罗马大学的毕业论文要由十位专家组成的学术委员会评审，结果所有委员会成员都对她的出众才华印象深刻，不但准予毕业，而且给了相当高的分数；100分就被视为优秀，而她获得了105分。1896年7月10日，她成为意大利第一位女医学博士。

当时，每位毕业生都必须做一次公开演讲。蒙台梭利博士的演讲十分出色，不但改变了她父亲的看法，也让母亲因她而感到荣耀。在上大学期间，她曾代表意大利妇女到柏林和伦敦参加妇女会议，热情支持妇女运动，反对雇用童工，给予各国与会者深刻的印象。

---

① 刘华. 蒙台梭利[M]. 北京：科学出版社，2009：7-10.
② 刘文，李毅，胡艳红. 蒙台梭利幼儿教育思想与实践[M]. 大连：大连出版社，2002：2-3.
③ 刘华. 蒙台梭利[M]. 北京：科学出版社，2009：35-102.

1896年，大学毕业后，她任精神病临床助理医师，并专门研究儿童疾病。史坦丁说："回顾蒙台梭利的一生，正印证了她晚年提倡的理论——人生的准备是间接性的。"的确，人必须循序渐进找到自己真正追求的理想，从不间断的尝试中了解究竟为什么而准备、而努力，才能使自己的生命之光更加璀璨。年轻的蒙台梭利博士就是在这种对生命的探索中不断地成长。俗话说："一分耕耘，一分收获。"蒙台梭利博士的努力终于有了回报。

第二节 蒙台梭利教育方法的产生和发展

一、蒙台梭利教育方法的产生

蒙台梭利博士大学毕业后，立即被罗马大学附属的圣乔万尼医院聘用，任精神病临床助理医生，诊断和治疗身心缺陷儿童，她开始对低能儿童的研究发生了兴趣。在担任助理医生期间（1896—1898），蒙台梭利博士主要治疗智障儿童。当时意大利把智障儿童与精神病患者一起关押在疯人院里，室内没有玩具，甚至没有任何可供儿童抓握和操作的东西；管理人员态度恶劣，根本不组织任何活动。蒙台梭利博士对这些儿童的处境深表同情，通过观察和研究，她深深感到，这种医疗方法根本不能提升儿童的智力，她决心用自己的智慧去帮助他们。为了找到一种适合智障儿童的教育方法，蒙台梭利博士认真研究了法国心理学家伊塔（Jean Itand）和塞根（Edoceard Seguin）的教育思想和方法。伊塔和塞根是19世纪训练心理缺陷儿童的著名人物。伊塔曾在1900年对一个早年被丢弃后在森林中长大的"野孩"进行治疗，并发表了实验报告。塞根继承了伊塔的事业，提出"生理教育法"，主张对身体有残缺和智力落后的儿童进行感官训练，充分发挥他们的生理功能，促进其智力和个性的发展。伊塔和塞根的教育思想和方法深深地影响了蒙台梭利博士，她翻译他们的著作，并且再抄写一遍以加深自己的理解，她认为这就是

"科学的教育学"的先导[1]。

1898年，在都灵召开的教育会议上，蒙台梭利博士发表了以"精神教育"为题的演讲，阐述了教育智障儿童的思想和方法。她指出："儿童的智力缺陷主要是教育问题，而不是医学问题。"并向社会呼吁，智障儿童应当与正常儿童一样享有受教育的权利[2]。蒙台梭利博士发现，智力缺陷儿童的心理水平一般比同龄的正常儿童低，但与年龄更小的正常儿童有很多共同的特点，如感官发育不完善，动作不协调，不能进行穿脱衣服之类的活动，不能顺利说话，注意力集中时间不长，等等。而后，政府委任蒙台梭利博士主持教育训练和实验研究，1898—1900年，蒙台梭利博士开始运用塞根的方法和教具教育和训练这些儿童，经过反复修改和补充，她找到了更适于儿童实际需要并且儿童乐于接受的有效方法和教具，在近两年的时间里，这些儿童不仅学会了日常生活的一些基本技能，而且动作协调、灵活，反应较快，语言发展正常，同时还学会了读、写、算的基本知识和技能，通过了与公立学校同龄儿童同等水平的考试。社会各界为蒙台梭利博士所创造的奇迹大感震惊！

1901年，蒙台梭利博士离开了特殊学校，决心致力于正常儿童教育问题的研究。为了扩大和增强理论基础，她再次回到罗马大学，进修哲学、教育学、实验心理学和人类学，进一步研究教育正常儿童的方法，为以后从事正常儿童的教育打下了坚实的基础。1904—1907年，她担任罗马大学人类学教授，以讲义为基础整理了《教育人类学》的书稿，于1908年正式出版[3]。

蒙台梭利博士一直希望有一天能够把自己总结的智力缺陷儿童的教育方法应用于正常儿童。她曾说："从我最初从事智力缺陷儿童的工作起，我感到我所用的那些方法并不仅仅限于弱智儿童的教学……当我离

---

[1] 刘华. 蒙台梭利 [M]. 北京：科学出版社，2009: 18-21.
[2] 刘华. 蒙台梭利 [M]. 北京：科学出版社，2009: 22.
[3] 刘文，段云波. 科学的蒙台梭利教育 [M]. 北京：科学技术文献出版社，2013: 7.

开智力缺陷儿童的学校之后，这成为我的主要思想，并且，我慢慢地确信，相似的方法能应用于正常儿童，使他们的人格以一种奇异惊人的方法得到发展或获得自由。"① 1906年年底，这个机会终于来了。受到意大利主要银行赞助的"罗马优良建筑协会"会长伊达埃多·达勒姆（Edouado Talamo）设想在罗马的圣洛伦佐贫民区的公寓里开办学校，把居住在每幢公寓里的3—6岁的儿童集中在一个大房间里，由一位教师负责照管和教育。他找到了蒙台梭利博士，而蒙台梭利博士也正有兴趣进行正常儿童教育的实验，当即应允。1907年1月6日，第一所"儿童之家"在圣洛伦佐区玛希斯大街53号公寓正式成立②，这是具有历史意义的时刻。"儿童之家"招收了50多名3—6岁的儿童，聘请一位年轻妇女负责照管。在"儿童之家"里，摆着与儿童身体相适应的小型家具、小桌子、小扶手椅以及便于儿童开门的小柜子，柜内放着儿童可以随意使用的各种教具。蒙台梭利博士系统地进行了教育实验，制定了一套教材、教具和方法，创立了蒙台梭利教育体系。可以说，这段经历是蒙台梭利博士教育生涯的里程碑。尽管她起初并没有想到在这样的学校进行教育实验可以获得巨大的成功，然而事实证明，"儿童之家"的儿童心智发生了很大的变化。

1907年4月7日，蒙台梭利博士在罗马开办了第二所"儿童之家"，1908年11月4日，在罗马的中产阶级居住的法马古斯塔大街开办了第三所"儿童之家"。此外，她还于1908年10月在米兰开设了一所"儿童之家"，由她在罗马大学任教时的学生安娜·麦克切洛尼（Anna Maccheroni）管理。1909年蒙台梭利博士的另一个助手安娜·费德利（Anna Fedeli）在米兰又开设了第二所"儿童之家"。

蒙台梭利博士怀着对社会和教育改革的理想接受邀请管理"儿童之

---

① 刘文,李毅,胡艳红. 蒙台梭利幼儿教育思想与实践［M］. 大连：大连出版社，2002：6.
② 刘华. 蒙台梭利［M］. 北京：科学出版社，2009：35.

家"、培训教师、制定规章制度、观察和研究儿童、设计和确定教育方案及教育措施,她运用自己独创的方法教学,使那些"普通的、贫寒的"儿童的心智发生了惊人的改变,他们被培养成了聪明伶俐、懂礼貌、朝气勃勃的少年英才。蒙台梭利博士崭新的、具有巨大教育魅力的教学方法轰动了整个欧洲,"关于这些儿童的报道像野火一样迅速蔓延"。人们仿照蒙台梭利的模式建立了许多新的"儿童之家"。"儿童之家"实验的成功在意大利产生了很大的影响,蒙台梭利博士的一些师友,尤其是巴伦·弗朗切蒂(Baron Franchetti,1847—1917)竭力鼓励她把"儿童之家"的实践及其原理写下来。1909年,蒙台梭利博士写成了《运用于儿童之家的科学教育方法》一书[1],1912年这部著作在美国出版,同时很快被译成20多种文字在世界各地流传;100多个国家引进了蒙台梭利的教育方法,欧洲、美国还出现了蒙台梭利教育运动。1913—1915年,蒙台梭利学校已遍布世界各大洲,到20世纪40年代,仅仅美国就有2000多所。蒙台梭利博士在世界范围内引起了一场幼儿教育的革命[2]。

二、蒙台梭利教育理论的发展与推广

1913年年底,蒙台梭利博士访问美国,介绍了自己的教育体系。她在美国访问期间受到了极其热烈的欢迎,纽约的报刊专门介绍了她的生平、教育活动和教育思想。她访问了纽约、华盛顿、费城、波士顿、芝加哥等城市。在访问纽约时,美国教育家杜威(John Dewey,1859—1952)出席了欢迎仪式并致辞,主持会议的出版家塞缪尔·麦克卢尔(Samuel McClure)在介绍蒙台梭利博士时称她为"历史上最伟大的女教育家"。蒙台梭利博士在演讲中说:"我的目的在于所有儿童的发展。我更大的目的在于人类的最终完善。"(《纽约时报》,1913年12月9日)

---

[1] 刘华. 蒙台梭利[M]. 北京:科学出版社,2009:42.
[2] 刘文,李毅,胡艳红. 蒙台梭利幼儿教育思想与实践[M]. 大连:大连出版社,2002:7-9.

1913年美国已有100多所蒙台梭利学校，蒙台梭利教育方法就此开始了拓展与传播。

1917年，蒙台梭利博士第二次访问美国，参加了正在圣弗兰西斯科举办的世界博览会。在展览会的主要大厅内，蒙台梭利博士安排了一间教室。教室的墙是玻璃做的，这样，参观者可以看见里面的蒙台梭利方法展示，从圣弗兰西斯科归来的参观者激动不已，有关的报刊文章和玻璃学校的照片迅速传遍全世界[①]。

为了进一步传播自己的教育体系，蒙台梭利博士除在国内开设训练班外，还在美国、英国、法国、德国、荷兰、西班牙、奥地利、锡兰（今斯里兰卡）、巴基斯坦和印度等国开设国际训练课程，培养专业的蒙台梭利学校教师[②]。特别是1919—1937年，每隔一年在伦敦开设一期国际训练课程，每期6个月。1925年7月25日，蒙台梭利博士在伦敦的训练课程班讲课时说："每一所蒙台梭利学校都应该是一个科学实验室，教师准备了实验的条件……"（R.克雷默：《玛利亚·蒙台梭利传》，1976年英文版，第297页）

1929年8月，国际蒙台梭利协会（Association Montessori International）在德国柏林成立，1935年总部迁往荷兰阿姆斯特丹[③]。蒙台梭利博士任主席。此后，10多个国家相继成立了蒙台梭利教育学会。1929—1951年，国际蒙台梭利协会召开了9次大会，蒙台梭利博士连任9届大会主席。到1952年蒙台梭利博士逝世时，欧美国家和印度等国都建立了蒙台梭利教育学会，"儿童之家"则遍及世界各地。蒙台梭利博士为促进儿童发展和实现世界和平奋斗了一生。她生前曾经获得许多荣誉和奖励，法

---

① 波拉德. 蒙台梭利传［M］. 陈美芳，译. 上海：上海世界图书出版公司，1997：99.

② 刘文，李毅，胡艳红. 蒙台梭利幼儿教育思想与实践［M］. 大连：大连出版社，2002：9.

③ 刘文，李毅，胡艳红. 蒙台梭利幼儿教育思想与实践［M］. 大连：大连出版社，2002：10.

国授予她"法国军团荣誉骑士二等勋章";她的故乡安科纳和米兰等地授予她"荣誉公民"的称号;荷兰阿姆斯特丹大学授予她"荣誉哲学博士"学位;英国达拉莫大学授予她"文学博士"学位;苏格兰教育研究院授予她"荣誉院士"职位。1949、1950、1951年,她连续三年获得"诺贝尔和平奖"提名①。

蒙台梭利博士对其教学法进行推广的主要方式有演讲、培训、会议和编写书籍,其主要著作有:《教育人类学》、《蒙台梭利方法》、《高级蒙台梭利方法》、《蒙台梭利手册》、《教堂中的儿童》、《童年的秘密》、《家庭中的儿童》、《新世界的教育》、《开发人类的潜能》、《有吸收力的心灵》、《教育与和平》、《人的形成》、《发现孩子》、《从童年到青春期》、《关于你的孩子你所应该知道的》等。

1951年,第九届国际蒙台梭利会议在伦敦举行。从20世纪二三十年代开始,蒙台梭利教育思想和方法像其他教育思想一样,不断受到热烈的讨论和激烈的批评。例如美国的教育家W.克伯屈、英国的教育家A.S.尼尔都对她的教育方法提出反对意见。她的弟子也分成两派:一派崇拜她的一切,接受她所说的一切,称她为"妈妈";而另一派称她为"博士",认为她的教学法应该结合时代的变化,加入一些新的观点和方法。但是蒙台梭利博士没有加入到这些讨论中,她认为她的教育方法已获得成功,已经在世界各国得到了证实。她拒绝接受一些评论家的建议,无疑这对她的学说发展是不利的。

蒙台梭利博士最后几年的著作,如《新世界的教育》(1946)、《开发人类的潜能》(1948)、《童年的教育》(1949)以及《有吸收力的心灵》(1949)等书都一再强调造就新儿童与实现世界和平的关系。她还试图将自己的主张,特别是"全球性的教育"和教育是"和平的武器"的思

---

① 刘文,段云波. 科学的蒙台梭利教育[M]. 北京:科学技术文献出版社,2013:11-14.

想,更广泛地运用于学校、家庭、社会,直至全世界。

第三节　蒙台梭利教育理论对世界和平的贡献

蒙台梭利博士亲身经历了两次世界大战。当法西斯政党统治意大利时,蒙台梭利学校被法西斯政府下令关闭,蒙台梭利博士也被迫于1934年离开意大利去西班牙的巴塞罗那居住和活动。1936年西班牙内战爆发,蒙台梭利博士又到荷兰的阿姆斯特丹居住。亲身体会到战争的痛苦,让她思索战争的真正根源是什么,真正意义上的和平是什么,而采用什么方法才能从根本上带来这种真正意义的和平。这些思考引导她形成教育法上的最高层次,即和平教育。

1926年,蒙台梭利博士曾谈到"世界的公民"。战争不仅在形式上促使蒙台梭利博士成为世界公民,更使她从内心里成为真正意义上的世界公民,她曾说:"我住在天堂,我的国家是一颗围绕太阳旋转而受到地球呼唤的星球。"她的教育思想上升到探索人性与社会和谐的哲学层面,她关注的不仅仅是对儿童的培养,更是整个人类社会的健康发展与世界的和谐、和平[①]。

1931年第二届国际蒙台梭利大会在法国尼斯召开,蒙台梭利博士发表题为"教育与和平"的演讲,该演讲内容于1932年由日内瓦的国际教育局出版。1937年第六届国际蒙台梭利大会在丹麦哥本哈根召开,蒙台梭利博士发表了关于"教育与和平"的系列演讲,并于该年主张成立"儿童党"。1938年,蒙台梭利博士在巴黎索邦神学院发表演讲,把她关于和平的众多呼吁整合为一。1943年,马德拉斯阿迪亚的灵智学会出版了她的题为"和平与教育"的演讲稿。

1939年,印度已经有好几所蒙台梭利学校了。这些学校是由曾经参

---

① 段云波,林丽.蒙台梭利和平教育[M].长春:北方妇女儿童出版社,2012:4-12.

加过蒙台梭利博士在欧洲举办的培训班的教师创办的。蒙台梭利博士在那儿理所当然地受到了热烈的欢迎。众所周知，1939年9月在欧洲爆发的那场战争是长期而艰苦的。蒙台梭利博士——一个终生的和平爱好者——在这场战争爆发后一个月即动身前往印度。

旅途本身就是对这位年近七旬的妇女的挑战。从荷兰开始的飞行缓慢而又不顺当，途中还有几次停飞，在陆地过夜。在那个年代，只有敢冒险的人才乘飞机，何况当时正在打仗，就更危险了。同时，印度的气候对于从欧洲来的人来说也是难以忍受的。然而蒙台梭利博士到达马德拉斯机场时精力充沛，急于开始新的工作。她的头脑依然敏捷，充满好奇，渴望新的经历、新的人和新的地方。

印度很可能是她选择的最好的地方了。她后来在那儿住了6年。印度人民非常尊重和敬慕蒙台梭利博士和她的哲学。蒙台梭利博士认为每个小孩生来具有"内在安宁"的思想与印度的印度教信仰非常吻合。在印度的时光是她一生当中最幸福的时期之一。

蒙台梭利博士在其著作《教育与和平》一书中写道："当我们谈到和平，我们不仅仅指各个国家之间的片面休战，还意味着全人类一种永久的生活方式。要实现这个目标，不能仅仅靠个别国家之间签订和平协议，也不在于通过政治行动来拯救一两个国家，而应该努力地解决全人类的心灵问题，并由此构建道德的清晰概念，因为这种道德是捍卫全人类所必需的。"通过教育培养具有优秀品质的人类将成就永久和平，这正是蒙台梭利和平教育的最终目的。

内心和平与外在和平是蒙台梭利博士和平释义的两个中心思想，内心和平具有无限能量，可以导致外在和平；外在和平状态的长久存在需要以内心和平为基础，蒙台梭利博士试图通过教育发展幼儿的内心和平力量，引导世界走向长久和平。

蒙台梭利博士所倡导的和平指的是：只有拥有内心和平的健康人类才能维系一个长久和平的社会，而不仅仅是没有战争，因为战争的停止只能带来短暂的和平。在这样的社会中，人们一起工作，彼此公平对待，解决冲突，发展道德，满足基本需求，互相尊重，相互合作，相互鼓励。他们内心有强烈的爱，这种爱维系彼此和平的关系。蒙台梭利博士认为，新人类的善良人性是实现和平的基础。和平是人类文明和社会组织的实际原则，它源自人类的天性。和平不会奴役人类，相反它只会提升人类的层次；和平不会使人屈辱，它使人类察觉自身在宇宙中的力量。由于和平是基于人类的天性，所以它是恒久不变的，是放之四海而皆准的原则。

蒙台梭利博士抱持积极的人性观点，相信"人之初，性本善"，并提出"儿童是爱的源泉"的观点。她认为善是心里的喜悦，它通过秩序与感动带来某种力量。恶不仅仅意味着黑暗与无序，而且还是使人狂热、诱发心理疾病的罪魁祸首，使人深受无尽苦痛的良心谴责。教育的目的之一即积极培养儿童的智能与对良知的感受性，通过这种感受性来区别善恶、趋善避恶、行善驱恶，使人之初的儿童成为真正的人。也就是说，通过所受的智能和情感教育，能够用神性驾驭兽性，用超我驾驭本我，培养幼儿成为内心和平、具有高尚情操的新人类，从而为人类和平奠定基础。

在很长一段时间里，和平教育集中在讨论战争的原因、国家势力的发展、可怕的战争后果等。吸收蒙台梭利和平教育理论后，我们研究的将是更多的非和平因素，包括冲突、威胁、种族仇恨与歧视、偏见、不公正、不平等、贫穷、家庭暴力、环境污染等更广更深的层面。

人类普遍认同的价值观是基于人类根本利益基础之上的，具有维系人类正常发展的重要意义。蒙台梭利博士的和平教育帮助处于人生选择阶段的儿童做出明智的选择，并由他们延续人类普遍认同的价值观。与传统价值观教育或礼仪等教育不同，蒙台梭利和平教育力求通过实践来学习和感受价值观，使它们发展成为人格的一部分，然后扩大对和平的研究范围，逐渐涉及成人思考的人类和社会问题，探讨解决方案，寻求统一且被普遍认同的真理或价值观。

蒙台梭利博士曾警示我们：和平科学具有一种特别的发展规律，是一切运动规律中最崇高的。人类生命的发展依赖于这种规律，因此，和平科学的发展决定了我们整个文明的发展或消失。

1950年6月，已届80岁高龄的蒙台梭利博士出席了联合国教科文大会并受到热烈欢迎，当时联合国教科文组织总干事贾米·托里斯·博德（Jaime Torres Bodet）在全体会议上宣布："玛利亚·蒙台梭利已成为我们期待教育和世界和平的伟大象征。"[1]

蒙台梭利博士的墓志铭是：我请求亲爱的全能的孩子们与我联合起来一起去为人类和世界建设和平！[2]

蒙台梭利博士于1952年5月6日去世，享年82岁，葬于荷兰天主教堂（诺德魏克）。安息在远离她热爱的祖国以及她父母安葬的地方，这是她的愿望，她的工作的普遍性已使她成为世界性的公民。蒙台梭利博士在阿姆斯特丹的最后住所如今仍然在使用，是蒙台梭利协会的办公室。办公室里仍然保留着许多展示她的荣誉和成就的纪念品、照片等，然而蒙台梭利博士一生的真正记录并不在这间办公室里，而是在世界各地的托儿所、幼儿园、儿童游戏室甚至玩具店里。

蒙台梭利博士的一生为我们留下了宝贵的精神财富和物质财富，她对儿童教育事业的无私奉献、不畏艰难的精神以及表现出来的真情、意志、人格魅力与使命感，正是我们幼教工作者应具备的职业道德。蒙台梭利托儿所、幼儿园、儿童游戏室，包括教育产品在内，传载着蒙台梭利儿童教育思想。

---

[1] 刘华. 蒙台梭利［M］. 北京：科学出版社，2009：156-160.
[2] Standing E M. Maria Montessori: Her Life and Work［M］. Rev ed. New York: New American Library, 1984: 199.

第二章　蒙台梭利的教育观点、评价及其影响

- 第一节　教育的目的
- 第二节　教育哲学
- 第三节　教育观
- 第四节　蒙台梭利教育的现代科学意义

第一节　教育的目的

蒙台梭利博士相信，没有一个人是由别人教育出来的，他必须自己教育自己。一个真正受过教育的人，即使在结束蒙台梭利教室的课程之后很久，仍能持续不断地学习，因为他具有发自内心的对于知识的好奇及热爱，这能不断激发他学习的动机。蒙台梭利博士认为，在童年早期，教育的目的应该不是将一些经过选择的事实塞给儿童，而是培养其自发学习的欲望。

母亲从一受孕开始，即用心去了解儿童本身。只有这样，才能开发出一套帮助儿童内在能力发展的新教育方法，以取代目前着重以传递过去知识为基础的教育方式。"对于人性进行科学化的研究，可以引导全人类得救，那就是将我们的儿童视为一种精神实体，是一个庞大的社会群体。如果人类真能获救，必然是来自儿童，因为儿童正是人类与社会的建造者。"[1]

科学的观察已经证明教育并不是教师能给予什么，而是由个人自然产生的程序，必须从环境中的各种经验而来，而不是通过听讲就可以获得的。因而教师的任务应该是在各种特殊的环境中准备各种文化活动的激励物，同时避免让儿童受到强制性的干扰。因此，要实现教育目的，必须为儿童提供有准备的环境并给儿童发展的自由。

第二节　教育哲学

关于如何看待儿童，蒙台梭利博士提出了自己独到的观点。

---

[1] Montanaro S Q. 人类的奥秘[M]. 魏渭堂，等，译. 台北：台湾及幼文化出版股份有限公司，1992：176.

一、童年是一个完整的个体

蒙台梭利博士继承了卢梭（Rousseau）、裴斯泰洛奇（Pestalozzi）、福禄贝尔（Frobel）等人强调儿童天赋的潜能，主张让儿童在充满爱与自由的环境下发展潜能的观点。过去的教育哲学并不强调童年是一个完整的个体、独立的个体。蒙台梭利博士相信童年不单纯是通往成年人的过渡阶段，而是"人性的两极之一"[1]。她认为儿童虽然依赖成人，但成人也依赖儿童。"我们不应该将孩子与大人视为人生过程相连接的阶段，而应该视之为人生中两个不同的形态，二者同时进行，并且互相影响对方。"[2]

蒙台梭利博士认为儿童是上天给家庭最好的恩惠，并且"对于成人世界有结构性的影响"。

蒙台梭利博士认为忽视了成人对儿童的依赖是一种悲剧性的错误，我们生活中的许多不快、贪婪与自我破坏皆由此而来。她认为："人类渴望解决许多问题，其中最迫切的是追求和平与和谐，其唯一可行的方式，就是将注意力转移到发掘儿童的纯真、儿童成长与建立自我的过程以及建立人性伟大潜能的发展之上。"[3]

二、儿童是成人之父

蒙台梭利博士在其著作《童年的秘密》一书中提出"儿童是成人之父"这一说法。她认为人一旦获得生命，在人最初创造时所发生的事情，在所有人的身上都会再现出来。因此，我们可以不断重复地说："儿童是

---

[1] Lillard P P. 蒙台梭利新探 [M]. 陈怡全，译. 台北：台湾及幼文化出版股份有限公司，1992：42.
[2] Lillard P P. 蒙台梭利新探 [M]. 陈怡全，译. 台北：台湾及幼文化出版股份有限公司，1992：42.
[3] Lillard P P. 蒙台梭利新探 [M]. 陈怡全，译. 台北：台湾及幼文化出版股份有限公司，1992：42.

成人之父。"① 蒙台梭利博士认为儿童不是一个事事依赖成人的呆滞的生命——好像他是一个需要成人去填充的空容器。是儿童创造了成人，不经历童年，不经过儿童的创造，就不存在成人。她的这一说法应当属于重演论的范畴。蒙台梭利博士认为儿童也是工作者，在一定的领域里成人是儿童的儿子，在另一个领域里成人是儿童的主人。这种思想与进化思想分不开，它为我们认识儿童提供了广阔而深远的进化论视野，即儿童生长过程是生命进化的浓缩。这对教师看待成人与儿童之间的关系、尊重儿童具有重要意义。

三、儿童是爱的源泉

蒙台梭利博士对儿童的精神世界有深刻的洞察。她认为儿童的天性是比金子还要宝贵的矿藏。"儿童的心理天性是某种异乎寻常的至今仍未被认识的东西，然而它对于人类却是至关重要的。儿童的真正的建设性能力，即能动性，几千年来一直被忽视。就像人类一直在地球上生息耕作却没有注意到在地球深处埋藏着巨大的宝藏一样，我们今天的人们在文明生活中取得了一个又一个成就，却没有注意到埋藏在幼儿精神世界中的宝藏。"② "没有儿童对他们的帮助，成人将颓废。如果成人不努力自我更新，一层硬壳就开始在他心脏的周围形成，最终将会使他变得麻木不仁。"③ "爱是降生于我们世界的每一个儿童的禀赋，要是儿童爱的潜能得以发挥，或者其余全部价值都得以发展，我们就会取得无法计量的成就……成人为了变得伟大，就必须谦逊，必须向儿童学习。"④

蒙台梭利博士把儿童看成爱的源泉，把儿童看作成人精神的唤醒

---

① 刘晓东. 儿童精神哲学 [M]. 南京：南京师范大学出版社，1999：386.
② 蒙台梭利. 吸收性心智 [M]. 蒙台梭利教育研究组，编译. 兰州：兰州大学出版社，2001：35.
③ 蒙台梭利. 童年的秘密 [M]. 马荣根，译. 北京：人民教育出版社，1990：110.
④ 蒙台梭利. 蒙台梭利幼儿教育科学方法 [M]. 任代文，主译校. 北京：人民教育出版社，2001：591.

者。她甚至认为，单单是为了改造社会，我们也应该多研究儿童。她不止一次说，成人应当向儿童学习，建立相互尊重的师生关系，建立健康的成人与儿童的关系，甚至对改造社会都具有重要的意义。

第三节 教育观

一、影响儿童发展的因素

蒙台梭利博士曾说，决定儿童发展的有三种因素：

（1）儿童的心灵以及它的特殊需要、潜力和敏感性，它们决定着儿童个性发展的进度和方向。

（2）文明社会的准则、习俗、行为规范、理想、宗教和所有的文化知识，以及由这一切构成的秩序，它们能促使儿童的心理和外界取得协调。

（3）儿童能适应的物质环境以及所接触的事物，能使儿童自由地施展自己的才能。

蒙台梭利博士认为儿童早在出生之前便具有一种精神开展模式。她将儿童这种天生的本质称为精神胚胎（Spiritual Embryo），这种精神胚胎只会在发育的过程中显露出来，而且必须具备两个条件：第一，儿童必须依赖与周围环境的整体关系，包括事与人。只有通过这种交流，他才可能了解自己、了解环境的界限，也才可能发展出完整的人格。第二，儿童需要自由。如果他可以掌握自己人格发展的关键，并受自己的成长规则监督，他便已拥有了唯有通过自由方可达成的极为敏感且独特的力量。如果这两个条件达不到，儿童的精神生活将无法发展到其潜力的极限，人格的发展也会受到阻碍。因此，教育必须从出生开始。

当时西方教育受笛卡尔（Descartes）影响，将一个人分为两部分，即知情的与肉体的部分。蒙台梭利博士认为心灵不可能缺少肉体的活动。活动是一个人性格不可取代的部分。缺乏活动的人会受到根本存在的伤害，而且与现实生活脱节。

根据亲身观察，蒙台梭利博士坚信儿童对于"自我的建立"有强烈的动机。"婴儿天生便拥有征服世界的心理"，"当前大家的许多原则与想法都太过于强调自我完美与自我实现。真正自我发展的目标除了谋求个人的幸福之外，更是为了服务人群"[1]。

虽然儿童天生具有一种精神开展模式可引导其努力成长，但是并不具备保证成功的行为模式。人类具有天生的敏感力，这种敏感力如果醒觉得太迟，将会使儿童与环境之间的关系发展受到破坏。蒙台梭利博士提出，在6岁以前，儿童心理发展并非偶然，而是上天设计好的，例如敏感期、吸收性心智。

蒙台梭利博士受卢梭、柏格森、麦独孤等人及宗教的影响，认为儿童的生命是根据遗传确定的生物学的规律发展起来的。针对当时的时弊，蒙台梭利博士指出，人们面临的一个重要的问题就是他们没有意识到生命有自己的发展规律，儿童具有积极的精神生命，因而有意无意地压制儿童，在教育上采取一系列错误措施。由于大力推崇内驱力，她在谈到环境的作用时指出，环境无疑在生命的现象中是第二位的因素，它能改变，包括助长和抑制，但它从来不能创造。这只是她观点的一个方面。另一个方面，长期的教育经验又使她坚信，环境对人的智力、心理的发展是举足轻重、不可忽视的，因而她认为儿童心理发展虽是内驱力推动的，但既不是单纯的内部成熟，也不是环境、教育的直接产物，而是机体与环境相互作用的结果，后天的环境能影响儿童心理的发展。她的这一观点的发展变化也体现出她的理论是在教育实践中不断充实的结果。

---

[1] 刘文，李毅，胡艳红. 蒙台梭利幼儿教育思想与实践 [M]. 大连：大连出版社，2002：25.

二、敏感期

敏感期指的是幼儿成长过程完全融入环境中的某一特质而且完全排除其他特质的特定阶段。这些阶段表现就如同"全心全意于某些动作的重复，直到另一崭新的功能或动作突然以爆炸性的威力出现为止"。正是由于这种敏感性使儿童能从复杂的环境中选择对自己生长适宜的和必不可少的东西，从而对某些东西敏感，而对其他东西无动于衷。

蒙台梭利博士受荷兰生物学家德弗里斯（Hugo de Vries）的影响，指出：生物界存在一个事实，即各类生物对于特殊的环境刺激都有一定的敏感期，这种敏感期与生长现象密切相关，并和一定的生长阶段相适应。例如，毛毛虫在出生后第一阶段对光很敏感，为了得到强光，它爬上树梢。与此相关联的是树梢有最嫩的叶子，适于幼虫食用。当毛毛虫长成为成虫后，可以吃较大的树叶，对光也就失去了敏锐的感受力。蒙台梭利博士认为儿童心理的发展与这一生物现象类似，也有各种敏感期，在发展过程中也经过不同阶段，每个阶段都有某种心理的倾向性和可能性显示出来，过了特定的时期，其敏感性则会消失。蒙台梭利博士还试图对儿童的敏感期加以区分。

1. 秩序的敏感期（0—2岁）

儿童对秩序有天然的喜好。幼儿内心尚无法明确区分事物之间的差别，其对于环境的认知是整体性的。只有在这种整体明确的环境下，幼儿方能引导自己有目的的活动，否则将无法建立对于各种关系的认知。例如：一位母亲抱着一个半岁的孩子，因为热，母亲脱掉了外套搭在手背上，孩子哭了；蒙台梭利博士让母亲穿上外套，孩子笑了。

蒙台梭利博士认为"秩序是生命的一种需要，当它得到满足时，就产生了真正的快乐"。反之，"所看到的紊乱就可能成为他发展的一个障碍，成为变态的一个原因"[1]。她所说的秩序不但是指把物品放在适当的

---

[1] 蒙台梭利. 童年的秘密 [M]. 马荣根，译. 北京：人民教育出版社，1990：110.

地方，还包括遵守生活的规律，理解事物的时间、空间关系，以及儿童在生活中要对千百件物体进行分类，并找出它们之间的关系。蒙台梭利博士设计教具的一个重要目的就是帮助儿童根据物体特征进行分类，并找出其相互关系。她认为如果儿童的生活有规律、有固定的方式、对周围的环境和物品有一定的安排、有稳定的反应，这不仅能使其感到安全，还有助于他了解周围世界并形成自己的个性。在蒙台梭利学校里，每件东西都有固定的位置，同时还规定了具体的动作程序、使用物体的规则和取放的方法，以适应儿童对秩序的敏感性。她相信如果用这种方法满足儿童此时的需要，便可使儿童形成良好的行为习惯和按习惯的方式来行事。假如错过这个最适于形成良好行为习惯的时期，那么他们的这种兴趣便会为其他兴趣所代替。在蒙台梭利学校里，为什么四五十个儿童能安静地在一间活动室内活动而不乱呢？就是因为儿童养成了有秩序的行为习惯而且能够保持下去。

2. 细节的敏感期（1.5—2岁）

这时幼儿的注意往往集中在细枝末节上。蒙台梭利博士举了一个例子：15个月大的女孩坐在花园的砖块上，她不看鲜艳的花，却全神贯注地盯着地上，原来她在看一只颜色跟砖一样、小得几乎看不见的昆虫，她显得十分快乐。蒙台梭利博士认为，从幼儿对细节的敏感可以看出他们的精神生活的存在。这也正说明了儿童和成人是截然不同的，这是一种性质上的差异而不仅仅是程度上的差异。

3. 行走的敏感期（0—2岁）

"学会走路对儿童来说是第二次降生，他从一个不能自助的人变为一个主动的人，这番努力的成功是儿童正常发展的主要标志之一，但在这第一步之后，他们仍需要经常实践。"[①]

---

① 蒙台梭利. 童年的秘密［M］. 马荣根，译. 北京：人民教育出版社，1990：110.

4. 手的敏感期（1—3 岁）

幼儿经常抓物体，特别喜欢把东西打开，随后又把它关上。正是通过手的活动，幼儿才能发展自我，发展自己的心灵。

5. 语言的敏感期（8 周至 8 岁）

在这个时期，儿童先对人的声音产生兴趣，然后对词产生兴趣，最后才对语言的复杂结构产生兴趣。她指出：儿童有一种用舌和手探索周围环境的要求和欲望，他们通过味觉、触觉感知周围物体的特征，并对它们有所反应，同样，通过感觉、动作及神经结构使言语得到发展。因此，舌和手同智力的关系比其他部分更为密切，可称之为人的智力的"工具"。蒙台梭利博士还注意向儿童介绍正确的科学和数学的词汇，如地理名称、诗词和故事。首先是教儿童学习字母的发音，然后将声音连成单词。在儿童使用铅笔之前，就让他们将能挪动的单个字母排列成故事，这样可使儿童很快学会文法和句子。

6. 社交的敏感期（幼儿期）

幼儿期中幼儿努力想去了解别人的权利并且建立和谐的关系。他们会学习有礼貌并且善待别人如同对自己一般。这种社会化的兴趣首先表现出来的是密切观察别人的活动，其次则转变成积极要求与别人有更多的接触。

7. 书写敏感期（3.5—4.5 岁）

孩子在 3.5—4.5 岁期间会出现书写敏感期，表现为喜欢涂涂画画，成人要密切关注孩子的书写敏感期的到来，以便为其日后的阅读和书写习惯打下基础。

8. 阅读敏感期（4.5—5.5 岁）

孩子的书写与阅读能力来得虽然较迟，但如果孩子在语言、感官肢体等动作敏感期内得到了充足的学习，其书写、阅读能力便会自然产生。此时，父母可多选择读物，布置一个充满书香的居家环境，使孩子养成爱书写的好习惯。

9. 文化敏感期（6—9岁）

蒙台梭利博士指出幼儿对文化学习的兴趣萌芽于3岁，到了6—9岁则出现探索事物的强烈要求，因此，这时期的心智就像一块肥沃的田地，准备接受大量的文化播种。成人可在此时提供丰富的文化资讯，以本土文化为基础，延伸至关怀世界的大胸怀。

蒙台梭利博士相信儿童在每个特定时期都有一种特殊的感受能力，这种感受能力促使其对环境中的某些事物很敏感，于是将自己的注意力集中在这一事物上并表现出极大的耐心，而对其他事物则漠不关心。这种注意不单是出于好奇，而是在一定的时期由于本能与一定的外部特征之间的密切联系而产生的，是从无意识深处产生的一种热情。由于"满足了需要而得到快乐，增强了自己的力量，出现了惊人的创造性活动，从而形成了意识，当一种积极的心理活动消失了，另一种心理活动又被激起。儿童就是这样在一种稳定的节奏中，在不停燃烧着的火焰中进行着人的精神世界的创造工作"[①]。他们经历一个又一个敏感期，取得一次又一次胜利，从而形成自己的个性。"在揭露幼儿的这些本质之前，关于幼儿如何建立起心理生活的法则皆不为人知，敏感时期影响人格形成的研究或许将成为人类最有用的科学之一。"

关于环境对敏感期的作用，蒙台梭利博士认为：虽然敏感期是在一定的外界环境中出现的，但环境本身只是一个时机而不是原因，它提供的只是心理发展的必要条件。正如人体的发展离不开事物和空气一样，人的个性形成也必须靠他自己和环境交往取得的经验。进入不适宜的环境，其心理生活便会受到影响；当环境与儿童的内部需要协调一致时，一切都会自然地、不自觉地实现。如果儿童不能在敏感期从事协调的活动，就将失去并永远失去这个自然取得经验的机会。假如外界环境阻碍

---

① Montessori M. The Secret of Childhood [M]. New York: Dell Publishing Company, 1966: 34.

了儿童内部的要求，敏感性还会以一种反抗的形式出现，如发脾气、抵制等。这是由于某种需要得不到满足而产生的紧张状态。正因为敏感期是有时间性的、会转移的、不持久的，所以成人必须识别它并要最大限度地利用它。

三、吸收性心智

敏感期描述了幼儿从周围环境中获取知识的各种形态。"吸收性心智"（absorbent mind）则说明了幼儿获取知识的特质与过程。

蒙台梭利博士认为儿童具有一种下意识的、不自觉的感受能力与特殊鉴别能力，简称吸收性心智，即能通过与周围环境（人和事物）的密切接触和情感的联系，获得各种印象和文化，"利用他周围的一切塑造自己"[1]，从而形成心理、个性和一定的行为模式。蒙台梭利博士认为幼儿这种自然吸取的创造性的功能是成人所没有的，儿童在幼年期所获得的一切将保持下去，甚至影响其一生。她要求教育者和教育机构为儿童提供尽可能丰富的精神食粮，供儿童吸收；认为这种需要如同生理胚胎期的儿童需要母腹这样一种特殊的营养和保护环境一样重要。

即使幼儿无意识地吸收环境进而组合成自己的知识，印象并不是直接进入幼儿的心中，他们会先组合，再以重组后的形象停留在脑海。此时，幼儿的脑子无意识地预做准备，随后则是自主性的程序逐渐觉醒并接收潜意识阶段所吸收的各种东西，而后成为有意识的行为。就是这样，儿童慢慢建立自己的意志，直到可以记忆各种事物、了解及思考为止。

"这种吸收而来的创造过程会发展各种精神或道德上的性格，包括爱国心、宗教信仰、社会习惯、技术倾向、偏见等，事实上可以扩展到

---

[1] Montessori M. The Absorbent Mind [M]. New York: Dell Publishing Company, 1967: 25.

包括各种人性的内涵。"①

当幼儿3岁时，发展与活动所需要的潜意识准备工作便告完成，此时的目标在于发展幼儿的各种精神功能。正如不能阻止儿童看和听一样，也不能阻止他对周围世界的感受。儿童在幼年期所获得的一切将保持下去，甚至影响其一生，每个成人都有其在童年时期留下来的抹不掉的痕迹。蒙台梭利博士感慨地说，几千年来，儿童这种活跃而有力的创造性、这种宝贵的精神财富并未被人发现。人们不承认儿童内心世界蕴藏着巨大力量，因而常常将自己的意志强加于他们，压制他们的本性，造成儿童心理的混乱。蒙台梭利博士对造成幼儿心理变态的现象进行了分析，认为下列现象属于不正常：

（1）心灵的神游，坐立不安，毫无目的，陷入漫无边际的幻想之中。

（2）心理障碍，不能控制自己的思想或正常地发展自己的智力。

（3）依附，过分依赖成人——表现无创造性。

（4）占有欲，往往渴望拥有他们急不可待想要的东西。收藏五花八门的东西。

（5）权力欲，强有力的成人在场时，自我感觉良好，进而想利用成人来获得比通过独自努力所获得的更多的东西。

（6）自卑感，在成人藐视、暴力和不适当的干涉下，不断受挫的幼儿会产生一种自卑感，他们胆怯、迟疑不决、退缩不前，经常流泪与绝望。

（7）恣情，因过分依赖而造成。

（8）说谎、防御性反射、懒惰等作为功能性的失调，会使幼儿的心理处于紊乱的状态。而幼儿一旦出现了心理变态的症状，就失去了保护自己并保证自己处于健康状态的敏感性，同时也会引起身体的失调。必须对这种功能性的疾病进行精心的治疗，才能使幼儿正常的心理品德得

---

① 蒙台梭利. 童年的秘密［M］. 马荣根，译. 北京：人民教育出版社，1990：110.

到发展。

蒙台梭利博士针对上述现象提出了建议。让儿童从事一种有趣的活动：一旦他们开始从事某种智慧的活动，就不该不必要地帮助他们或者打扰他们。如果儿童在心理方面挨饥受饿，那么温柔、严厉、药物都无济于事。如果一个人因为食物匮乏而挨饥受饿，那么我们并不会因此就称他为笨蛋，也不会因此就鞭挞他一顿，更不会因此而唤醒他的情感。他需要一顿知识的饭，别的什么都无济于事。同样，无论是严厉还是慈祥，都不能解决该问题。人是一种有智慧的动物，因而对心理食粮的需求几乎大于对物质食粮的需求。不像动物，他必须建立自己的行为。如果让儿童沿着一条他可以组织其行为和建设其心理生活的道路前进，那么一切都会安然无恙。他的疾病将消失，他的噩梦将绝迹，他的消化功能将趋于正常，他的贪婪也将减弱，他的身体健康会得到恢复，因为他的心理趋于正常了。

四、儿童成长的原则

蒙台梭利博士提出了儿童成长的八个自然定律。

（一）"工作"规则

蒙台梭利博士认为经由全神贯注地投入活动，幼儿的某些重要需求已得到满足，因此他所达到的心智上的和谐与平衡的新状况其实就是儿童应有的正常情况。这叫"儿童的正常化"（normalization of the child）。儿童在完全开放的自由空间中可以通过工作完整地建立自我，在全身心投入自己选择的工作之后，他们表现出极度的欢愉、平和与宁静，所有破坏性的行为，不管是侵略性的、有敌意的、消极的或者散漫的、慵懒的，也都随之不见了。

"在小孩子所透露给我们的讯息中，有一点是很重要的，也就是通过工作所进行的'正常化'的过程。可以确信幼儿对工作的态度表现出一种强烈的本能：如果不经由工作，人格将无法自行组织。从原始结构中分化发展，人就是要通过工作才会逐渐成长。"①

幼儿与大人的工作很显然有所不同，幼儿利用环境来改善自己，大人则通过自己来改善环境。幼儿的工作针对过程，大人的工作针对结果，希望以最小的努力获得最大的成果。大人要求有所收获与获得帮助；儿童则在工作上不寻求帮助，他必须靠自己独立完成。

由于儿童生活的社会化本质既不适合成人社会也不具有生产力，儿童通常被剥夺参与这些活动的机会，他们被放逐在学校中，而学校常是压抑他们的建设性发展与自我实现的能力的地方。随着成人角色的日渐复杂，目前文明社会的问题日益严重。在原始社会，工作通常较为单纯而且可以任意地进行，成人可以与儿童一起较少摩擦地共同生活在工作环境中；现代复杂的生活则使得成人很难配合儿童的步调与成长过程的心理需求。

（二）独立规则

除非有退化的倾向，否则孩子的本性对自己机能上的独立有直接且热切的要求，随着年龄的增长，这种动机越来越强烈。完整的人格发展依赖外在指示以及能否逐渐获得解放。儿童渴望独立的愿望遇到阻碍，他们的许多潜能就无法发展。

蒙台梭利博士强调，一个人不独立就不能自由。她认为人在发展过程中要经过出生、断奶、学说话、学走路、学思考等过程；婴儿从断奶时就开始选择自己的食物，沿着独立的道路前进。但这时其依赖性还是很强的，因为他还不能走动，不能自己洗脸、穿衣，不能用语言提出自己的要求。儿童到了3岁，便有较大程度的独立和自由了。在这种情况下，教育必须成为一种动力，帮助他们独立地走、跑、上下阶梯、捡起掉下的物品、盥洗、穿脱衣服、清楚地说出自己的意图，设法克服前进中的障碍满足他们的需要，等等。如果对儿童姑息、溺爱，什么事都替

---

① 蒙台梭利. 童年的秘密 [M]. 马荣根, 译. 北京：人民教育出版社，1990：110.

他们做，反而会造成儿童的依赖性。不必要的帮助也会成为障碍，甚至会造成他们的自卑感。正如蒙台梭利博士所说的那样："我们的任务是教会儿童做，而不是什么都代替他们做。当然代替要比教会容易得多，但那是很危险的，虽能一时奏效，但对将来是有害的。"[①] 只有能独立活动的人，才能在战胜困难中增长能力，使自己发展得更加完善。这种观点对我们的教育颇有启发。

（三）注意力

在成长过程的特定阶段，孩子会前所未有地把注意力集中在周围环境中的特定事物。问题在于如何激起对孩子人格有重大影响的注意力。幼儿集中注意力来发展并巩固自己的人格，此时并非终点，而是起点。首先他会被可吸引他本能注意的东西吸引，比如鲜艳的颜色等。随着经验的积累，他在内心对已知的事物逐渐有了认识，进一步对新奇的未知世界有更大的期望与兴趣。

以理解力为基础的敏锐兴趣取代了以天生欲望为基础的本能兴趣。一旦孩子可以集中注意力于这种以理解力为基础的兴趣，他们会变得较为冷静且可以控制自己。他们十分明显地表露出因为全神贯注所得到的乐趣，显得轻松与满足，蒙台梭利博士认为这些外在的表现正是儿童内在逐渐定型的证据。

（四）意志力

儿童集中注意力的时间逐渐延长，内在各种能力的协调顺畅无疑后，与意志力有关的第四个心理原则便出现了。

（1）儿童会重复动作。这种重复会在极度专心于某一动作后发生。

（2）自我学习。通过活动表现出各种创造性，同时配合现实的各种限制。

---

① Montessori M. The Discovery of the Child [M]. New York: Dell Publishing Company, 1966: 92.

（3）服从的能力。这是自然现象。服从是美国人难以接受的，因为它暗示了孩子可能会自然地服从老师，这一点使人产生恐惧。

以往西方教育认为服从与意志力是截然不同的两种观念，以往的教育方法是压抑小孩子的意志以便用老师的意志取而代之，无条件的服从因而被认为是破坏孩子意志力的方式。蒙台梭利博士则持不同看法，她认为服从与意志力皆是同一现象的一部分，在意志发展的最后阶段，服从才会出现。

了解蒙台梭利教育哲学中意志力的来源是很重要的。蒙台梭利博士认为意志力并不是一种全然独立的力量，而是一种伟大宇宙力量的产物，这种伟大力量就是达成有目的的活动的惊人精力与需求。

"这种宇宙力量并无实体存在，而是进化过程中生命本身的力量。它驱使每一个生命走向进化的过程，也因为它，可能产生活动的动力，进化并不是偶然发生的，而是有一个规则在监督。因此，如果人类的生命表现了这种力量，那么人的行为自然也要受其塑造。"[1]

"在幼儿的生命中，如果可以从容地按照自己的意志完成活动，所谓宇宙的力量就进入到他们的意识之中，所谓意志力也开始发展，这种过程持续不断进行，只是必须通过实际的体验方能发展。因为我们不得不联想到意志力并不是天生的，而是必须经过发展的程序的，同时由于它是自然界的一部分，这种发展过程必须通过对自然定律的遵循方可达成。这种过程也是通过与环境持续关联的活动来完成的缓慢过程。"[2]

最后阶段完成时，对于生命力的服从会出现，也就是这种服从使得人类生命与社会的延续成为可能。

"服从绝不是盲从，目前世上的一切足以清楚地告诉我们所谓服从的人是怎样的，这种服从说明了为何许多人会受到伤害，它是一种未加

---

[1] 刘文，李毅，胡艳红. 蒙台梭利幼儿教育思想与实践［M］. 大连：大连出版社，2002：25.
[2] 蒙台梭利. 童年的秘密［M］. 马荣根，译. 北京：人民教育出版社，1990：202.

控制的服从，会毁灭整个国家，我们的世界中从来不会缺乏服从，只是很不幸地缺乏对于服从的控制。"①

对于服从的控制需要两个条件，即服从的完整发展，还有意志力发展过程最后阶段的达成。

服从的发展是分阶段的：首先它是单纯由内在的生理性动机驱使，随后发展为自主性，最后受到意志力的控制。

意志力并不会导致暴力与不守秩序，这其实都是情绪上受到干扰与痛苦的征兆。在适当的情况下，意志力反而会驱使某些对生活有益的活动。大自然赋予小孩子成长的任务，配合他们的意志力使他们有进展并且逐渐发现自己的能力。

丹尼逊（Geraoge Dennison）在《孩童的生活》中说道："我的要求成为约瑟经验的重要部分。它们不仅是一位老师或一位成人的要求，更是我照顾约瑟的方式。结果也能感受到这一点。事实上我觉得他也重视我对他的要求。我们成为生活中的合作伙伴。其实他最重视的是有成人愿意全心全意地去教导他。当他意识到我的生活延伸到他不知道的许多领域，我身为成人的意义对于他就更为强化了，我所知道而且可教导他的事物也因而在相处的生活中真正获得发挥。"②

（五）智力发展

智力发展"使人建立自我，同时建立与环境关系的各种反应与组合性或重建性活动的综合"③。

智力发展的开端在于意识到环境中的差异。幼儿通过自己的感官来获得这些差异。将差异在脑中重组成有次序的组合。身处充满刺激与不停变化的环境，容易造成幼儿脑海中印象的混乱。因此，幼儿接触这种环境是毫无益处的。幼儿智力的发展就是要帮助他们在脑海中形成有次

---

① 蒙台梭利. 童年的秘密 [M]. 马荣根, 译. 北京：人民教育出版社, 1990: 110.
② 刘晓东. 儿童精神哲学 [M]. 南京：南京师范大学出版社, 1999: 121.
③ 刘晓东. 儿童精神哲学 [M]. 南京：南京师范大学出版社, 1999: 70.

序的印象。这种发展程序在进行的第一个征兆是对刺激有反应,其次是幼儿的反应会呈现秩序。

(六)想象力与创造力

第六个自然定律是幼儿想象力与创造力的发展。这两种能力是幼儿与环境接触形成的心智能力,而后发展出的天赋本能。此时的环境必须是美丽、和谐而且以实际世界为基础的,以便使幼儿可以组织自己的知觉。一旦对自己的生活建立了实际而且有次序的知觉,他们便可以选择各种创造力必需的活动与程序,将事物的主要特质抽象化而组合成脑海中的形象。蒙台梭利博士强调三种特质:第一是要有高度的注意力与专注程度、沉思形态出现,第二是要有较强的自主性与独立判断能力,第三是要有对真理与事实接纳与期望的心态。

蒙台梭利博士特别关心第三种特质。认为大人常会不经意地阻碍了此种特质的发展。幼童通常有沉迷于各种幻想的倾向,成人习惯于认为这些是幼童想象力丰富的证明。蒙台梭利博士认为其与想象力无关,反而证明了幼儿生活中依赖与无助的状态,"假如大人听天由命不加以辅导,幼童则只好不停地产生幻象"[1]。同时,蒙台梭利博士指出,幼儿会接受大人的想象,比如圣诞老人的传说等,她认为这并不代表幼儿的想象力,而只是显示出幼儿轻信他人,但这种现象会随着年龄增长与智力发展而逐渐消失。成人会将自己的想象灌输给幼儿,其实是因为他们一直认为幼儿是极为被动的,必须主动地为他们做一些事。

"小孩子常被大人看作只能被动接受而不能主动行动的个体,甚至在其生活中的每一个环节,小孩子的想象力也被如此认为与对待。我们常以为告诉孩子一些神话故事——例如中了魔法的公主等故事——就可以增进孩子的想象力,其实这些故事只是处于吸收印象的阶段。"[2]

---

[1] 蒙台梭利. 童年的秘密 [M]. 马荣根,译. 北京:人民教育出版社,1990:110.
[2] 刘晓东. 儿童精神哲学 [M]. 南京:南京师范大学出版社,1999:386.

（七）情绪与精神生活

幼儿天生拥有对情绪与精神环境的反应的本能，这使他们可以去爱别人、了解别人的反应以及信仰上帝。这些本能就如同天生用来对实体世界做出反应以发展智能的本能一般。幼儿的智力需要通过物质世界的刺激而发展，可是情感的发展则需要人类的刺激。他们经由母亲首先体会爱的感觉，母爱也刺激他们的情绪而发展出对母亲的爱。一旦幼儿的情绪觉醒成为可能，他们会开始对周遭关心他们的人产生反应，会受到情绪世界的吸引，就如同他们受到物质环境中各种刺激的吸引一样。这种吸引是很细微的，也如同在智力发展过程中一样，是很容易遭到破坏的，因而应重视幼儿的自由选择。

如果成人很细心地提供幼儿发育所需同时适时给予帮助，此时应强调的是提供援助而不是支配，我们几乎可以确信幼儿对成人的爱与尊重必然有所反应，"必然有一天他们对我们的精神状况颇为敏感，同时也知道如何服从我们、如何与我们沟通，还有如何分享他们生活中的种种喜悦"[1]。

要达到情绪与精神上的成熟，小孩不仅必须发展爱别人的能力，也必须培养自己的道德感。蒙台梭利博士相信这也是天生具备的本能。"我们天生有一种本能可以提醒我们了解危险所在，并且了解环境中有利于生活的一面，这应该不是什么不可思议的事。"[2]

为了使儿童的道德感可以顺利发展，环境中的善与恶必须呈现出明显的不同，不应因为生活习惯而混淆，而应以生命中最深层的本质出现在生活当中，使儿童能够清楚地区别"善与恶"，善即生，恶即死，其间的差别应如同字面上一样明显。

---

[1] 刘文，李毅，胡艳红. 蒙台梭利幼儿教育思想与实践 [M]. 大连：大连出版社，2002：37.
[2] 刘文，李毅，胡艳红. 蒙台梭利幼儿教育思想与实践 [M]. 大连：大连出版社，2002：37.

(八) 成长阶段[①]

1. 个性建设时期 (0—3 岁)

无意识地成长与吸收的阶段。情绪与智力发展的内在结构则由敏感性与吸收性心智等功能来完成。在这一阶段幼儿表现出无穷的精力与兴趣。儿童最初借助于吸收性心智，依靠敏感性，潜意识地感受环境中各种事物的特征，以获得感性印象。蒙台梭利博士认为胎儿在胚胎期身心的联合十分重要，他们只有用听、看和动作等形式自由反应，才能使智力和动作得到发展。但是，在胚胎期胎儿没有形成统一的个性。

2. 个性形成时期 (3—6 岁)

个性形成时期的发展包括通过作用于环境的活动发展意识以及充实与完善已形成的能力两方面，是一个从无意识到有意识的发展时期。这个时期的儿童不仅凭借感觉，而且能够有意识地用双手做事，在成人帮助下，通过各种活动更好地集中注意力，并对社会和文化学习发生兴趣，主动受成人影响，于是儿童的个性就在其内在的敏感性的作用下渐渐得以形成。

3. 儿童增长学识阶段 (6—12 岁)

这个时期儿童能够有意识地学习，其主要特征为：要求离开过去那种狭小的生活圈子；开始具有抽象思维能力；产生道德意识和社会责任感。蒙台梭利认为在这个时期对儿童的教育要从物质分类的感觉练习转向抽象的智力活动，让儿童掌握事物之间的关系，学习举一反三，要以道德标准来约束他们，用理喻和规劝的方法来启发他们。

4. 青春期阶段 (12—18 岁)

在青春期，儿童已准备妥当以开放的心灵去吸收世界的各种知识，他们自主地学习，而且不再受限于环境，其触角可以延伸到宇宙，此时的学习将会影响他们一生对智力方面的兴趣，这也就是为何这一阶段的

---

① 卢乐山. 蒙台梭利幼儿教育 [M]. 北京：北京师范大学出版社，1985：21.

学校教育应该尽可能地包罗万象，而不是如传统学校中将学校教育分割成独立的个体。此时的青少年应该选择日后自己一生努力的方向，因此面临着在有限范围内的抉择。只是在我们的文化中，这一抉择通常被延后到更大的年纪。由于这一阶段应有的选择行为通常不受到鼓励甚至被禁止，情绪与智能的困扰便随之而来。

五、有准备的环境

蒙台梭利博士认为新的教育应包含三个因素：教师、环境和儿童，儿童的身心是个体和环境之间相互作用的结果。只有在一定环境中儿童才能找到适合自己自然发展的东西。蒙台梭利博士强调环境的重要性。第一，她认为环境的重要性仅次于生活本身。幼儿并不是因为偶尔被置于丰富的环境中才长大的，他们是因为内在的生命潜力的发挥而成长的。第二，幼儿成长的环境，必须由一个具备相当知识而且敏锐的成人来筹划。第三，成人必须参与幼儿生活与成长的环境。

但是，一般的家庭都不能达到适合儿童发展的理想环境的要求，因此，要营造"有准备"的环境，这种环境要能使儿童的身体、智力、个性都得到发展。在蒙台梭利博士看来，学校就应当是这样一个"有准备的环境"。环境有六个要素，包括：自由的观念、结构与秩序、真实与自然、美感与气氛、蒙台梭利教材以及社会性生活的发展。

（一）自由的观念

蒙台梭利博士认为只有在自由的气氛中，儿童才会显露他们的本质。教育的角色在于确认并协助儿童的心智发展，能够在一个自由与开放的环境中观察他们当然是极为重要的。蒙台梭利博士相信，给儿童自由的先决条件是儿童的人格包括独立性、意志力与自制力等，必须健全地发展。在蒙台梭利教室自由的环境中，幼儿有机会去反省自己的行为，了解行为对自己及别人的影响，测试自己在现实环境中能力的极限，体会自我实现，了解可能令自己感到空虚与不满的情况，发现自己的能力与不足。这种能发展出自我了解的机会正是蒙台梭利教室中的自由所带来的最重要的结果。

（二）结构与秩序

教室中的环境必须能表现外面世界的结构和秩序，以使儿童了解、接受并进而建立自己精神上的秩序与智慧。经由这种内在的智慧，儿童便会信赖环境，并且了解自己与环境沟通的能力。这样就能保证儿童从事有目的的活动，他们知道如何寻找与选择自己所需的教材。为了帮助他们进行这种选择，教材必须根据儿童的兴趣分类，并依困难度与复杂度进行排列。父母常常惊讶于孩子可以承担如此有秩序的工作。环境中的秩序虽属必要，但所有的东西都一直保持在原位倒也没有必要。实际上，敏锐的教师会配合儿童的成长定期地更改环境中事物的摆放，使之成为一个活泼的地方。比如教师可能发现部分教材被长久地忽略了，或者为了引导儿童进行新的练习活动而将教材放到教室中较为显眼的地方，这种弹性是必要的。

（三）真实与自然

儿童必须有机会将自然与真实的范围内化，以免受各种奇想与幻象的干扰。只有如此，儿童才能发展自我约束能力，以便探索内在与外在的干扰，同时敏锐地观察人生百态。因此，教室中的设施在设计上应使儿童接近真实的社会，其中的冰箱、电话等都应是真的。为了和真实世界尽量相近，就不可能每个儿童同时拥有相同的东西，教材大多都只有一件，如果小朋友想练习的教材别人正在使用，他就必须学习等别人用完后再去使用。此外，蒙台梭利博士还特别强调发育中的小孩子与自然界接触的重要性。教师要让儿童通过照顾动植物来与自然界做最初的接触。她认为，由于都市化的结果，要满足儿童这种深切的需要是越来越困难了。除了在教室里弥漫着对自然的重视，蒙台梭利博士还提倡让儿童有充足的时间去森林或者乡下，领略自然世界的神奇与美妙。

(四）美感与气氛

蒙台梭利博士认为美对发育中的儿童并非锦上添花的事，而是唤起儿童对生活做适当反应的绝对要素。真的美建立在简洁上，因此教室无须装潢得太精致，不过其内部的一切必须有良好的设计并且能吸引人，颜色要明亮、有朝气而且协调，室内气氛必须轻松、温暖，使儿童乐在其中。

（五）蒙台梭利教材（教具）

蒙台梭利教材（教具）是其教育方法中颇为引人注意的部分，但是它的功能常被误解。由于这些教材（教具）是可以实际操作的，所以往往比其他教学法更被强调，也被人误解为训练儿童的各种技巧。实际上，蒙台梭利教材（教具）并不注重外在的教育功能，而是尝试通过内心来帮助儿童实现建立自我与心灵的发育。它们提供可以使儿童集中注意力进而启发儿童专心程序的刺激，因此可以帮助儿童成长。她的教材具有五个设计原则：

（1）每一教材中儿童所要发现的问题与错误必须只限一种。
（2）教材的设计与使用都是由简到繁的。
（3）为间接帮助儿童日后学习而设计。
（4）材料最初以具体表达概念的方式呈现，随后逐渐转为抽象。
（5）针对自我教育，含有控制错误的功能。

（六）社会性生活的发展

儿童社会性的发展是蒙台梭利教学成功之处。首先发展儿童对教育环境的责任感，维护教室秩序诸如将教具放回原位、擦拭桌子、照顾动植物等事情全部由儿童负责。其次，儿童学习对他人的责任。在蒙台梭利教室中，儿童有交朋友的自由，他们要学习对他人进行关怀和帮助，并安慰犯了错误的小朋友。蒙台梭利教室是混龄的，每个教室一般有25人左右，3岁、4岁、5岁的幼儿各约占1/3。

蒙台梭利博士在著作中曾描述了她所创办的"儿童之家"的情形，

可作为"有准备的环境"的一个范本：有绿树成荫的花园，儿童们可以在树荫下游戏、工作和休息；此外，还有专门为儿童设计的工作室和休息室，室内的器具如桌椅板凳都做得小巧玲珑，便于儿童随意取用或移动。工作室是"儿童之家"的最重要的场所，置有长玻璃柜和带有两三格小抽屉的柜子，用以存放个人物品。墙上挂有黑板，儿童可以在上面绘画写字；墙上还贴有儿童喜欢的各种图片，并经常更换内容。工作室的一个角落铺上地毯，儿童可以在地毯上活动。休息室则是儿童交谈、游戏和奏乐的地方。此外，饭厅和更衣室都是按照儿童的特点和需要布置的。在这样的环境中，儿童是主人，他们有兴趣地活动着。每天的活动时间是从上午9点到下午4点，包括谈话、清洁、运动、用餐、午睡、做手工、唱歌、照料动植物以及各种感官和知识的训练、学习等。儿童的学习、工作可由自己安排掌握，不受时间的限制。

总之，蒙台梭利博士所谓的有准备的环境就是一个符合儿童需要的真实环境，是一个供给儿童身心发展所需活动、练习的环境，是一个充满自由、爱、营养、快乐与便利的环境。蒙台梭利博士认为只有儿童处在这种环境中，才能按照自己内心的需要、发展速度和节奏来发展，最终成长为表现出一系列优良品质和惊人智慧的人类一员。

第四节　蒙台梭利教育的现代科学意义

一、蒙台梭利教育的科学性

蒙台梭利博士是20世纪闻名全球的幼儿教育家，她独创的幼儿教育法——蒙台梭利教育法，传遍了整个西方世界，深刻地影响着世界各国——特别是欧美先进国家的教育和社会发展。蒙台梭利教育法的特点在于重视儿童的早期教育，她的教学方法包括智力训练、感觉训练和运动训练，为西方工业化社会的持续发展提供了优秀的人才基础。

蒙台梭利博士关于儿童心理发展的理论是她全部教育学说的基础。过去许多人批评她在这个问题上的看法纯属遗传决定论，其实并不尽然。蒙台梭利博士认为，儿童的心理发展既不是单纯的内部成熟，也不是环境、教育的直接产物，而是机体和环境交互作用的结果，是"通过对环境的经验而实现的"[①]。蒙台梭利博士肯定了创造良好的环境、采取正确的教育措施、及早进行教育、丰富儿童的经验，可以消除和防止智力落后的情况，这些观点都随着心理学的发展而得到了证实。

具体地说，蒙台梭利博士首先强调的是人的自然发展和内在的生命力。她认为儿童的生长是由于内在的生命潜力的发展而使生命力显现出来，其生命是根据遗传确定的生物学规律发展起来的。对儿童来讲，生命力表现为自发冲动，因此蒙台梭利博士把对儿童的自发冲动是压制还是引发作为区分好坏教育的分水岭，对旧学校压抑学生自发冲动的做法予以猛烈抨击。她说："在这样的学校里，儿童像被钉子固定的蝴蝶标本，每人被束缚在一个地方——桌子边。"[②] 这对儿童的发展是不利的，在身体方面，导致骨骼畸形；在心理方面，教师为了把零碎干瘪的知识塞进儿童的头脑，用奖励和惩罚诱逼儿童集中注意力和缄默不动。蒙台梭利否定奖励、惩罚等强化的作用，强调儿童的内在力量、主观能动性；要求环境（刺激）要适合儿童的内在需要和兴趣，认为儿童不是消极被动地接受外界刺激，他们每个人都有自己的内部结构、变化和发展。在"儿童之家"里，适宜的环境和具有引导力的教师能够协助儿童自由、快乐、独立、专注地成长，每个儿童能够显露本性，人格逐渐走向完善，他们显现着人类本身具有的旺盛生命力，这与传统意义上的学校呈现的效果有天壤之别，蒙台梭利教育法在这方面的观点的科学性毋

---

① 刘文，段云波. 科学的蒙台梭利教育 [M]. 北京：科学技术文献出版社，2013：27-29.
② 蒙台梭利. 蒙台梭利早期教育法 [M]. 祝东平，译. 北京：中国发展出版社，2006：59-63.

庸置疑。

蒙台梭利教育整体的科学性是以哲学、实验心理学、人类学、生物学等为依托，以长期的实践观察为基础的，它不会因种族、民族、宗教信仰、地域等差别而不同，其教育体系科学而严谨、系统而完整、实用而有灵魂。

二、蒙台梭利教育的现实意义

（一）蒙台梭利教育思想与《幼儿园教育指导纲要（试行）》的相同之处[1]

1."以人为本"的儿童观

蒙台梭利教育认为儿童作为精神实体，通过真实生活和秩序寻求自身完美发展，儿童天生具有"吸收性心智"，在有准备的环境中能自己教自己[2]。儿童的心理发展是有敏感期的。儿童的心理发展具有阶段性，在不同发展阶段应该为儿童提供不同的教育。《幼儿园教育指导纲要（试行）》（以下简称《纲要》）中明确规定要促进每个幼儿在不同水平上的发展，旗帜鲜明地倡导尊重幼儿在发展水平、能力、经验、学习方式等方面的个体差异，因材施教，努力使每个孩子都获得成功。两者的共同之处在于体现"以人为本"的教育思想。儿童是积极的，是自我内部成长的主人，他们渴求知识，充满好奇，愿意和别人交往、交流。我们应该相信，每个儿童都是能干的，充满着潜力与能量，但是每个孩子的发展水平又存在着差异，教师要学会等待，为不同水平的幼儿提供足够的成长空间。

2.环境的设置

儿童是永恒的求知者，他们从周围环境中吸收各种信息，并将其纳

---

[1] 刘文，段云波.科学的蒙台梭利教育［M］.北京：科学技术文献出版社，2013：252.
[2] 郑玉玲.蒙台梭利教育思想的现实意义［J］.潭州师范学院学报，2000（4）：94-96.

入自身。因此，蒙台梭利认为要给孩子创设一个有准备的学习环境。在这个经过精心设计的、能引发学习兴趣的环境中，儿童会有目的地、自由地与环境相互作用，并产生自己的想法。这与《纲要》中提出为幼儿创设发展支持性的环境不谋而合。环境是重要的教育资源和儿童发展的条件，儿童在与环境的相互作用中成长、变化。因此，教师不仅应对环境给予足够的关注和重视，而且应该具有创设发展支持性环境的能力，以有效地促进儿童的发展。我们不仅要为孩子创设健康、丰富的生活和活动环境，还要为他们创设充满关爱、温暖、尊重和支持的精神心理环境，要把环境作为教育的组成部分，以促进幼儿在适宜的环境中健康发展。如今的很多公办幼儿园都依据《纲要》的要求，吸纳了蒙台梭利教学法的部分内容，在幼儿园划分了很多区角。

3. 教师的角色转换

蒙台梭利博士主张 3—7 岁儿童的教育不应以填鸭式的灌输知识为主，而应以活动为主，儿童在教师的指导、关心、鼓励、启发、诱导和帮助下专注于自我活动，从活动中获得实际知识和经验，从而促进自己身心的协调发展。《纲要》中也规定教师应该成为幼儿活动的支持者、合作者、引导者，如科学教育和体能教育都不允许教师提前示范，而是要求让幼儿先探索，启发其思考，这是非常重要的观念转变。教师要以关怀、接纳、尊重的态度和幼儿交往，把握教育时机，积极引导幼儿大胆探讨。教师作为观察者和指导者的任务与工作，与传统的教育相比不是轻了，而是更重了；教师的地位和作用不是降低了，而是提高了。更为重要的是，改变了原来教师与儿童之间的关系和课堂气氛，儿童的精神解放了，他们的内在潜力得以充分展现和发展。儿童学得的知识不是少了，而是学得更多、更活、更全面和更有用；儿童的能力也得到了更全面的锻炼和发展。

蒙台梭利教育思想与《纲要》的指导思想有许多共同之处，以上只是针对其中的几点做了粗浅的探讨。

(二)实施中国化的蒙台梭利教育[①]

蒙台梭利教育是全球化的教育,但落实时一定要结合当地的文化。如在美国,美国蒙台梭利协会就结合自身的文化特点进行了课程的整合,并且开发了一些适用于美国的实用课程。

中国具有几千年的优秀文化传统,在一个没有整体宗教信仰的国度,这些传统文化显得尤为重要。蒙台梭利教育必须根植于中国文化才能有持久的生命力。而要实施中国化的蒙台梭利教育是个长期而艰巨的任务,它需要学术界、一线教师的通力合作,到目前为止,台湾地区实施得很好,内地的幼儿园不妨借鉴。

三、蒙台梭利教育法传入中国

1913年4月《教育杂志》第五卷第1号刊登的署名"志厚"的《蒙台梭利女史之最新教育法》一文是目前见到的最早介绍蒙氏教育思想的文章[②]。1914年,《蒙台梭利教育法》中文译本《蒙台梭利女史新教育法》在商务印书馆出版,标志着蒙台梭利教育正式传入我国,之后介绍蒙台梭利教育思想和活动的文章越来越多。当时我国著名的幼儿教育家陈鹤琴先生和张雪门先生分别在1926年、1927年的文章中论及蒙台梭利博士,并给予其很高的评价。其中陈鹤琴评价蒙台梭利博士说:"她的努力和功绩,揭开了幼稚教育新篇章,使幼稚教育耳目一新。"1914年,江苏省成立了"蒙台梭利教育法研究会";1923年,国立北平女子师范大学附属蒙养园,开办了两个蒙台梭利教育班,这些是蒙台梭利教育传入我国之初的情况。蒙台梭利教育一经引入,即受到了国内幼教界的好评与欢迎。

[①] 刘文,段云波. 科学的蒙台梭利教育[M]. 北京:科学技术文献出版社,2013:253-255.
[②] 田正平. 蒙台梭利教育思想在近代中国[J]. 河北师范大学学报:教育科学版,2007,9(4):52-55.

20世纪前半期，由于中国政治衰败、经济落后、人民生活贫困，幼儿园的数量极其有限且多由外国教会开办；国人办的幼儿园数量少、规模小、经费有限，国内没有生产蒙台梭利教具的厂商，幼儿园无力进口国外教具，因此无法实施被称道的蒙台梭利教育。20世纪30年代初，蒙台梭利博士曾致函中国教育部部长，邀请中国派员赴罗马参加教师培训，并征集在中国采用该教育的报告及书籍，时任教育部部长的蒋梦麟先生回复称"你的教具颇多，但不甚经济，中国多采用设计教学法，教材取自生活，不需购置教具"；又称中国没有实施蒙台梭利教育的报告文章及翻译的书籍等。教育部部长之言虽然说得不够全面，但基本上反映了蒙台梭利教育思想在近代中国的历史命运，蒙台梭利教育虽受到称赞，但不适应当时的国情，因而未能传播开来。

1949年新中国成立，开始了国家的全面建设。当时政府提出了"全面学习苏联"的方针，教育部聘请了前苏联幼儿教育专家，翻译了前苏联的教材，以前苏联的学前教育模式改造中国的幼儿教育，西方国家的幼儿教育思想及幼儿教育家均被视为具有资产阶级性质，持批判、否定的态度。蒙台梭利博士及其创立的蒙台梭利幼儿教育法同样未能免于批判，被冠以唯心主义世界观、资产阶级儿童中心主义、资产阶级的自由主义教育、机械的感官训练、以弱智儿童的教育来教育正常儿童等，遭到全盘否定。伴随着政治运动的兴起，对蒙台梭利教育的批判也未曾中断过。长期批判造成的后果是：阻碍了人们真实地了解蒙台梭利博士其人及其教育法；批判所持观点的偏颇，诋毁和扭曲了蒙台梭利教育；在实践中禁锢了蒙台梭利教育，致使其无人知晓，更谈不上被采用了。

1978年改革开放以后，新的一页历史被掀开，学术界逐步走向务实，走向开放。打开国门后，我国幼教界前辈——北京师范大学教授卢乐山先生从外部世界的幼儿教育中发现蒙台梭利教育依旧存在，并已在世界范围内发展壮大。在中断了60年后，北京师范大学出版社于1985年出版了卢乐山教授编著的《蒙台梭利的幼儿教育》一书。1990年和

1993年人民教育出版社出版的外国教育名家名著丛书中，相继翻译出版了蒙台梭利博士的四本专著，即《童年的秘密》《有吸收力的心灵》《蒙台梭利教育法》《教育中的自发活动》[①]。同时也中止了大学的课程对蒙台梭利教育的批判，而代之以对蒙台梭利教育的客观介绍。

　　随着我国改革开放的推进，与境外的幼儿教育交流日益增多，一些热爱国家、热心幼教的人士带来了国外发达国家与地区实施蒙台梭利教育的信息，并拟将这一优质的幼儿教育方法提供给中国的学术团体和机构。1994年，北京师范大学与台湾蒙台梭利启蒙研究基金会合作引进蒙台梭利教育研究项目，北京师范大学实验幼儿园及北京市北海幼儿园成为该项目的实验基地。1994年暑假，台湾地区派讲师来到北京师范大学培训教师，当年秋季开学后便正式启动了梁志燊教授主持的"蒙台梭利教育中国化实验研究"课题。从1994年开始，我国陆续派出一些学者和幼儿园教师赴国外系统学习蒙台梭利教育法，如辽宁省幼儿教育研究会派出刘文等四名教师组成的代表团赴美国学习。这些学者归国后都开展了较为系统的蒙台梭利教师培训工作，促进了蒙台梭利教师专业能力的提高；同时，他们也开展了一系列比较研究工作，发表了大量研究论文，进一步推动了蒙台梭利教育实践在中国的开展。

　　实施中国化的蒙台梭利教育，首要的问题在于教师对中国传统文化的了解是否充分。中国文化是基础，那么教师是否清楚中国文化的底蕴？若不清楚，又如何去整合和研发课程呢？次要的问题在于教师是否全面而系统地了解蒙台梭利教育法，国内机构的培训大部分浅尝辄止，很多教师只会操作几十件教具，理论部分也是围绕教具或教室本身展开的，缺少对"人"本身的透彻学习的课程；很多教师学什么就用什么，不会举一反三，这样怎么谈得上中国化的蒙台梭利教育呢？

---

① 刘文，魏玉枝. 蒙台梭利教育实践在中国的发展与展望[J]. 幼儿教育：教育科学，2008（3）：9-12.

很多地区的教育局都会让幼儿园使用本地区的教材，若能深入研究蒙台梭利教育法的精髓，有能力的教师能把任何教材都用于蒙台梭利教育的实施，这也是实现中国化蒙台梭利教育的方法之一。

因此，实施中国化的蒙台梭利教育必须有专业的科研机构，能够把培训、科研等学术工作做实、做细，培养一个专业精、能力强的师资队伍，能够不为短期利益所驱动，真正在学术专业机构和一线幼儿园之间搭起一座桥梁。这样不仅是实施中国化的蒙台梭利教育的有效办法，也是促使中国幼儿教育发展的一条可行之路。

第三章　蒙台梭利的教师观

- 第一节　蒙台梭利教师的角色
- 第二节　蒙台梭利教师的准备
- 第三节　蒙台梭利教师的职业品质
- 第四节　蒙台梭利教师的条件

教师观是教师关于教育的观念，是教师对教师职业的特点、责任、教师的角色以及科学履行职责所必须具备的基本素质等方面的认识[①]。

第一节 蒙台梭利教师的角色

幼儿教师的角色问题的实质就是幼儿教师在幼儿的生活学习中扮演什么样的人的问题。幼儿教师在历史上的不同时期扮演过不同的角色，经历了充当保姆的阶段和充当教师的阶段等。在幼教之父福禄贝尔（Friedrich Frobel, 1782—1852）的幼教机构中，幼教工作者都是"教师"而非传统的保姆式人物；蒙台梭利博士也注重幼教工作人员的"教师"素质而非"保姆"素质[②]。一般认为蒙台梭利教师扮演着幼儿生活学习中的观察者和引导者等角色[③]。

一、教师是观察者

蒙台梭利博士善于观察和研究儿童。向儿童学习，发现问题能及时改进，是她取得惊人成就的原因之一。她的主要教育著作都是长期观察研究儿童和进行改革实验的成果[④]。教师每上一次课，就相当于做一次科学实验。

她强调，如果想要使对儿童的观察研究获得的结果准确、可靠，结论合乎科学性，最重要的是必须与儿童进行亲切友好的合作。蒙台梭利博士在国立特殊儿童学校和罗马的圣罗伦佐儿童之家时，都是经常和儿童在一起[⑤]。蒙台梭利博士观察到幼儿为擦鼻涕而苦恼，于是专门找时间

---

① 吴晓丹. 蒙台梭利教育思想与方法 [M]. 1版. 上海：复旦大学出版社，2011：45.
② 蔡迎旗. 学前教育概论 [M]. 武汉：华中师范大学出版社，2006：84.
③ 蒙台梭利. 蒙台梭利幼儿教育科学方法 [M]. 任代文，主译校. 北京：人民教育出版社，2001：23.
④ 吴晓丹. 蒙台梭利教育思想与方法 [M]. 1版. 上海：复旦大学出版社，2011：45.
⑤ 吴晓丹. 蒙台梭利教育思想与方法 [M]. 1版. 上海：复旦大学出版社，2011：46.

教小朋友们正确的擦鼻涕方法。

儿童也是老师。蒙台梭利博士说:"儿童是成人之父,我们每个人都要走一段儿童之路。""教师必须不断向儿童学习。""我们能在儿童身上发现人的素质,也能在儿童身上发现种族未来的幸福。"

教师要掌握观察表和工作曲线。蒙台梭利博士在《蒙台梭利方法》一书中从"人类学的思考"的角度设计了儿童坐高和身高登记表、体重登记表、体检卡等[1]。她在《教育中的自发活动》一书中指出:在工作曲线中,横线 AB 表示安静状态,横线上方表示有秩序(工作)的情况,横线下方表示无秩序的现象,如:有秩序工作曲线;全班工作曲线;一个贫穷孩子的个体曲线;一个贫穷、粗野,几乎完全不被父母关心的孩子的工作曲线;弱智儿童工作曲线;进步过程工作曲线;最高阶段工作曲线(工作线趋向平直并与安静线平行)[2]。

蒙台梭利教师须时时观察幼儿,在观察的过程中不干涉幼儿并尊重幼儿的活动选择,蒙台梭利认为教师观察精神上的准备应多于观察技巧上的准备。所谓精神(spirit)应包括三部分:①对于人际关系的兴趣;②教师应视幼儿为独立的个体;③经由观察幼儿的表现,教师可以自我成长。由此可知教师要观察的是幼儿活动的内在协调程度,以便描述出幼儿精神情绪的进展情形[3]。

二、教师是引导者

幼儿教师是幼儿学习的引导者。蒙台梭利博士认为,幼儿教师的工作就是引导幼儿在活动中学习,依据幼儿的成熟程度为幼儿提供活动的

---

[1] 蒙台梭利. 蒙台梭利幼儿教育科学方法 [M]. 任代文,主译校. 北京:人民教育出版社,2001:102-106.
[2] 蒙台梭利. 蒙台梭利幼儿教育科学方法 [M]. 任代文,主译校. 北京:人民教育出版社,2001:699-702.
[3] 陈惠虹. 论蒙台梭利体系之感觉教育 [D]. 上海:华东师范大学学前教育与特殊教育学院学前教育系,2006:45.

环境及进行作业的教具。教师只能通过"工作"来培养和维持纪律,不能直接采取奖惩手段或向孩子们直接灌输。蒙台梭利博士经过观察幼儿发现无意义的奖惩是无用的,她用驯马师的马和草原上的马进行了比较,证明奖惩无用。因此,蒙台梭利博士主张将"教师"的名称改为"引导者"[①]。蒙台梭利教师是自由活动的保障者、儿童发展的协助者。

蒙台梭利博士说:"凡是遵照我的方法的教师,教得很少,但是要做很多观察。而结果是能够引导儿童的心理活动与生理发展。因此,我改称教师为'导师'。""导师只是一个生命旅程的指标。她不强迫他们或阻止他(她)们去做什么,如果能确保她宝贵的旅行者(孩子)是朝着正确的旅途走,她便为达到自己的使命而感到满足。"[②]

蒙台梭利教师还是幼儿和教具之间的协调人以及环境的设计者和教具的维护者,蒙台梭利教室为孩子提供了丰富的教具,以诱发孩子自我学习的乐趣。蒙台梭利博士说:"提供孩子的需要和满足孩子的需要,首先要知道孩子有哪些需要。"教师是引导者,是环境的预备者、环境与幼儿的联络者。环境是必须强调的第一要素。环境是有生命的、真实的、创新的和新鲜的,如植物角,可以利用它进行蒙台梭利日常生活教育和蒙台梭利科学文化教育等[③]。

蒙台梭利博士认为教育不是教师自上而下的教授,而是教师协助儿童自下而上的自我发展。作为儿童活动的指导者,蒙台梭利教师应承担以下四种角色:环境的提供者、示范者(话要简短、明确、客观)、观察者、支持者和资源者(幼儿需要时,教师会随时出现在幼儿身边)[④]。

蒙台梭利教师还是和平的使者。为了实现和平教育目标,蒙台梭利

---

① 蔡迎旗. 学前教育概论[M]. 武汉:华中师范大学出版社,2006:87.
② 朱家雄. 幼儿园课程[M]. 上海:华东师范大学出版社,2011:210.
③ 刘文,段云波. 科学的蒙台梭利教育[M]. 北京:科学技术文献出版社,2013:82-83.
④ 吴晓丹. 蒙台梭利教育思想与方法[M]. 1版. 上海:复旦大学出版社,2011:46.

教师要培养道德高尚的人，并使其意识到人类应担负的宇宙性使命——人类和平。蒙台梭利教师自身先要成为一个和平、尊重他人、谦卑、富有爱心及对孩子宽容的模范人物，这样才能帮助儿童理解和感知什么样的人是和平使者[①]，才能形成美国蒙台梭利协会休斯顿教师培训中心主任Betsy Coe博士所说的蒙台梭利教室中和平的成人与和平的儿童。

第二节 蒙台梭利教师的准备

由于蒙台梭利学校的教育以自我教育为主，所以成为蒙台梭利教师需要接受专门的训练。

一、蒙台梭利教师训练的必要性

蒙台梭利博士认为，要成为蒙台梭利教师，至少要参加"儿童之家"的方法训练班，以掌握蒙台梭利教学内容与方法，并且做好"正确的预备工作"[②]。

蒙台梭利教师必须意识到在儿童内心深处隐藏着神秘的力量，它是儿童发展的源泉。这种力量的呈现和发展依靠的是儿童的"工作"。儿童通过"工作"展示自己。蒙台梭利博士通过"儿童之家"和蒙台梭利教师培训来发展一种科学教育学体系，实现其教育目的。

蒙台梭利博士在意大利、美国、英国、印度等国家举办教师训练班[③]，学员除学习必要的课程之外，还要在蒙台梭利学校至少用50小时观察蒙台梭利方法的实际运用。在为期6个月的训练班结束时，学员要经过书面考试和口试，并写出一份关于蒙台梭利教学材料的报告，最

---

① 段云波. 蒙台梭利和平教育[M]. 北京：世界儿童出版社，2010：94-97.
② 单伟儒. 小青的一天——蒙特梭利园教学简介[M]. 台北：蒙特梭利文化公司，2001：46.
③ 杨汉麟. 外国幼儿教育大事记（续）[J]. 学前教育研究，1997（1）：57-61.

后才获得一张有蒙台梭利亲笔签名的证书，证明他可以开办一所蒙台梭利学校并作为学校的指导者[①]。

以美国为例，蒙台梭利教师教育认证协会（MACTE）是美国声望卓著的、以学前教师教育鉴定为主的教师教育认证机构，也是美国唯一的对蒙台梭利教师教育机构或项目进行认证的机构。它的认证工作不仅为美国社会所认可，而且具有国际性，对全世界学前教师培养都有着重要的影响。MACTE的认证标准主要由九个方面构成，包括任务与管理、财政管理、教学人员、资料来源、公平实践公布的政策和程序、课程、学生的评估和评价、其他教育活动以及遵守美国高等教育法第四条款。对于蒙台梭利教师的能力标准也有着四方面的要求，分别是蒙台梭利哲学与人的发展、环境管理和领导能力、课程与环境以及社区参与及家庭合作[②]。MACTE的认证标准和程序对规范学前教师的培训过程、提高培养质量有着积极的意义。

我国自20世纪90年代以来也出现了多个以"蒙台梭利"命名的儿童教育机构和教师培训机构，蒙台梭利教育旋风正在我国学前教育领域刮起，从沿海至内地，从大城市到中小城市，从单位办园、私人办园到教育部门办园，蒙台梭利教育已落户我国几乎所有的省区和直辖市。我国学前教育目前正处于历史上少有的大发展阶段，这种发展应当不仅仅指数量的扩张，还应当包括质量的提升。虽然我国也颁发了学前教师专业标准，但总的来说还较为粗略。学前教师教育质量的提高离不开制定明确的目标和有效的手段，应当在标准的细致和可操作化方面展开深入研究，并在此基础上构建和推行分层次、有重点的学前教师教育评估层级，由此才能真正地建立起学前教师教育质量保障体系。

MACTE的认证标准和程序，尤其是其有关课程和教师能力的标准，

[①] 吴晓丹. 蒙台梭利教育思想与方法 [M]. 1版. 上海：复旦大学出版社，2011：47.
[②] 洪明，高展鹏. 蒙台梭利教师教育认证协会的标准与程序及其启示 [J]. 学前教育研究，2014（4）：28-35.

将为我国当前略显混乱的各种蒙台梭利教师培训活动提供一个拨乱反正、正本清源的观照平台，同时也能为我国更好地建立学前教育师资培养与质量监控体系提供有益启示。

二、蒙台梭利教师的准备工作

蒙台梭利教师必须受过蒙台梭利教学法的训练，了解蒙台梭利教学的内容与方法，并且做好"正确的预备工作"。预备工作包括环境的预备、教具的操作、教学活动的设计等，而最重要的是心灵的预备工作[1]。

在《有吸收力的心灵》的第 27 章"教师的准备"中，蒙台梭利指出，教师发展有三个阶段：

（一）第一阶段：作为一个学习环境的管理者与维护者

在《教育中的自发活动》的第 4 章"教师的准备工作"中，蒙台梭利博士指出："要学会以沉默的能力取代表达的技能，必须用观察取代灌输式教学，必须以谦恭取代那种自诩为一贯正确的骄傲感。"教师是通过方法来为自己做准备。其中基本的品质就是观察能力。观察是需要训练的。观察品质包括各种各样的细小品质，比如耐心。谦恭的态度是耐心的一种要素。谦恭的最高形式是随时的自我克制。教师的想象力应该像科学家那样精确，其精神应像圣贤那样崇高[2]。

蒙台梭利博士说："引导者的作用比一般人所理解的重要得多，她不仅是一位教师，还是一位心理学家，因为她指导儿童的生活和心灵。"她还说："如果没有一位受过训练的教师，那么适宜的环境将是无用的，甚至可以说比无用还要糟糕。"吴晓丹认为：教师要有精神的准备、教

---

[1] 单伟儒. 小青的一天——蒙特梭利园教学简介[M]. 台北：蒙特梭利文化公司，2001：46.

[2] 蒙台梭利. 蒙台梭利幼儿教育科学方法[M]. 任代文，主译校. 北京：人民教育出版社，2001：714-726.

学的准备和教学方法的准备[①]。

幼儿园的走廊可以悬挂各个国家的艺术作品，如拉斐尔（Raffaello，1483—1520）的圣母像、达·芬奇（Leonardo da Vinci，1452—1519）的《蒙娜丽莎》、梵高（Vincent Willem van Gogh，1853—1890）的《向日葵》、张择端的《清明上河图》、齐白石的《群虾图》等；还可以悬挂各个国家的风光图片，如中国的长城和大雁塔、意大利的比萨斜塔和水城威尼斯等的图片。幼儿园的教室里可以悬挂蒙台梭利肖像等。区域要划分明确，有秩序感、系统性。教具要系统、有序地摆放，并经常清洁。自创蒙台梭利教具，如56个民族三段卡和12生肖三段卡。制定相应环境中的行为准则对教师和儿童都适用[②]。

（二）第二阶段：对个别儿童进行教育

教师要开始教育仍未步入正轨的孩子——他们心思散漫、四处游荡、无法专注于任何事物。教师要善于诱导，可以使用各种技巧（棍子除外）来抓住孩子的注意力。可以让他做一些他虽不喜欢也不讨厌的工作，刚开始他会有一点不高兴，因为他的游荡被老师制止了。因此，建议他做一些工作是高明的、十分必要的策略。要尽快阻止不断骚扰别人的孩子，不必让他完成整个活动。

（三）第三阶段：对儿童因材施教

通常先借助一些简单的日常生活中的工作让孩子产生兴趣，教师要退到后面去，避免干扰孩子。但教师有时还是难免犯错，例如经过一个原来很调皮、现在专心工作的孩子旁边，特地去鼓励他说："很好！"这种好意的赞美可能会使孩子好几个星期不再去做那个工作。如孩子碰到困难，教师不必直接告诉他如何解决，否则孩子会失去兴趣，因为重点

---

① 吴晓丹. 蒙台梭利教育思想与方法［M］. 1版. 上海：复旦大学出版社，2011：48-49.
② 王静涛. 为成为一名蒙台梭利教师而准备［OL］. 2008-06-13. http://www.montessori-china.org/Html/? 462.html.

是克服困难,而不是把工作做完。一个提着重物的孩子并不想要人帮助,对他来说,教师一直看着他就会使他停止工作。只要孩子专注于工作,教师就不用理会他,至少不要让他觉着老师总是在注意他。甚至当两个孩子争着要同样的东西时,教师也要尽量让他们自己去解决问题,除非他们来找老师。当孩子已经熟悉了旧的工作之后,教师的责任是介绍新的工作,如果孩子想把他聚精会神才取得的工作成果拿给老师看,想获得肯定,教师就应该给孩子真诚、不虚伪的称赞:"多漂亮啊!"教师要与孩子一起为工作成果而感到欢喜。

第三节 蒙台梭利教师的职业品质

蒙台梭利教师的职业品质可以分为思想品德素质、基本文化素质、教育技能素质、个性心理素质和仪容仪表等方面。

一、思想品德素质

"老师不必说什么,不必花太多力气,也不必严厉,但是,她必须有敏锐的观察力,能够适时地上前去帮助儿童或离他远一点。她也必须能够按照儿童的需要说话或保持沉默。他必须具有其他教育体系所未曾要求的精神的警觉性,镇静、有耐性、慈爱和谦虚。要成为这样的教师最重要的并不是他的口才而是他的品德。"蒙台梭利博士认为教师与儿童的关系就好比主仆一样,教师的角色与技巧就类似于仆人的工作,而她所要服侍的是儿童的精神。当然,这种内在的准备最大的动力来自于爱,也就是教师必须热爱儿童[1]。

蒙台梭利教师解读蒙台梭利教育理念,认同蒙台梭利教育理念,应

---

[1] 陈惠虹. 论蒙台梭利体系之感觉教育[D]. 上海:华东师范大学学前教育与特殊教育学院学前教育系,2006:45.

具有大爱精神和科学精神①。理念根源是否清晰，关系着教学的进行与教室的稳定状态；更何况蒙氏教室里的教师还是一位指导者，除了要正确示范教具的使用之外，更要观察孩子的兴趣、需要及进步状况，因此教师对蒙台梭利教育理念的了解很自然地影响着整个教学的质量②。

教师对幼儿要有耐心、爱心，不要因为儿童的坐立不安而心烦意乱，要明确自己的工作重点和目标是帮助儿童、引导儿童③。

二、基本文化素质

掌握医学的基础知识有助于理解蒙台梭利日常生活教育和蒙台梭利感官教育，数学的基础知识有助于理解蒙台梭利数学教育，语言学（中文、英语）的基础知识有助于理解蒙台梭利语言教育，动物学、植物学、地理学、地质学、历史学、天文学、人体生理学、物理和化学科学实验的基础知识等有助于理解蒙台梭利科学文化教育。

蒙台梭利教师应该是通才教师④。具有大学专科以上学历或同等学力（特别优秀者除外），才能更好地理解蒙台梭利教育。

三、教育技能素质

具有蒙台梭利教育系统而扎实的理论基础和实际应用能力；掌握蒙台梭利教育的国内外学术动态。必须懂得蒙台梭利教育的理念和方法，如捕捉儿童敏感期，"老师，我要归位"体现了3岁幼儿正处于

---

① 单伟儒. 小青的一天——蒙特梭利园教学简介［M］. 台北：蒙特梭利文化公司，2001：14-15.
② 陈惠虹. 论蒙台梭利体系之感觉教育［D］. 上海：华东师范大学学前教育与特殊教育学院学前教育系，2006：3.
③ 王静涛. 为成为一名蒙台梭利教师而准备［OL］. 2008-06-13. http://www.montessori-china.org/Html/?462.html.
④ 刘文，段云波. 科学的蒙台梭利教育［M］. 北京：科学技术文献出版社，2013：116-117.

体验、建立秩序敏感期[①]；儿童模仿成人生活的情景（搬椅凳、摆椅凳等），并将自身融入到这一生活情景中，对儿童来说，他不是在辛辛苦苦地干活，而是在愉快地工作，工作给他带来喜悦[②]。

熟悉蒙台梭利教具的操作方法，必须懂得操作使用教具、书写蒙台梭利教育工作展示页和教具延伸。示范教具的正确使用方法并做到推动儿童思考，引发儿童的兴趣，启发儿童的创意，推动儿童自主学习，如教师将二项式的操作过程以分解、缓慢的动作全部演示一遍，3岁半的幼儿操作完成后显得很有成就感，会重复工作很多遍，离开教室的时候对老师说："老师，我很棒吧！"[③]书写蒙台梭利教育工作展示页包括：活动领域、活动名称、材料构成、教育目的、操作过程、变化与延伸、适合年龄、正确指引、吸引力等。蒙台梭利博士真正希望的是教师能在正确理念的指导下为儿童成长而延伸、设计、创造工作材料。

具有为幼儿设计适合其成长的综合环境的素质。要使准备的环境达到温馨、安全、自由、美、便利、自然、有序的标准。

观察与了解儿童，并适当使用观察表或工作曲线记录。接受孩子的请求，对干扰他人的孩子要及时进行引导。

用语简洁、明白、客观，音调轻柔，发音一定要清晰、准确。教师在和儿童交往时，要用尊重、积极、爱的语言表达自己，避免嘲讽儿童[④]。

在教学能力方面能够独立承担蒙台梭利教育课程；对蒙台梭利教材的内容理解透彻，教学方法熟练，不仅掌握蒙台梭利教育的五大领域，而且掌握蒙台梭利音乐教育和蒙台梭利和平教育。如蒙台梭利和平教育

---

① 孙瑞雪．捕捉儿童敏感期［M］．1版．北京：中国妇女出版社，2008：128．
② 孙瑞雪．捕捉儿童敏感期［M］．1版．北京：中国妇女出版社，2008：189．
③ 孙瑞雪．捕捉儿童敏感期［M］．1版．北京：中国妇女出版社，2008：134．
④ 王静涛．为成为一名蒙台梭利教师而准备［OL］．2008-06-13．http://www.montessori-china.org/Html/?462.html．

的方法之一，通过思考——一对一分组讨论—分享（Think-Pair-Share）三阶段的实践活动，可使一些价值观的学习更加有序，概念得到内化[①]。教学工作量饱满；教学内容准确，深度合适，讲解熟练，重点突出；充分利用现代教育技术及各种教学手段；因材施教，耐心解答问题；教学内容和方法均能根据需要不断改革和创新。

掌握蒙台梭利家园共育的知识和技能。蒙台梭利还指出，人是社会的产物，教师不仅要观察研究儿童本身及其表现，而且要了解家庭和周围环境对他的影响。"儿童之家"的儿童的家长每周至少要和教师交流一次。蒙台梭利教师与家长分享蒙台梭利教育理念，家庭接受蒙台梭利教育理念，家长在家庭中注入蒙台梭利教育观[②]。蒙台梭利教师应做到下列几点：①与幼儿家长保持密切的联系，以了解幼儿的家庭生活状况。②随时与家长沟通蒙氏教学方法，以满足家长的需求[③]。蒙台梭利家园共育使家长成为优秀的蒙氏家长，使宝宝成为优秀的蒙氏宝宝，使家庭成为优秀的蒙氏家庭，使家族成为优秀的蒙氏家族。可以现场模拟——现场模拟家长咨询。

治学严谨，品格优良，取得一定的教学与科研成果。教师必须具备科研能力，发表蒙台梭利教育论文，参加编写蒙台梭利教材、幼儿教材、管理教材及其他教学文件；参加蒙台梭利教育研讨会及教学研究。

指导蒙台梭利教学领域的初学者实习等。

四、个性心理素质

教师的人格与个性品质更为重要，他们必须机警、稳重、有耐心、

---

① 段云波. 蒙台梭利和平教育［M］. 北京：世界儿童出版社，2010：110.
② McFarland J, McFarland S. Montessori Parenting: Unveiling the Authentic Self［M］. Buena Vista: Shining Mountains Press, 2010.
③ 陈惠虹. 论蒙台梭利体系之感觉教育［D］. 上海：华东师范大学学前教育与特殊教育学院学前教育系，2006：45.

态度谦和，绝不以自己的智慧代替儿童思考，既不做儿童的统治者，也不做儿童的仆人①。蒙台梭利教师必须谦卑、稳重、耐心②，有饱满的精神状态与幼儿一起成长；培养儿童的团队精神与社会性；为儿童提供自由的保障，协助儿童独立。有虚怀若谷的心，教师才能以谦卑的心灵及睿智的洞察力深入了解儿童的需要。

教师必须成为幼儿的典范，所以教师必须迷人、整洁、冷静而且高贵，以得到幼儿的信任及尊重。教师如何照顾自己其实是幼儿生活的一部分，而且是重要的一部分③。

五、仪容仪表

注意自己的一言一行，仪容要整齐、清洁；举止要自然、优雅、宁静④。蒙台梭利教师要动作优雅大方，外表整洁⑤。行为的最高境界是自然优雅（包括本体服饰协调、美观）。

蒙台梭利教师的行为、走路、声调等要得体，穿着要实用美丽，有些蒙台梭利学校要求女教师的裙子为长裙⑥。在面对儿童的时候，一定要注意自己的举止，要尽量轻盈和文雅，同时还要轻缓（如和儿童对话时要蹲下来，用尊重的态度，和儿童行走时随着儿童的步伐前进）⑦。

---

① 刘华. 蒙台梭利教师的素质要求［J］. 幼儿教育，2008（3）：13.
② 梅珍兰. 论谦卑作为一种教育态度［J］. 教育研究与实验，2012（3）：28-31.
③ 陈惠虹. 论蒙台梭利体系之感觉教育［D］. 上海：华东师范大学学前教育与特殊教育学院学前教育系，2006：45.
④ 单伟儒. 如何经营一所儿童之家——蒙特梭利园管理手册［M］. 台北：蒙特梭利文化公司，1997：83.
⑤ 吴晓丹. 蒙台梭利教育思想与方法［M］. 1版. 上海：复旦大学出版社，2011：49.
⑥ 刘文，段云波. 科学的蒙台梭利教育［M］. 北京：科学技术文献出版社，2013：115-117.
⑦ 王静涛. 为成为一名蒙台梭利教师而准备［OL］. 2008-06-13. http://www.montessori-china.org/Html/? 462.html.

第四节　蒙台梭利教师的条件

一、蒙台梭利教师的职责

蒙台梭利教师负有如下三条职责：

（1）负责教室的气氛和秩序，教具的布置和维护，进行各项活动的计划，尤其是将所有的教具都维持在最佳秩序状态。

（2）以身作则，以此来激发幼儿的发展，了解自我、自我尊重。

（3）连接幼儿与环境的接触。

二、蒙台梭利教师的守则

蒙台梭利教师必须遵守如下守则：

（1）在没有获得儿童同意之前，不要随意触摸他。

（2）不在儿童的面前或背后刻意批评他。

（3）认真负责地辅导儿童发挥其特长，使其缺点自然而然地减至最少。

（4）积极创造和维护良好的环境，帮助儿童与环境建立相辅相成的关系。

（5）随时协助解决儿童的需求并倾听、回答儿童的问题。

（6）尊重儿童，让他能在当时或在其后发现错误而自行改正。而当儿童有破坏环境、伤害自己或他人的行为时，则必须立即予以制止。

（7）儿童在休息、观看他人工作、回想自己的工作或者考虑做选择时，要尊重他，不要打扰他或勉强他做其他活动。

（8）协助儿童选择合适的工作项目。

（9）要不厌其烦地为儿童示范他先前不愿意做的工作，帮助他克服困难、学习尚未熟练掌握的技能。为了达到此目的，必须建立一个生动活泼、充满关爱的、有明确规则的环境，配以温柔和蔼的语气和态度，使儿童时时感到支持和鼓励。

三、蒙台梭利教师五日观察表

要成为合格的蒙台梭利教师必须学会观察。下面是完成培训成为蒙台梭利教师必须要完成的五日观察表。

	观察的主题	观察的内容
第一日	每件工作花费的时间	观察花费的时间 中断活动花费的时间 活动间隔时间 近日完成的工作件数 工作习惯 难易程度 见到哪些重复动作
第二日	独立	儿童操作教具时的专心程度 儿童独自工作的时间 儿童和教师一起工作的时间 儿童在教师身旁工作的时间和其他儿童一起工作的时间 在团体工作中该儿童是观察者还是参与者
第三日	社交行为	**儿童与儿童：** 是否主动与他人接触 被他人接受还是拒绝 和年龄较小、同龄或较年长儿童相处时间的百分比 **儿童与成人：** 是否向成人寻求帮助 是否会积极地与成人接触 需要、接受或者拒绝成人关爱 想要、怨恨或需要和成人接触 是否在成人的建议或命令下才开展独立工作
第四日	服从程度	不知道成人对他的要求为何或者知道但不服从 知道成人对他的要求，会服从，但并非发自内心 懂得自律，知道规则并发自内心地遵守

续表

	观察的主题	观察的内容
第五日	专心程度	使用不同教具花费的时间 花费最长时间和最短时间操作的教具 哪种类型的工作最令儿童专心 哪种类型的工作不能令儿童专心 谁选择的工作 谁指导工作 一天中何时儿童最能专心地工作 一天中何时儿童最不能专心地工作 其他观察

（选自：刘文编著《蒙台梭利儿童个性发展与教育理论》）

第四章　蒙台梭利教学法

- 第一节　蒙台梭利教学法特点概述
- 第二节　混龄教学
- 第三节　科学观察
- 第四节　教师示范和指导方法

第一节　蒙台梭利教学法特点概述

一、以儿童为中心

这是首要条件，无论在教学设计上，还是在环境创设上，要时时以幼儿为中心而不能以教师的主观设想为中心。传统教师会以完成教学任务为前提而不考虑幼儿是否喜欢或者此节课究竟适不适合此阶段的幼儿，而蒙台梭利教师首要考虑的就是幼儿本身。

环境创设上不仅要求物品尺寸要符合儿童标准，还要考虑到物品的摆设使儿童能够得着，儿童天性喜欢事物完美、精致，所以购置物品时要考虑到这一点，这样他们才会珍惜物品并愿意操作。

二、自由与规则

自由的环境保障儿童能够按自己内在的法则成长，最大限度地减少成人的干涉。只有在自由的环境下，儿童才能展现真实的自我。以此为基础，教师根据儿童的成长步调进行环境中的材料准备，这样的教学才能取得最优的成果。

针对这方面的指导，蒙台梭利博士认为教师必须谨慎地不妨碍儿童的活动，并任由儿童从事自己的活动。有人因此误会教师只要无所事事地看守住儿童即可。实际上，教师指导的最终目标是使自己班级中的每一名儿童都能独立自主，也就是不论教师在与不在，班级都能照常进行活动。这种状况才是教师指导成功的证明。

蒙台梭利博士认为这种状况是通过班级中每一名儿童的正常化而产生的；儿童的正常化是由集中工作造成的；集中工作则是通过设置适当的环境，给予自由的保障，而发生在儿童身上的现象。适当环境的构成依赖蒙台梭利教具的设置。所谓自由的保障，在此意味着儿童是主人，要容许他们随心所欲地从事自己喜好的活动。

规则保障整体环境秩序有条不紊，是人类文明的体现，也是团体进步的必要条件。蒙台梭利教育更强调通过工作来引发儿童内在的规则意识，这种规则来自于人性本身，而非外界强压。

需要指出的是：若只强调自由，则容易导致儿童以自我为中心；若只强调规则，则会导致人性的压抑，不能做到"以人为本"。两者相辅相成，正如一枚硬币的两面。

三、注重个体教育

力求每个儿童都能在"儿童之家"这个环境中成功地成为他自己，是蒙台梭利教育希望达到的目标。每个个体都是独一无二的。在蒙台梭利教室里有专门的课程，要强调的是：自尊、自爱，才能爱别人、爱世界，身心健康的个体是和平的起点；在教学上教师要针对每一个孩子，做每个孩子的成长记录、教学计划，而不是一个教学方案针对几十甚至几百个孩子。

在蒙台梭利教室里，大部分时间教师在一个时间段里只教一个孩子，并同时观察20个或更多正在工作的孩子，孩子们的活动项目是他们自己选定的，教师不需要集中对孩子们训话。但这不是排斥或不允许进行集体教育，教师可根据实际情况灵活应用，线上活动、科学活动等很多活动都是以小组或团体方式进行的。蒙台梭利教育所要强调的是教师思维的转变，众多优秀的个体构成一个优秀的团体。

四、自我教育

"儿童之家"的孩子通过教师创设的有准备的环境，选择符合自己能力和兴趣的工作进行活动，有些教具本身具有错误控制功能，能帮助孩子们自我纠正，从而实现自我教育。

儿童通过自己反复操作，专注力水平不断提升，一次一次地走向成功的心理体验使儿童自信、愉快、独立、自主，具有旺盛的生命力，达到正常化。这些不是教师能够直接给予的，而是要通过媒介——教具才能够达到。

五、注重儿童人格的完善

人格的完善是蒙台梭利教育追求的目标。教具不仅仅是获取知识的工具，更是人性发展的最好媒介。每样教具只设置一份，是为了培养孩子们轮流等待；在混龄班儿童形成的小社会中，尊重、关照、友好、热情等品质会自然呈现，这些都是潜移默化的教育而非老师的说教形成的。

六、敏感期教育

蒙台梭利博士在《童年的秘密》里这样描述道："敏感期的本能引导他们克服接连不断的困难，并以一种不可抗拒的动力不断地激发他们。"[1] 既然敏感期是一种生物本能，我们就要尊重其发展历程，因个体本身存在差异性，敏感力不同，敏感期出现的时间也不是固定的，蒙台梭利教师要了解敏感期的知识，使教学效果事半功倍。

七、混龄教学

混龄教学为蒙台梭利教育能够系统有效地实施的第一要素，是必要条件，若环境为混龄，而孩子却是同龄，则会产生很多问题，因为环境要和孩子相匹配。

八、排除奖惩制度

蒙台梭利博士根据实际观察发现，正常化的孩子抵制的东西里面第

---

[1] 蒙台梭利. 童年的秘密[M]. 2版. 金晶，孔伟，译. 北京：中国发展出版社，2012：13.

一条便是奖励与惩罚，其次还有玩具和糖果。其实孩子的精神需求要超乎成人的想象，很多家长认为给孩子最好的食物、衣服和玩具就是对孩子的爱，可根据实验观察发现，孩子最喜欢的是成功完成某件事情后的成就感，尤其是一直尊重其自然成长步调、各方面正常发展的孩子，他们根本不喜欢普通的玩具，对物质奖励的兴趣也一般甚至不屑一顾，因为他们的精神需求基本上得到了满足，不需要物质来弥补，适当的言语肯定是对他们最好的奖励。

九、注重日常生活教育及感觉教育

日常生活教育被蒙台梭利博士称为"心脏区"，可见它的重要性，但我国教师往往忽视这个区域，认为它比较简单，又不太出效果，不如数学区见效快。但是，教室里的诸多问题恰恰是由教师对日常生活教育重视不够引起的。比如，有的孩子操作感官教具不够细致，更进入不了重复工作的状态，皆因为没有在日常教学中培养出完好的秩序感、协调性、专注力和独立性，这些品质是其他领域的教学顺利进行的基础。

实践证明，基本的日常生活体验是道德感、情绪情感的培养及人格的建构最好的教育途径，从自我服务的劳动中体验一种"我是一个人"的喜悦，身体的独立带来精神独立的成长，这无疑是儿童智力学习的重要情商基础。

感觉教育被称为智力的"入口"，从心理学角度来讲，儿童的认知是通过感觉进行的，因为他们的思维还处于直观行动和具体形象思维阶段，实际的体验不仅能促进大脑的发育，更能使儿童的感觉精细化，为数学、语言等的学习打下基础。

十、注重和平教育

蒙台梭利教育自成体系，其对教育最杰出的贡献要数和平教育。蒙台梭利认为要想达到真正的和平，就必须从教育着手，从儿童做起，儿童是人类真正和平的希望，所以她设计的小学课程里最重要的领域是"宇宙教育"，了解人类生存的环境，了解自己，通过建立内心和平达到外在和平。她的教学法最高的哲学思想即建立人的内心和平。

第二节 混龄教学

蒙台梭利博士曾说："把人根据年龄分隔开来是一件非常冷酷而又不符合人性的事情，对于儿童也是这样。这样会打断社会生活之间的联系，使人与人之间无法互相学习。绝大多数学校首先根据性别，然后根据年龄进行分班。这是一个非常大的错误，而且是很多罪恶的根源。"[1]

一、混龄班教学的理论基础

皮亚杰（Jean Piaget，1896—1980）、维果茨基（Lev Vygotsky，1896—1934）强调认知发展与社会情境中建构知识有密切的联系，而布朗芬布伦纳（Urie Bronfenbrenner，1917—2005）则强调环境在个体的发展中所起的作用，他们的研究都为混龄教育的存在提供了坚实的理论基础。

（一）布朗芬布伦纳的生态系统论

根据生态心理学的观点，"环境对深处其间的个体而言不是固定不变的，而是随着个体对其态度和探索方法的变更而具有不同的内涵"。事实上，同一环境中混龄群体的内涵是丰富多彩的。因为混龄环境中个体的差异很大，互动的组合是多样的，致使环境对每个幼儿的发展所起的作用不同。这也印证了布朗芬布伦纳人类发展生态学的理论——"发展着的人不是环境在其之上施加影响的一块白板，而是一个不断成长并重新建构其所在环境的动态实体"。

---

[1] 蒙台梭利. 有吸收力的心灵 [M]. 2版. 高潮，薛杰，译. 北京：中国发展出版社，2007：177.

（二）皮亚杰的认知冲突

皮亚杰认为同伴互动产生的认知冲突是幼儿社会性发展的重要因素。与同伴互动为幼儿提供了观点抵触的机会，从而产生认知冲突，这些交流或冲突迫使幼儿站在他人的角度看问题。皮亚杰还认为没有与他人在思想上的相互交流和合作，个体永远不可能把其运算集合成一个连贯的整体。混龄活动环境中有不同发展水平的幼儿，这就大大增加了认知冲突的概率，从而增加了认知和社会性发展的机会。

（三）维果茨基的最近发展区

维果茨基强调与比自己能力强的同伴合作的重要性，幼儿与其养育者以及同伴之间共同活动被视为幼儿发展的社会源泉。在跨年龄的幼儿互动的活动中，能力较强的幼儿能够为能力较弱的幼儿提供支架，这种支架恰好是落在能力较弱幼儿的最近发展区。与同龄活动相比，在混龄活动中，幼儿有机会与各种发展水平的同伴结成广泛的关系，这为幼儿的发展提供了潜在的、广泛的互动经验与联系。

二、混龄编班模式

幼儿的社会性自 3 岁起不断发展，这是由自然人逐步转变为社会人的过程，而社会性的正常发展需要正常的社会环境。何为正常的社会环境？在现实生活中，孩子看到的人，有比他大的，有比他小的，也有和他一样年龄的，这是自然的社会环境，没有人为的划分；教室里若这样呈现，那么孩子的社会性就不需要特设课程来发展和加强，而是可以遵循自然法则自然形成，每个孩子都能在这个小的社会环境里找到自己的位置，从而更加明确自我。

2.5—6 岁混龄班模式大体是：

- 2.5—3 岁（1/5），3—4 岁（1/5），4—5 岁（1/5），5—6 岁（2/5）。
- 主教 1 人，助教 1 人，视孩子的数量增加助教。
- 师生比例为 1∶10 或 1∶8。

三、混龄班级的优势

混龄教育为幼儿提供了一个类似于兄弟姐妹在一起的家庭氛围，对幼儿认知、情感和社会性以及自信心的发展都起到了很大的作用。

（一）促进幼儿认知能力的发展

混龄教育对幼儿认知发展的作用源于幼儿与不同认知发展水平的同伴之间互动而产生的认知冲突。在混龄的环境中，年长的幼儿充当"小老师"的角色，给弟弟妹妹讲解他们掌握的知识，而缺乏经验的年龄较小的幼儿模仿有经验的哥哥姐姐，并对所获得的新经验加以内化，在这个过程中，他们的认知能力都得到了很好的发展。

混龄教育中通过异龄互动，幼儿有更多的机会做他们感兴趣的事情，培养了学习的主动性。这种自发的、内在的学习动机会促使幼儿全身心地投入到解决问题的过程中来，成为有智慧的问题解决者。

（二）促进幼儿社会性的发展

在混龄班中，年龄小的幼儿与年龄大的幼儿在一起游戏、生活，有机会向年龄大的幼儿学习，得到大龄幼儿的帮助，因此减少了竞争的压力，增加了合作的机会；同时大龄幼儿在帮助年龄较小的幼儿的过程中也获得了快乐的体验，从而强化了帮助他人的亲社会行为。混龄教育提供了异龄儿童之间交往的机会，丰富了他们的交往经验，使他们的交往能力得到提高。虽然跨年龄交往看起来是一种不对称的关系，但这种不对称性可使儿童获得更多的社会性能力。

（三）对儿童情感能力的培养

幼儿的情感能力具有薄弱性、可塑性和对周围环境的依赖性等特点。混龄教育为幼儿创造了一个较为复杂的、动态的与现实社会相似但又与幼儿的承担能力相匹配的小型"社会环境"，为幼儿情感能力的发展提供了动力和源泉。异龄互动为幼儿提供了更多的情感体验和情感交流的机会，有利于其健康人格的形成和集体意识的培养。混龄教育在幼儿情感能力的培养中的优越性是不言而喻的，我们有必要在教育实践中进一步深化和探讨这种优越性。

（四）有利于儿童自信心的培养

自信心对一个人一生的发展往往起着决定性的作用，混龄教育为幼儿创造了没有压力的学习环境，与同龄班相比，混龄班的活动材料难易梯度进一步细分，这样一来，幼儿更容易找到适合自己能力的活动内容并取得成功，建立自信。另外，有一部分大龄的幼儿能力较弱，如果与同龄人在一起，将永远处于弱势，但在混龄集体中，在比他们年龄小的幼儿面前，能显示出他们的能力，有利于他们自信心的培养和建立。

四、混龄编班对环境设置及教师的要求

（一）混龄班的环境设置

混龄班对环境设置的要求如下：

（1）配备符合各个年龄段孩子需求的蒙台梭利教具，包括日常生活区、感官区、数学区、语言区、科学文化区、艺术区。

（2）自由的环境，不仅仅指工作的自由，还要保证精神环境的自由。即教师与儿童之间、儿童与儿童之间形成互相尊重、关爱的关系，保证以儿童为中心。

（二）对教师的要求

混龄班对教师的要求如下：

（1）教师要掌握每个年龄段孩子的生理、心理特点。

（2）教师要掌握每个孩子的现有发展水平。

（3）教师之间要配合默契，对待孩子的行为和语言要保持态度一致。

（4）教师要有能力制订符合每个孩子最近发展区的教学计划。

（5）教师要对蒙台梭利教育精神实质有所领悟，这样才能具备无限自制教具的能力，以满足不同年龄、不同兴趣儿童的需求。

（6）要创造出一个使儿童情绪安定且充满活力，心情喜悦而相互之

间不存在隔阂，并使每个人精力充沛、自由地做自己喜爱的活动的环境。

第三节 科学观察

一、观察的基本要求

现代心理学发展及蒙台梭利教学法体系建立的首要条件是观察。观察是最基础的、最必要的方法，也是蒙台梭利教师最常用的方法。

蒙台梭利博士曾说学校本身可以成为研究人的心理发展的科学实验室，而科学要遵循客观、真实、全面、准确的原则，以求最大限度地接近事物的本质。

若教师喜欢主观臆断，以片面信息作为结论，则会导致结果的不准确性，这种观察结果非但不能解决问题，也许还会带来负面的教学影响，如轻易给多动的孩子下定义，说他得了多动症。某孩子初次入园，不适应新环境，语言表达能力差，偶尔有打人的现象，教师就认为孩子有暴力倾向，这些都会导致下一步教育行为的偏差。

其次是尊重，尊重不但是人与人交往的基本原则，也是基本的认知态度，教师要尊重儿童的个体差异性。个体差异是一种正常现象，没有差异，人的社会性就不必发展。差异促使矛盾产生，从而促进人类的发展。现代教师主要接受传统教育，常常不自觉地用一个标准、一种方法和一种模式来衡量儿童的发展。蒙台梭利教育是注重人按本性发展的教育，个体性强，所以观察后的结论切忌用标准来衡量，如差、优；更不能评分，使其量化。我们应该看到孩子本身的特点，关注点聚焦在他是否有进步上。由于个体发展具有差异性，所以更不能轻易地下定义。

有效的观察需要教师本身具备心理学、教育学和各学科的基本知识，除此之外，教师要有平和的内心、对儿童的爱心、持续的耐心等人格品质。细心观察使教师能够发现平时很少注意到的细节，也许恰恰这个细节就是重要的教育契机。比如某幼儿去厕所大便，每次总要等到老师问,他才出来,这其实是一个心理问题,但若教师忽略了这个时间问题,觉得他可能喜欢坐在马桶上,那么就错过了一个极佳的心理发现。通过观察和反思,教师会发现儿童所有的行为都有其背后的原因。通过观察可以寻"根",找到现象背后的真正原因。观察能让我们更加了解儿童、完善和发展教学方法、提升教师本身的专业程度。

二、观察的内容

除第三章介绍的五日观察表外,在日常工作中教师应观察下列内容。

(一)观察教具

(1)教具是否精致?
(2)教具是否完备?
(3)教具是否能满足每个幼儿的发展需求?
(4)自制教具孩子是否喜欢?有多少人喜欢?喜欢的程度如何?
(5)教具的摆放秩序是否基本不变?

(二)观察儿童工作

(1)工作是否完整?
(2)工作时间长度如何?
(3)专注力持续时间如何?
(4)秩序感如何?
(5)是否打扰了其他人工作?
(6)是否重复工作?(即工作周期)
(7)是否只有在老师陪伴下才能坚持完成或重复工作?
(8)是否经常寻求老师的帮助?
(9)喜欢的工作倾向于哪方面?
(10)一天中何时最能专注于工作?

(三)观察儿童个体发展情况

(1)社会性发展情况。

（2）情绪、情感发展情况。

（3）个性发展情况。

（4）认知发展情况。

（四）观察教室整体进展水平

（1）教室的整体秩序性。

（2）教师之间配合情况。

（3）教师与儿童互动情况。

（4）教学进展情况。

（5）观察是一个不间断的持续的行为，教师需要设置一个持续期限。

三、观察的方法

教师在实际观察中往往会出现缺乏重点，重点记录结果、忽略过程，缺少细节等问题。因此，教师应经常练习自己的观察能力。可组织教师进行此方面的培训，让教师持续观察某一具体事物10分钟，然后分别发言说说看到了什么，越细致越好。经常进行此方面的教研能使教师具有侦探一样敏锐的双眼以及科学家的谨慎态度。

（一）观察工具

现在幼儿教师通常采用肉眼观察（边观察边记录）、相机拍照、录相机实录。其中影像记录可最大程度地减少误差。

（二）记录方式

描述叙事、表格、工作曲线。

若要进行专业化研究，需要对观察结果进行量化分析。仅为了某个儿童下一步采取什么样的教学方法和内容，就用叙事记录、反思、分析来寻找解决方法，然后再试验方案，进行新一轮的观察。

观察 → 反思 → 分析 → 方案

四、观察的原则

观察的原则有以下几个方面:

(1) 尊重儿童人格。

(2) 认定每一个儿童都有其独特性,做到个别观察的准确性和客观性。

(3) 观察情境要确保儿童自由,不要让孩子感觉到被观察。

(4) 尽量确保观察的完整性,要有始有终、有细节。

(5) 在记录、分析的过程中,教师要保持平和、公正的心态。

(6) 不能仅凭偶然行为为幼儿下结论,一定要有反复现象的发生和观察周期。

所有的原则都要在"爱"的前提下进行,因为只有满怀着对儿童的爱,才能渴望读懂他们的内心,面对还不能完全用语言表达自己内心的小家伙们,精神力量推动着教师持续、耐心且细心地记录下幼儿的每一个细节、每一个成长的足迹。

五、观察记录表

(一) 工作观察记录表

工作观察记录表如表 4-1 所示。

表 4-1 工作观察记录表

班名:　　　　　　　　　　　记录日期:　　年　　月　　日

幼儿姓名		性别		年龄 (包括月龄)	
记录时间 (AM/PM)			指导教师		
工作名称			专注时间 (按分钟计)		

续表

是否出现重复		引起重复的兴趣是	
一天内重复操作次数		一周/一个月内重复情况	
延伸操作情况			
特殊情况记录			
教师总结（可写反思）			

（二）幼儿整体发展观察记录表

幼儿整体发展观察记录表如表4-2所示。

表4-2 幼儿整体发展观察记录表

（以月为单位）

幼儿姓名：_____　　　年龄（包括月龄）：_____
月　　份：_____　　　记录（评价）教师：_____

社会性发展				
项目	典型事件记录	一直这样	有时这样	进步情况
愿意交朋友				
愿意分享				
能交换食物/玩具				
喜欢和别人一起工作				
喜欢独自工作				
愿意发表想法				
对人热情				
攻击性行为				
喜欢关爱环境				
社会性发展评价：				

续表

情绪情感发展				
项目	典型事件记录	一直这样	有时这样	进步情况
积极情绪（开心）				
表现出不愿意				
能描述感受				
害羞				
敏感焦虑				
喜欢告状				
情绪情感发展评价：				
动作发展				
项目	典型事件记录	一直这样	有时这样	进步情况
手眼协调能力强				
行动准确				
生活完全自理				
能清洁教室				
动作发展评价：				
语言发展				
项目	典型事件记录	一直这样	有时这样	进步情况
能描述想法和感觉				
发音准确				
能辨别声音				
喜欢听故事				
能背诵童谣和诗歌				
认识几种颜色				
形状认知				
喜欢涂鸦				
语言发展评价：				

教师还可以根据情况完善表格、增加项目，如数学方面、科学方面等，每一框架里都可继续添加子项目。

（三）工作曲线

幼儿工作曲线是将儿童一个工作周期中，在自由状态下呈现出的心理秩序，即心理真象以曲线的形式表示出来，可以形象、直观地反映儿童的心理秩序。某一时间段的观察可用工作曲线。

关于工作曲线，具体请见《蒙台梭利幼儿教育科学方法》（任代文主译校）第 693-713 页。

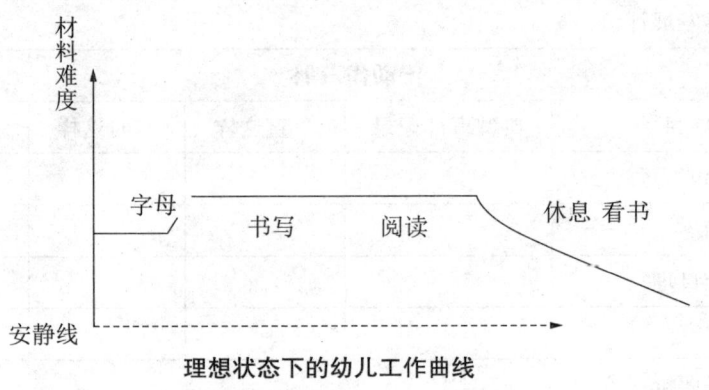

理想状态下的幼儿工作曲线

六、蒙台梭利教师的反思与分析

观察后的反思与分析需要教师有真功夫，包括心理学知识、教育学知识和对蒙台梭利教育法的准确把握。若做不到准确的反思与分析，再好的观察也是无用的，美国哈佛大学哲学博士唐纳德·A.舍恩（Donald A. Schön，1930—1997）是美国"反思性教学"思想的重要倡导人。他的"行动中对行动的反思"包含了两层意思：一是"对行动的反思"；二是"在行动中反思"。他曾说：尊重教师反省的意识，提升他们的反思创造能力，有助于教师不迷恋某种方法，灵活地解决实践中遇到的各种问题，形成自己的教学艺术风格。教师可以大体从以下几个方面进行反思与分析工作：

（1）观察刚入园的孩子的行为、语言，首先要分析他的家庭教养方式是民主型、专制型或者放任型，找到家园合作的方式。

（2）教师要熟记每个年龄段孩子的动作行为能力水平、认知水平，然后与实际观察结果进行比较分析。如某些4岁左右的孩子非常爱告状，那么可以认为此儿童的道德情感已发展起来，从而通过表象找到背后的理论支持。

（3）教师要根据观察对每个孩子的气质类型进行大体归类——胆汁质、多血质、黏液质、抑郁质，然后就能轻松地根据他们的情况调整教学方式。

（4）通过观察儿童的专注力持续情况，一方面可以推测其家庭主要抚养人的教养方式是否科学，另一方面考虑是不是教室本身的环境创设、教学方法需要改进，要找到每个儿童的兴趣点。

（5）每个儿童的兴趣点不同，学习方式也不同，教师要做到对每个孩子的情况了如指掌，用孩子能接受和喜欢的方式灵活教学，比如有的孩子喜欢音乐，那么可以利用音乐法教授语言课等。

第四节　教师示范和指导方法

一、教师示范原则

教师做出示范的原则如下：

（1）每次只演示一种活动，目的性明确。

（2）操作教具之前，教师必须胸有成竹，并保证教具是完整的。

（3）操作教具时，排除任何让孩子走神的物体。

（4）操作的时候避免镜面教学。教师要坐在孩子惯用手的右边，方便孩子观看。

（5）操作之前，告诉孩子明确的名称。

（6）操作教具的顺序要从易到难，从具体到抽象，从左到右，从上到下,这也是阅读和书写的顺序。

（7）动作缓慢,根据孩子的节奏示范。

（8）简化动作,以孩子理解的方式示范。

（9）拆分动作,每个动作可根据需要暂停并加以说明。

（10）示范时,使用的语言简单明了,尽量让孩子专注于动作。

（11）操作时,确保教师的手不会挡住儿童的视线,孩子能清晰地看见动作的演示。

（12）进行操作时,要时刻注意孩子的反应,观察其兴趣所在。即使孩子对你的演示不感兴趣,也要演示完。

（13）选择适当的时机,引导孩子进入操作程序,当孩子可以做这项工作了,就要离开,但仍要不停地观察他。当孩子需要时马上提供帮助,孩子不需要时马上离开。

（14）不要随意打断孩子的操作。

（15）鼓励孩子尽可能地重复工作:"你操作得很好,再来一次吧。"

（16）时刻观察孩子对教具的操作能力,知道孩子的需求。

（17）随时做好观察记录。

二、教室内教师指导原则

教室内教师指导原则如下:

（1）开班第一件事即建立起常规并且执行。

（2）教师要随身带着教学计划、观察记录表等。

（3）操作时,不要因孩子出现错误而责怪他,更不能在集体中点名责怪孩子。

（4）当孩子真正需要帮助时,要及时帮助并适时离开,再观察其他需要指导和帮助的孩子。

（5）要有相当的耐心,不能加快孩子的成长。

（6）不要比较。

（7）遇到孩子不遵守规则，要温柔且坚定地向他说明，并亲自示范正确的做法。

（8）一定要公平公正地对待每一个孩子，不要过于表现自己的偏好，并且要始终如一。

（9）小组示范时，地点应选择在不影响其他孩子正常工作的地方。

（10）应时刻观察教室整体的活动状况。

（11）示范时把动作协调性差或爱闹的孩子安排在身边。

（12）团体示范完之后，教师逐个引导孩子选择自己的工作。

（13）每天孩子走后，检查全部教具及物品，保证秩序性和完整性。

（14）若某一件教具一直没有幼儿操作，可以采用新颖的方式再示范一次或创造它的延伸教具；若是自制教具，可以考虑先将其收起来一段时间之后再投放。

（15）有些教具材料要定期更换，如豆子、沙子、珠子。

第五章　蒙台梭利教室的准备

- 第一节　营造温馨的蒙台梭利教育环境
- 第二节　提供丰富的蒙台梭利教具

蒙台梭利教育理念以儿童的需要为主要依据，引导儿童自己去发现、学习以及成长。良好、适宜的教室环境是促使儿童形成良好的生活习惯不可或缺的重要因素，也是推动儿童各项能力发展的重要基础。"有准备"的教室环境是进行蒙台梭利教育的要素之一。

蒙台梭利博士说过："最适合生活的地方，其环境应该是美丽的，因此，如果我们寄希望于学校成为'观察人类生活的实验室'，我们就必须把美的东西都汇集于此，就像在细菌学家的实验室里，为培养杆菌就必须备好炉子和土壤一样。"[①]

第一节 营造温馨的蒙台梭利教育环境

蒙台梭利博士说："孩子只有在一个与他的年龄相适应的环境中，他的心理生活才会自然地发展，并展现他内心的秘密。"[②]

蒙台梭利教育环境与传统教育环境是不同的，走进蒙台梭利教室，我们总会有眼前一亮的感觉：宽敞明亮的空间、整齐有序的教具柜、美观神秘的教具、生机盎然的植物、温馨淡雅的窗帘……这些恰到好处的布置构成了蒙台梭利教室。

一、蒙台梭利教室的整体要求及规划

蒙台梭利教室应符合环境六要素的要求，正如第二章所述。同时每个蒙台梭利教室需设置生活区、活动区、睡眠区、洗手间、衣帽间等，教室内至少配置一套国际标准的蒙台梭利教具。

---

① 蒙台梭利. 发现孩子 [M]. 2版. 胡纯玉, 译. 北京：中国发展出版社, 2006: 79.
② 蒙台梭利. 童年的秘密 [M]. 2版. 金晶, 孔伟, 译. 北京：中国发展出版社, 2012: 95.

二、划分蒙台梭利教室内的区域

"工作"是蒙台梭利教室中的儿童的专属,在特定的区域内工作可以培养儿童良好的秩序感,因此,在蒙台梭利教室中,区域的划分尤为重要。

(一)蒙台梭利教室内的区域

蒙台梭利教室的区域划分是独具特色的。每间蒙台梭利教室至少要具备五大区域——日常生活区、感官区、数学区、语言区、科学区,还可以增设艺术区、建构区、阅读区等。教室内通常用教具及教具架进行区域划分,还可以选用花盆等装饰物划分区域。

(二)蒙台梭利教室内不同区域的要求

教室是儿童主要的活动场所,区域则是教室中儿童最重要的工作场地。教师在划分工作区域时,必须依据各区所需的设施、空间及其他教学区的相关性,划分出最适宜的位置。

1. 日常生活区

(1)因通常需要做与水相关的工作,所以需要选择靠近水源的位置。

(2)日常生活区的教具都是贴近生活的材料及用品,也较容易吸引儿童的视线,所以日常生活区应尽量选择门口处,以吸引儿童进入教室。

(3)日常生活区用水较多,会比较潮湿,应设置在通风处及阳光可以照射到的地方。

(4)本区域的教具多数需要在工作桌上完成,可多设置一些工作桌。

(5)可在本区域增加清扫用具或清洁角。

(6)可在本区域增设点心桌。

2. 感官区

(1)感官区的教具适宜在工作毯上操作,故在本区域应减少工作桌的数量。

(2)感官区可与数学区邻近,因为感官教育是数学教育的基础。

（3）此区域有部分搭建类教具，故应与安静区分开。

3. 数学区

（1）尽量与感官区相邻。

（2）数学区的教具较复杂，有的适合在工作桌上完成，有的适合在工作毯上完成，故此区域应合理安排工作桌的数量及可操作空间。

（3）此区域可增设与数字相关的生活用具，如温度计、湿度计、体重器、卷尺等。

4. 语言区

（1）语言区应选择相对安静的区域。

（2）应选择光线较柔和的区域，以便阅读或书写。

（3）此区域可酌情增设绘本角，环境要舒适，以营造静谧的气氛。

（4）需提供纸张和笔类等辅助材料。

（5）中文区与英文区应尽量划分清晰。

5. 科学区

（1）临近水源、电源、光源，以便开展各种实验。

（2）大多数教具需要在工作桌上完成，需准备足够数量的工作桌。

（3）辅助材料充足。

艺术区、建构区及阅读区可根据教室的空间合理安排。

三、完善蒙台梭利教室内的设施

蒙台梭利博士说过，"蒙台梭利幼儿园的设备没有一定的规格，要视经济情况与客观环境而定"。蒙台梭利教室内的基本设施如下：

（一）桌椅

教室内桌椅的材质以木质为宜。座椅需轻而坚固，便于儿童需要时搬动；颜色宜单一、柔和。桌子形状可选择适合一名儿童操作的小方桌，不同区域可选择适合合作或小组工作时使用的长方形桌。

桌椅尺寸可参照表5-1。

表 5-1　教室内基本设施尺寸参考表

	1.5—3 岁	3—6 岁
桌（长、宽、高）（单位：厘米）	90 × 55 × 40	90 × 55 × 50
椅（长、宽、高）（单位：厘米）	29 × 24 × 43	29 × 26 × 60
教具架（长、宽、高）（单位：厘米）	120 × 74 × 30	120 × 90 × 30
工作毯（长、宽）（单位：厘米）	75 ×（55/80）× 50	105 × 75

（二）教具架

蒙台梭利教室中，教具架的作用非常大，它既能陈列教具，又可以区分不同区域。教具架的高度宜与一般儿童的身高等高或略低。教具架无背板较好，可以方便教师观察不同区域的儿童。颜色以原木色或白色为宜。

教具架尺寸可参照表 5-1。

（三）柜子

蒙台梭利教室内需要因用途不同而配备鞋柜、衣柜、教师用柜及其他用途的有门或无门的柜子。柜体的边缘处要做成圆角，并在部分柜面粘贴标识，以提示儿童柜子的用途。

（四）工作毯

儿童在蒙台梭利教室中选择教具前，需根据工作内容选择在工作毯上或是在工作桌上工作。工作毯需选用做工优良、环保、易清洁、易拿取的材质；工作毯的颜色不宜选择花色或亮色，以灰色、米色等较柔和的颜色为宜。

教室内需配备放置工作毯的工作毯架，材质可选用木质、塑料等。

工作毯尺寸可参照表 5-1。

（五）蒙氏线

蒙氏线也是蒙台梭利教室中的一道"风景线"，通常是在教室公共区域的地面上用彩色胶带贴成椭圆形，大小要根据班级人数而定。蒙氏线的宽度以儿童脚宽为宜,7～10厘米,以便于儿童走线活动。如图5-1所示。

图 5-1　蒙氏线

蒙氏线与教具架或墙壁的距离至少为30厘米,以防止儿童在走线活动或其他线上活动时碰撞教具架或分散注意力。

(六)托盘

蒙台梭利教室中有丰富的教具,陈列教具时需要托盘,托盘的材质可选用木质、塑料、藤编等,托盘的选取需考虑方便儿童拿取,不易滑落,不易碎,美观但不宜有过多的图案装饰,以保证儿童专注于教具而不是托盘。

教室内托盘的数量要充足,不宜将整套教具分散摆放在教具架上,应选用适合的托盘整齐摆放。

托盘的风格可根据区域特点而定。托盘的尺寸需根据所盛放教具的尺寸而定,不宜过大或过小。也可以突出本地特色,例如海滨城市的幼儿用螃蟹壳做托盘。

(七)其他必备用品

蒙台梭利教室是"有准备"的教室。这个教室的各个区域均需要辅助教具或辅助用具。如日常生活区需配备抹布、水盆、海绵等辅助材料;感官区、数学区、语言区、科学区需配备纸、笔、剪刀、胶水、彩笔等辅助材料,也可将此类辅助材料放置在便于儿童拿取的单独区域或角落。各区域的教具将会在后面几章详细介绍。

四、装饰蒙台梭利教室内的细节

蒙台梭利博士认为：美能唤起孩子对生活的反应能力，美与和谐的环境不仅能为孩子提供美的享受，更是孩子获得精神滋养的源泉。因此，恰到好处地装饰教室会使蒙台梭利教室更加温馨、舒适。

（一）墙面装饰

不同区域内墙面的装饰可选用与本区域相关的教学内容，将其设计成可操作墙，这样不仅可以美化墙面，还可以供儿童操作，以强化所学内容。如：在日常生活区可设计粘贴、系、穿等可操作墙面；在感官区可设计配对、排序、分类等可操作墙面；在数学区可设计与数字相关的可操作墙面；在语言区可设计中文或英文操作墙面；在科学区可设计植物生长过程可操作墙面等。

墙面的设计需及时更换主题及补充材料，以满足儿童不同的需求。

墙面装饰不宜过于鲜艳，以配合整体区域颜色及风格为宜。

（二）布艺装饰

蒙台梭利教室是儿童的家。要有家的温馨，自然少不了家中的必备品。布艺装饰会使蒙台梭利教室更加亲切。

窗帘是教室中重要的布艺装饰，宜选择材质柔软、颜色柔和、风格统一的窗帘。

（三）盆栽装饰

蒙台梭利教室中的盆栽植物是教室中的另一亮点。这些盆栽不仅可以美化教室环境，还可以让儿童感受生命的存在。将适量的花草点缀在求知的环境中，有利于儿童身心愉悦地工作。

通常在蒙台梭利教室中会设置单独的植物角，对植物进行精心的照顾与细致的观察，可让儿童真实地感受植物的生长，感受生命的力量。

（四）其他装饰

在蒙台梭利教室中不宜有过多的装饰品及色彩。教师可根据不同的教学主题及节日主题适当增添装饰物。

第二节　提供丰富的蒙台梭利教具

儿童与环境的互动可以使环境的教育作用发挥到极致，丰富而系统的蒙台梭利教具对儿童来说是极具吸引力的，与其他教具不同，蒙台梭利教具是儿童用来工作的材料，而不是教师用来教学的工具。儿童通过反复的操作来进行自我塑造与发展心智。

一、蒙台梭利教具的配备

蒙台梭利教具种类繁多，按照蒙台梭利教室中的五大区域投放，可将蒙台梭利教具整理如下：

（一）日常生活教具

蒙台梭利日常生活教具如表5-2所示。

表5-2　蒙台梭利日常生活教具及能力培养

能力培养	教具及工作名称
生活自理能力	衣饰架、大纽扣、小纽扣、鞋带、按扣、安全别针、拉链、皮带扣、鞋纽扣、蝴蝶结等
照顾环境	刷子、小扫把、鸡毛掸子、抹布、海绵、水壶、小喷壶、水桶、小撮子、拖布、围裙等
精细动作	拿托盘、舀豆子、五指抓小球、三指抓木块、二指抓（捏）木钮、穿线、折叠方巾、拧毛巾、剪纸、贴纸、倒水、切水果、按大头针、旋转螺栓和螺母、擦桌子、编织、缝纽扣等
自我服务	携带物品的整理，会用镜子、洗手、擦鼻涕，衣服的穿、脱、挂，衣裤的折叠，鞋子的清理
文明礼貌行为习惯	门的开关、打招呼、道歉、递交物品的方法、打电话、咳嗽、打喷嚏、打哈欠、接待客人

（二）感官教具

蒙台梭利感官教具如表 5-3 所示。

表 5-3　蒙台梭利感官教具及能力培养

能力培养	教具名称	教具组成
视觉能力训练	插座圆柱体 ABCD 组	每组由 10 个大小、粗细、高低不同的木质圆柱体和圆穴组成
	彩色圆柱体组	红、黄、蓝、绿四色，其形状和尺寸均与插座圆柱体相同，只是少了木钮和圆穴的插座，每种颜色各有 10 个大小、粗细、高低不同的圆柱体，分别放在同色的木盒中
	粉红塔	由 10 个大小不同的粉红色木制立方体构成
	棕色梯	由 10 个长度都是 20 厘米，高度由 10 厘米等差递减至 1 厘米的长方体组成
	长棒（红棒）	由 10 根红色木棒组成，长度由 10 厘米等差递减至 1 厘米
	色板	色板Ⅰ——红、黄、蓝三色，各含两枚同色色板；色板Ⅱ——红、黄、蓝、橙、紫、绿、粉红、棕、灰、黑、白 11 色，各含两枚同色色板；色板Ⅲ——红、黄、蓝、橙、紫、绿、粉红、棕、灰 9 色，各含 7 枚明暗序列色板
	几何图形嵌板橱	包含 33 个不同的几何图形，分放在 6 个抽屉中
	构成三角形	共 5 盒，分别是四边形盒 1、四边形盒 2、三角形盒、大六边形盒、小六边形盒
	几何学立体组	由 10 个蓝色的基本立体和对应的投影板组成
	二项式	由 8 个红、蓝、黑三色大小不同的木制立方体及长方体放置在一个木盒中组成
	三项式	由 27 个红、蓝、黄、黑四色大小不同的木制立方体及长方体放置在一个木盒中组成

续表

能力培养	教具名称	教具组成
听觉能力训练	听觉筒	红色、蓝色两个木盒中，各有6个木制圆筒，内装不同材料，摇晃时可发出强弱程度不同的声音
	音感钟	由控制组和操作组组成，每组各有13个钟，包含8个全音、5个半音；附五线谱板、音符盒、钟槌、止音棒等
触觉能力训练	触觉板	共4组
	温觉板	木板、金属板、石板、毛毡板各2片，共8片
	重量板	因质料不同而重量不同的3种重量板，每种10片
	神秘袋	布制的袋子，里面装有性质相同或相异的各种物品
味觉能力训练	味觉瓶	内装4种味道（甜、酸、咸、苦）的溶液各2瓶，共8瓶
嗅觉能力训练	嗅觉筒	两个木盒中，各放6个木制圆筒，内装各种不同的自然香料或调味品

（三）数学教具

蒙台梭利数学教具如表5-4所示。

表5-4　蒙台梭利数学教具及能力培养

能力培养	教具名称	教具组成
0—10的认识	数棒	由10支红蓝相间的木棒组成，长度由10厘米递增至100厘米
	砂纸数字板	砂纸制作的0—9的长方形板
	纺锤棒箱	由两个木箱及45根纺锤棒构成
	数字与筹码	红色圆形筹码55个及1—10的数字
十进位的练习	彩色串珠盒	多个代表1—10的串珠
	金黄色串珠组	1、10、100、1000的串珠各1，数字卡各1

续表

能力培养	教具名称	教具组成
连续数的认识	一百串珠链	10 串 10 的串珠相连
	一千串珠链	100 串 10 的串珠相连
	平方链	表示 1^2—9^2 的各色串珠链，数字卷标
	立方链	表示 1^3—9^3 的各色立方链及立方块，数字卷标
	一百板	印有 10×10 的正方格，1 盒 1—100 的数字片，订正板
	塞根板Ⅰ	两块木板各分 5 格，每一格印有数字 10，最后一格空白，另一组为 1—9 的数字板
	塞根板Ⅱ	两块木板各分 5 格，分别印有 10—90 的整十数字和一格空格，另有一组印有 1—9 的数字板
四则运算	银行游戏	金黄串珠组，大数字卡片，小数字卡片，托盘
	邮票游戏	木制长方形盒子，隔成 6 个小格，里面装有筹码及小人
	点的游戏	练习板，红、蓝、绿、黑笔各 1 支，游戏练习纸
	数架	数架上是分别代表 1、10、100、1000 的颜色珠子
	减法蛇	1—9 彩色串珠盒 1 盒，黑白串珠 1 组，10 的金色串珠 1 盒，灰色串珠 1 盒
	加法板	板上印有 1—18 的数字，蓝色、红色定规尺
	减法板	板上印有 1—18 的数字，蓝色、红色和原木色定规尺
	乘法板	横竖各有 10 个小洞的木板，100 颗红色珠、1 个红色筹码，1—10 的数字卡
	除法板	横竖各有 9 个小洞的木板，81 颗绿珠，最上面有一排较大的圆穴，绿色小人
分数	分数小人	分数小人座 1 组，1、1/2、1/3、1/4 字卡 1 组
	圆形分数嵌板	从 1—10 等分分割的 10 个红色圆，代表各个分数的卡片

(四)语言教具

蒙台梭利语言教具如表5-5所示。

表5-5 蒙台梭利语言教具

教具名称	教具组成
金属嵌板	10种金属材质的几何图形嵌板
砂纸注音符号	37个砂纸注音符号板
凹板与木笔	37个注音符号木制雕刻板和木笔
笔顺砂字板	13种砂纸笔顺描摹板
分类图片	不同类别的图片
顺序图片	各种动作的连贯性图片
相反图片配对	相反意义的图片
首音盒	相同起始音的物品放在同一个盒内
指令盒	相同指令动作的图片放在同一个盒内

(五)科学文化教具

蒙台梭利科学文化教具如表5-6所示。

表5-6 蒙台梭利科学文化教具

教具名称	教具组成
叶形嵌板橱	各种叶形嵌板,三部分卡
生物特征图片	包括生殖、呼吸、吃、成长、死亡的数据袋及图片
地区植物图片	热带、沙漠、寒带等地区的植物图片
脊椎动物分类	哺乳类、爬行类、鸟类、鱼类、两栖类动物的字卡和图片
星期表	表的左侧印有星期一至星期日,右边空白;对应的字卡
月份表	表的左侧印有1—12月的名称,右边空白;对应的字卡

续表

教具名称	教具组成
四季卡片	代表年的圆形卡片 1 张，代表半年的半圆形卡片 2 张，代表春夏秋冬的 1/4 卡片 4 张
年表	春夏秋冬四季图片、字卡 1 张及 1—12 月字卡 12 张
水陆地球仪	砂纸制成的陆块及印有蓝色海面的地球模型
陆地与水域地形	岛屿、湖泊、海湾、海峡等地形模型
彩色地球仪	分别用不同颜色代表不同的洲的地球仪
世界地图拼图	
地图橱架组	包括七大洲的地图拼图
世界国旗	
九大行星	模型、图片、字卡、三部分卡
太阳系挂图月相变化挂图	
地球的层次	地层地球仪、图片、字卡、定义册、三部分卡
火山的介绍	火山实验、图片、字卡、定义册、三部分卡

二、蒙台梭利教具的摆放

遵循"根据儿童的身心发展和需要来营造环境"的方针，教师在摆放蒙台梭利教具时，应注意以下原则：

（1）安全性，易观察。

（2）真实性，能自理。

（3）秩序化，宜变性。

（4）简洁性，温馨化。

（5）灵活性，能选择。

三、蒙台梭利延伸教具的制作

众所周知,在蒙台梭利教育中,最大的特点就是为孩子提供丰富的教具,引导孩子通过操作教具达到教学目标,孩子们在不断的操作中培养自主学习的能力,养成有秩序、精细、专注的工作习惯,这将为孩子的一生奠定良好的基础。在蒙台梭利教育本土化的实践中,我们发现除了基础教具外,延伸教具的作用也是非常重要的。

蒙台梭利教师不能只局限于基础教具,而应当不断创新,不断制作延伸教具,这样既可以巩固教师本身对蒙台梭利教育理念的深入理解,又可以激发孩子的工作兴趣。制作蒙台梭利延伸教具需要遵循以下原则:

1. 教学目的性要明确

在制作教具之前,首先应确定该教具的教学目标,突出教具的单一性,这样的设计能够让教学目标更加明确。例如,若教学目标为形状认知,教师在制作教具的材料选择上,就应该使材料的其他属性(颜色、质地等)一致,只有形状不同,这样才能够让孩子在操作时忽略其他属性,而专注于对形状的认知。

2. 教具的完整性

教师制作的延伸教具本身要自成教学体系,要有系统性,并遵循由简至繁、由易到难、由具体到抽象的逻辑发展顺序。

3. 教具要能够吸引儿童的注意力

只有吸引儿童的注意力并使儿童乐于反复操作的教具,才能够达到预期的教学目标。材料的颜色不能过于复杂,应以简单、柔美为主要色调,整体教具的颜色搭配要一致,便于儿童区分同组教具。

四、蒙台梭利教具的原则

蒙台梭利教具的原则如下:

（1）错误订正。教具可以让儿童自己发现错误并进行自我订正，而不是依赖教师。

（2）孤立化。每件教具在每间教室里只有一件。

（3）教具的独立操作性。蒙台梭利教育注重个体教学，教具的设计要以能个人独立操作为原则。

（4）教具材料的真实性。材料要贴近生活，要选用生活中的真实材料。

（5）教具使用的安全性。教师在制作教具时，一定要考虑教具是否适合儿童拿取，是否存在安全隐患，对于过于细小的物品，教师要设计安全保护措施，以免对儿童造成伤害。

（6）教具材料的实用性。教具选用的材料应尽量具有可循环使用性及经济实用性，成本不必太高，另外，教具的组成材料要易于更换，便于教师随时补充缺失材料。

制作延伸教具是蒙台梭利教师的必修课，它要求教师既理解蒙台梭利教育的理论，又具有一定的教学实践经验，同时具备一定的想象力及设计能力。蒙台梭利博士鼓励教师制作教具，只要遵循蒙台梭利教育理念，能够达到既定的教育目标，形式可灵活多样。

蒙台梭利教育的精神就是不断地与时俱进，为孩子提供最好的一切，让孩子在适宜的环境中自由工作，在宽松、愉快的环境中发展秩序、专注、精细的能力，为孩子的未来成长奠定良好的基础。

第六章　蒙台梭利日常生活教具与教学

- 第一节　蒙台梭利日常生活教育的概述
- 第二节　蒙台梭利日常生活教育的基础教学
- 第三节　蒙台梭利日常生活教育的延伸教学内容
- 第四节　蒙台梭利日常生活教学中的问题与解决
- 第五节　蒙台梭利日常生活教学过程中教师的观察与记录

"儿童之家"可以给孩子提供一个开展活动的环境，这种学校没有固定的模式，根据可以调配的资源和学校能给孩子提供的机会，它可以多元化。"儿童之家"应该是一个真正的"家"。

——玛利亚·蒙台梭利

第一节 蒙台梭利日常生活教育的概述

教育和生活的目的就是一个理性的人能够支配自己的行动，使其行动不仅仅因为感官的刺激而本能地应用，而且受理性控制。如果一个人无法达到这个目的，他就不能获得理性的人所渴望的那种人物角色的统一。

——玛利亚·蒙台梭利

蒙台梭利博士说："儿童的成长和发展，有赖于不断缩短他与环境之间的距离。因为儿童只有不再依赖成人，才能发展自己的个性，即我们所说的获得自由，适宜的环境将有益于儿童的成长。"[1]

因此，蒙台梭利日常生活教育，就是缩短孩子与环境之间距离的实践教育，通过给予孩子"与日常生活息息相关"的练习，帮助孩子在每日的实际生活中学习必要的生活技巧，从而使孩子的身体与心理得到发展，逐步形成独立的人格品质。

通过细致的观察，蒙台梭利博士发现，儿童在0—6岁时，若能够在日常生活方面得到系统练习，不仅有利于儿童的身体发育，而且可促使其心理完善发展。通过这样的练习活动，蒙台梭利教育的诸多特征，比如秩序、精细、专注、协调等，可在儿童身上得以充分体现。

---

[1] 蒙台梭利. 童年的秘密[M]. 1版. 金晶, 孔伟, 译. 北京：中国发展出版社，2007：59-63.

的确，儿童喜欢模仿成人的行为，如日常生活中的打扫、清洁、烹饪、礼仪、会话等，并对此乐此不疲。这些活动包含了双手及身体的精确动作，有助于儿童视觉肌肉控制的协调，也为接下来的感官、数学、语言、文化艺术、科学等学习做了铺垫与前置经验的积累。经由这种练习，儿童会了解到完成一件工作必须有活动过程，从开始、中间直到结束有一定的次序，此外，专心于精确活动的儿童也会发展出源于内在的能力，从这些练习的结果获得自我统合以及对工作历程的理解，对儿童未来要从事的工作是极为重要的。

鉴于此，蒙台梭利博士花费了大量精力关注日常生活教育对于儿童成长与发展的必要性，并把这个被大多数人忽视的学科变得有趣而富有活力。所有的"儿童之家"每天的活动都是这样，那些在平日里经常出现，看似没有外在目的或没有用处的日常动作练习，却变成了蒙台梭利教育中的重要一环。日常生活练习是蒙台梭利教育的起点，也被认为是蒙台梭利教育的中心课程之一。

一、蒙台梭利日常生活教育理论

日常生活教育，又称日常生活练习，是指在一定的地理环境和文化环境中，让儿童通过"与日常生活息息相关"的动作练习，不断缩短儿童与环境之间距离的实践教育，借此促进儿童的心理发展与生理成长，促使其形成独立人格，是其人格形成过程中的一门必修课。

蒙台梭利博士通过系统的观察与大量的实践，发现了儿童在身体成长与心理发展方面的秘密，提出了"吸收性心智"、"敏感期"（Sensitive Periods）、"心理发展的八大自然定律"（Natural Laws Governing Psychic Development），并提出了"精神胚胎"（Spiritual Embryo）、"自我教育"（Auto-education）、"错误控制"（Control of Error）、"正常化"（Normalization）、"意志发展"（Development of the Will）、"预备环境"（Prepared Environment）、"三阶段教学法"（Three-period Lesson）等理论与方法，为科学的蒙台梭

利教育奠定了理论与实验基础，逐步建立起自己独特的教育理论与方法，即蒙台梭利教育法。

（一）日常生活教育的意义

在儿童日常生活教育方面，蒙台梭利博士从生物学和人类学这两个角度探究了儿童日常生活教育的目的与意义，为开展蒙台梭利日常生活教育找到了科学依据。在此，我们引用《蒙台梭利日常生活教育》（段云波等，2011）一书中的一些精彩论述。

从生物学的角度来看，儿童人格的形成主要依赖运动。虽然运动属于肌肉的整体活动，但必须以整个人为单位进行，这样才能称得上是完整的运动，故运动不仅是培养身体机能的手段，而且是促进精神活动和智能发展的重要条件。

换言之，儿童人格形成过程中所必需的身体与心理方面的功能都是由"运动"促成的。比如，在人类发展中，运动是由手的活动来表现的，但并不是让手指变得敏感就足够了，而要经过手这个运动器官来调整身体运动的整体功能。

运动能促进身体的发展，这是尽人皆知的。蒙台梭利博士认为，精神的发展也必须依赖运动。她在《有吸收力的心灵》一书中说道："通过运动，儿童才能达成更高层次的精神发展。"[1] 这里所说的精神与智能同义，因此我们可理解为：运动使智能得以发展。

所谓运动，是由人体组织的主要部分——脑、神经、骨骼与肌肉等微妙的结构来完成的。她曾说过，"日常生活的练习是真正的体操……卷地毯、刷鞋子、洗盆刷碗、铺床叠被、准备饮食、开关抽屉及门窗、清扫卫生、排列椅子、收窗帘、摆放家具……通过力所能及的工作活动

---

[1] 蒙台梭利. 有吸收力的心灵［M］. 高潮，薛杰，译. 北京：中国发展出版社，2007：117.

手臂、强健筋骨"[1]。这些活动是普通体操所不及的身体运动，而且，这些练习不只是单纯的运动，还是每个人在成年之后也必须从事的工作或劳动。

从人类学的角度来看，各国的生活样式本身就是其国家广义上的"文化遗产"。而儿童即此文化遗产的继承人，他们个体的成长与文化遗产是紧密相连的，并且向着"进展型人格"方向发展，也就是说儿童肩负着人类发展的伟大使命。

这个使命经历着像辩证法一样的基本程序（维持、创造、包容等），是在维持与复兴文化遗产过程中必然会出现的现象。因此，在授课过程中，教师把日常生活拿来做练习，要求儿童首先观察教师的示范动作，然后进行此动作的反复练习，直到儿童能够有意识、有行为地创造发展。

儿童依靠这个过程来掌握做一个"社会人"所应具备的生活能力，并且不断地调整自我，使自己能够具有"进展型人格"，即能创造出新的高层次文化[2]。

在此必须注意的是，形成"进展型人格"以前，所进行的必要工作是参与实际活动，而不是玩耍性质的模仿性游戏。让孩子亲自参与日常生活练习，如清扫弄脏的物品、打扫庭院阳台、整理餐桌、社交礼仪等活动，通过这些活动促使他们养成良好的生活习惯。

实际上，儿童的活动就是在现实生活中寻求一种生活的秩序，是使自己在现实生活中能向更高层次境界发展的秩序，是一种"精细的秩序"，是一种自然规律，也就是我国道教所论及的"道"与"德"。显然，这种精细的秩序从虚构的游戏世界中无法得到，只能通过日常实际生活

---

[1] 蒙台梭利. 有吸收力的心灵[M]. 高潮，薛杰，译. 北京：中国发展出版社，2007：108-116.
[2] 段云波. 蒙台梭利日常生活教育及教具操作手册[M]. 济南：山东教育出版社，2007：4-6.

练习去体验、去构建。这样既锻炼了儿童的生活自理能力，又培养了其独立的品格，为儿童将来的成长和发展打下了坚实的基础。仔细研究一下人类遗留下来的一切伟大发明与创作，就会发现：由于人们在内心追求精确的秩序，而最终创造出了这些新颖的发明与创作①。

的确，儿童正是在日常生活活动中，通过自己努力学会独立从事某项工作，才变得自由、自立、自信、自爱，从而体验到自我成长的喜悦。当孩子能够独立地完成某项工作时，其自尊和自信就得到发展。通过发展孩子的日常生活技能，即照顾自己、照顾环境，可以培养孩子的责任感。

（二）蒙台梭利日常生活教育的重要性

蒙台梭利博士认为，如果一个正在发育的儿童不运用他的运动器官，他的发展就会受阻，与那些丧失了视力或听觉的人比起来，他更加举步维艰②。

所以，日常生活练习的真正目的并不在于让孩子学会打扫卫生、擦洗器具、倒水、切菜、布置餐桌、穿衣、系鞋带等，而是通过这些练习增强孩子的感官能力和肌肉活动两者之间的协调性，也就是蒙台梭利博士所说的"帮助孩子建立外在的秩序"。对婴幼儿来说，动作的平衡会促进其智能上的发育，也就是蒙台梭利博士所说的"帮助孩子建立内在的秩序"，而且手眼的协调也为他们将来的写字画图能力做了"预备"的工作。

因此，可以说日常生活练习是蒙台梭利教育的"入手处"，假如这个部分没有做好，就出现不了"蒙台梭利现象"：秩序→专注→反复练习→精细→协调，而往后的感官、数学、语言、科学、文化艺术教具部

---

① 蒙台梭利. 童年的秘密 [M]. 1版. 金晶, 孔伟, 译. 北京：中国发展出版社, 2007: 41-49.
② 蒙台梭利. 蒙台梭利早期教育法 [M]. 祝东平, 译. 北京：中国发展出版社, 2007: 112-115.

分也就不能做得很好，无法达到最好的教育效果。

日常生活练习的另一个重要目的，是促进并不断完善孩子内在的精神发展，即帮助孩子建立内在的秩序——内在的心理秩序。通过这些日常生活练习与活动，让孩子主动参与工作，最终使孩子既掌握相关的生活技能，又能在人格形成的过程中培养秩序、精细、专注、协调、自信等品性，养成孩子的独立精神，从而为孩子的未来发展奠定良好的基础。

人以群居，创造环境、适应环境、融入社会是必要的生存能力。通过蒙台梭利日常生活练习，不断缩短孩子与环境之间的距离，可以培养孩子的社交能力。教师应引导儿童对日常生活中的集体生活与交往方式产生兴趣，并且使其能够主动、自觉地参与其中并反复练习。在这样的练习中，如礼貌、问候、倾听、表达、安静、等待、关爱等日常生活常规自然而然地被孩子吸收，这就为孩子提供了相互交流、彼此配合的机会，促使他们从中了解社会行为，进一步促进了孩子独立融入社会的能力的发展。正如蒙台梭利博士所言，当孩子完成任务时，他们能够照顾自己、照顾环境，其优雅的行为也就自然而然地形成了。

二、蒙台梭利日常生活教育方法

蒙台梭利博士指出，在儿童与环境之间还没有形成"信赖关系"之前，不要引进其他特定的教材。换言之，在给儿童提供各种蒙台梭利教具，即感官、数学、语言、科学、自然等及其他教具或活动之前，应首先在日常生活的练习中建立起儿童与教师及环境之间的信赖关系。通过建立这种信赖关系，使孩子像在家庭中一样，萌生活动冲动与工作愿望，并养成学习的自发性与自主性，这就是激发儿童的内在本能，也是幼儿教育中最重要的环节。

因此，蒙台梭利博士主张幼儿教育应从日常生活的练习开始。她在《蒙台梭利早期教育方法》一书中写到，所有的"儿童之家"每天的活动都是这样开始的，日常生活练习的内容依次为：清洁、秩序、体姿、会话[①]。

（一）内容

为了协助刚入园的孩子尽快熟练地掌握生活技能，可将详细的技巧和行为分割开来。蒙台梭利博士把日常生活教育分成动作练习、照顾自己、照顾环境、社交礼仪四类。

（1）动作练习。即让孩子充分运用其运动器官，比如手、肌肉、眼、大脑等，练习日常生活中的基本动作，这是其他三个练习活动的基础。在动作练习中，孩子不仅需要练习手指的动作，而且需要练习整个身体的活动，比如走、站、坐、搬、招、倒、缝、切等。

（2）照顾自己。这是为了增强孩子的生活自理能力，促使其适应现实生活。这部分的练习主要包括衣服和鞋帽的穿与脱、东西的拿法、洗手、洗脸、刷牙、吃饭、洗脚、睡觉、烹调的方法等，使用的教具如衣饰框、日常用品等。与其他活动相比，这个练习需要教师的直接帮助。

（3）照顾环境。即指以人类之外的其他生物、无生命的物体为对象，让孩子学习美化、打扫、整理环境的方法，并且掌握照顾、饲养、管理动植物的相关技巧，缩短孩子与环境的距离。比如，打扫、清洗、熨烫、浇水、整理教具、照料动植物等工作。这一部分的特色是，儿童在具体练习时需要的用具很多，也要学习很多相关的操作。

（4）社交礼仪。即为了引导孩子对日常生活中的集体生活与交往方式产生兴趣，使孩子的社会生活能够顺利进行，让孩子学习人们在生存和生活中必要的礼仪规则。教师教给孩子社会的礼仪举止、行为规则，比如打招呼、聆听、致谢、道歉、观察的方法、应答的方法、物品的收

[①] 茅潇潇. 蒙氏幼儿早期教育本土化实践研究——以社会适应性为核心[D]. 武汉：华中农业大学文法学院，2013.

受、用餐礼节、户外器具的使用方法等。这部分教育最基本的要求是自己的行为不给别人添麻烦；言语不使别人感到不愉快；能站在别人的立场上思考问题[①]。

在日常生活练习的教学组织上，根据练习的内容与对象，采用个人、小组、团体三种模式。提示方法分为个人提示、小组提示和团体提示三种。在教学中，要依据相应的教育内容和教学状态灵活使用这三种提示。比如，儿童在刚入园时，所参加的更多的是社交礼仪活动，主要进行团体提示和小组提示的活动。而到入园两三个月时，考虑到儿童的发展状态、练习内容、练习效果等因素，再逐步地导入以个人提示为主的其他日常生活教育练习，如基础动作、照顾自己等。

（二）具体方法

在日常生活练习的教学方法上，采用观察法、启发法、引导法，蒙台梭利博士曾指出，蒙台梭利教师授课时，其基本的指导方法必须是观察法。教师要特别注意多观察少指导，充分利用教具或活动的"错误控制"功能，让孩子进入"自我教育"的专注状态。"三阶段教学法"是蒙台梭利博士最常用的授课方法。教师上课要简单明了和客观真实，正如但丁曾给教师提出的建议："让你说的每句话都算数。"

这就要求教师注意观察儿童的发展状态及操作状况，谨慎地提示。譬如：在指导儿童卷地毯的提示方法中，究竟哪个方法更有效？此时，教师必须做出正确的判断，必须在上课以前决定提示的方法，这一点在教学过程中非常重要[②]。

教师自己首先要掌握正确的操作方法，然后再进行有计划的提示，而且提示一定要具有吸引力，为儿童提供帮助一定要把握时机和恰到好

---

① 段云波. 蒙台梭利日常生活教育及教具操作手册［M］. 济南：山东教育出版社，2007：9.
② 段云波. 蒙台梭利日常生活教育及教具操作手册［M］. 济南：山东教育出版社，2007：9.

处,这样才不会造成干扰和偏差,才能让儿童全心投入到操作工作当中。蒙台梭利博士不主张团体提示这种教学方法。

第二节 蒙台梭利日常生活教育的基础教学

　　激发生命,让生命自由发展,这是教育者的首要任务。在进行这样一种细致的工作时,需要有高度的艺术,要把握时机和恰到好处,不致造成干扰和偏差。孩子的心灵正在充分发展,他们的生命依靠自己的力量,而教育者只能帮助他们。

—— 玛利亚·蒙台梭利

一、教学内容

　　蒙台梭利博士是如何开展生活练习的?我们通过下面的内容就可了解什么是日常生活练习,日常生活练习又包括哪些内容。

　　蒙台梭利博士这样写道:"孩子一到学校,就进行清洁检查。如果可能的话,我们要当着孩子妈妈的面进行,这是为了引起她们对检查的注意。要检查孩子的手、指甲、脖子、耳朵、牙齿、头发等。如果发现他们的衣服脏了或破了,缺少纽扣,鞋子不干净,就应该提醒孩子注意。这样,可以督促孩子养成观察自己、注意自己的仪表的习惯。我们要求'儿童之家'的孩子经常洗澡。每班都有自来水、清洗架、水杯、盆子。老师教孩子怎样进行局部清洗,比如学习怎样洗手、如何清洗指甲。有时候,还教他们洗脚、刷牙、漱口,特别是教他们小心地洗耳朵和眼睛。在此过程中,若孩子知道如何清洗身体的各个部位以及不同的清洗方法——洗眼用纯清水,洗手用肥皂和水,刷牙用牙刷等——就让大一点的孩子去帮助小一点的孩子,这样会鼓励较小的孩子更快学会照顾自己。个人卫生检查完毕,就让孩子戴上围裙,开始检查教室,注意查看一切东西是否整洁,教孩子将积上灰尘的角落打扫干净,使用打扫教室的各种工具如抹布、刷子、小扫帚等。这些工作如果让孩子自己去做，很快就能完成。然后，孩子们走向各自的座位，老师向他们讲解坐在座位上的正确姿势：保持安静，两脚搁在地板上，手放在桌子上，头保持端正。之后，让孩子们起立唱歌，教他们注意起立和坐下时尽量不要发出声音。通过这样的方式，孩子们就能学会在走动时小心并保持安静。最后，我们有一系列的练习培养孩子的举止保持优雅，比如见面和分手时的礼仪、互相敬礼、拿东西时轻拿轻放、接受东西时如何保持礼貌等。老师也会让孩子注意那些保持干净的孩子、收拾整洁的教室、就坐时保持安静的班级，甚至一个孩子做出的优雅动作，等等。但是，老师让孩子注意这些事情时，语气应该尽量保持平静，无须大加赞美。我们就是从这样的起点开始对孩子进行自由式教学。老师以这种方式讲完孩子的表现和教室的布置以后，下一步就是和孩子聊天。谈论或询问一些孩子感兴趣的与其日常生活息息相关的话题，充分而自由地与孩子进行交流与沟通。以这样的方式谈话，能促进孩子语言能力的发展并且有很大的教育意义。"①

　　日常生活练习的内容丰富多彩，贯穿于儿童生活之中。根据我国幼儿的成长与发展规律，依据国家《3—6岁儿童学习与发展指南》，在此，把蒙台梭利日常生活教育的练习内容，按照动作教育、社交礼仪、照顾环境、照顾自己四个部分罗列在表6-1中。

---

① 蒙台梭利. 蒙台梭利早期教育法［M］. 祝东平，译. 北京：中国发展出版社，2007：48-58.

表 6-1　蒙台梭利日常生活教育的具体内容[①]

动作教育	社交礼仪	照顾环境	照顾自己
走（步行）	门的开关	工作用的地毯准备及清理	携带物品的整理
坐	打招呼	打扫室内	东西撒落时的处理
站	应答的方法	刷灰尘	照镜子
拿（持）	与他人接触的方法	使用掸子	梳头发
搬（运）	感谢和道歉	擦洗桌子	擤鼻涕
放（置）	递交物品的方法	擦洗窗户	衣服的穿、脱
拧	咳嗽、打喷嚏、打哈欠的方法	擦金属器具	穿鞋、脱鞋
倒（移、注）	轮流使用户外游戏器材	洗涤	鞋的整理与保养
折	团体游戏的规则	剪枝	洗手
切、剪	倒茶	餐桌的准备	衣饰框
贴	接听电话的方法	用餐	衣服折叠的方法
缝	问路的方法	植物栽培	洗衣服
编	洗手间的使用方法	照顾小动物	漱口的方法
捏	慰问病人	洗餐具	刷牙的方法
夹	介绍的方法	蔬菜的削皮	剪指甲的方法
转（旋转）	交通规则	整理棚架	擦汗的方法
擦	敲门的方法	其他	洗脚的方法
撕	入席的方法		洗澡的方法
打	穿拖鞋的方法		其他
敲	其他		
卷			
削			
拉			
揉			
其他			

二、教学环境的准备

蒙台梭利博士一再强调，蒙台梭利教育法有两个关键因素：一个是环境，包括教具和活动；另一个是预备环境的教师。尽管她一再强调环

[①] 段云波．蒙台梭利日常生活教育及教具操作手册［M］．济南：山东教育出版社，2007：11．

境的重要性，认为环境是滋养孩子的地方，但她一再强调尊重生命永远是第一位的，并指出环境必须由有知识的和敏锐的成人精心预备，并要求成人与孩子一起参与其中。

孩子的成长是一个充满活力的自然发展过程，这有赖于不断缩短他与环境之间的距离。儿童只有不再依赖成人，获得日益成长的自由，才能发展其独立的个性。环境所呈现的方式和提供的机会，正是儿童建构其心智的关键。因此，如何为孩子提供适宜的工作的预备环境，就成为蒙台梭利教育的重点。

为此，蒙台梭利博士特别给出蒙台梭利教育环境应具备的六个要素，它们是：自由、结构秩序、真实自然、美观温馨、蒙台梭利教具、社会性发展。这六个要素值得我们深入了解并严格遵循。

"日常生活教育"以孩子实际的日常生活为环境来进行教育活动。但是，由于国家、民族、时代以及场所的不同，日常生活模式呈现出一定的差异，孩子的日常生活环境与内容往往会受到不同国家或地区的地理条件、文化背景、经济状况等客观条件的影响而不同，而这些都是在各国、各民族的漫长历史中创造和继承下来的，儿童也正是在其所处的日常生活模式中形成其独特的人格。

因此，"日常生活教育"的环境因国家与地区的不同而有所差异，这也是蒙台梭利教育本土化过程中必须认真解决的一个实际问题。希望本章接下来给出的大量的幼儿园一线教学案例能够为推动蒙台梭利教育中国本土化起到抛砖引玉的作用，也供一线教师教学时借鉴。

蒙台梭利教具是预备环境的重要组成部分，也是蒙台梭利教育法重视幼儿体验教育的具体表现——"我做了，我就理解了"，我们必须予以高度重视。

如何确定一件教具可以当作蒙台梭利教具，除了考虑到儿童成长与教育的意义外，至少还需要考虑五点。第一，一件教具要突出一个难点或错误，使得孩子更容易去探索、理解。第二，操作进程上，教具要由易到难，由简到繁。第三，功能上，教具应具有间接预备性，为以后的学习打下基础。第四，概念上，要体现由具体到抽象，循序渐进。第五，教具要具有"错误控制"功能，能让孩子进入自我教育的专注状态。

由此可见，蒙台梭利教具不仅蕴含着蒙台梭利教育理念，更彰显着蒙台梭利教育特色。每一件传统的蒙台梭利教具都是建立在对儿童的用心研究和细心观察与实践的基础之上，其设计与制作都独具匠心。

三、日常生活教具

日常生活教具，是指日常生活教育中使用的一切道具、设备用品的总称。这些教具不仅仅是通常意义上的玩具，还是实际生活中的实物，更为重要的是，这些教具具有上述蒙台梭利教育的功能。

"中国人用筷子吃饭"、"苏格兰的男人穿裙子"，从这两个陈述中可引申出日常生活教具的特质：其内容因各地文化的不同而不会完全相同。实际上，日常生活的一切活动大都经过精心的预备而可纳入这一项目中。

儿童的工作对象都是日常的实物，从功能的角度来看，它们能发挥出最优的教育效果。当然，有一些教具的尺寸被缩小以适合儿童使用，其形状、材料也因各地文化的不同而有一些差异。比如桌椅、扫把、掸子的大小要设计得适合儿童使用，剪刀不能太锐利，厨具能在饮食时使用，这样的东西被称为日常生活练习的"教具"。

（一）教具的准备

根据观察与分析，在制订日常生活练习课程计划之后，首先要预备教具。在选择日常生活教具时，应注意以下几点：

（1）真实可用。教具必须是符合真实生活的，要根据儿童所在地区，选用日常生活中经常使用的东西，当地很少使用的物品应该慎用，像名贵艺术品、古董更不合适。

（2）适合儿童。教具的大小、重量、高度等都应合乎儿童的需要，以便儿童自由选择、灵活使用。

（3）安全方便。考虑到安全以及儿童的心理因素，应尽量采用不易破碎、形状简单的物品，相近的物品就用尺寸、材料等加以区别，比如餐巾和抹布的材料、记号就要有差别。但是，蒙台梭利博士不赞同使用实际生活中用器的代用品，比如因为怕碎，就用塑料杯代替玻璃杯。

（4）完整无损坏。要确保材料的完整性，以满足儿童追求完整、完美的心理需求。

（5）富有吸引力。为了激发儿童拿取教具进行练习的欲望，引起儿童的浓厚兴趣，在选取教具的颜色、形状、材料时，教师应该费一番心思。

（6）整洁易整理。用整洁、卫生、易清洗的东西，让儿童养成一种责任感——把使用过的东西清理干净。

（7）不选粮食作为材料，以培养儿童珍惜粮食的意识。

（8）材料限制数量。为了抑制儿童无秩序的任性行为，每项练习最多可准备3～4组不同的教具。

（二）活动场所的选择

教师备齐所有的教具与材料后，接下来就要选择合适的活动场所。然后，在教师所选定的范围内，儿童自己决定实际活动时的具体位置。

在进行日常生活练习时，有特别准备的教室最为理想。否则，可以选择在保育室的角落、阳台、休息室的一些空间。比如"洗漱"，如果没有洗漱室，则可以在阳台的一边进行；再比如"鞋的整理（保养）"，可以在休息室或鞋架附近进行。

总之，为了使日常生活练习的各种操作都能有效地进行，最好预先选好活动的空间。

（三）日常生活教具的放置

日常生活教具应尽量放置在日常生活区域，并根据美观、方便、安全、实用的原则摆放在教具架上。教室里教具放置得适当与否直接关系到练习的效果，以下几点原则供参考。

（1）放置在离水源比较近的地方。

（2）按照"日常生活教育"的不同部分，在教具架上有区分地放置，可将同属性的放在一起。

（3）材料从左至右、从易至难摆放，体现秩序性。

（4）充分考虑安全性，防止倒塌、破碎等事故发生。

（5）所有教具不一定全部摆放，可设置材料替换区，以满足不同发展需求的儿童。

（6）考虑教具之间的距离，使其看起来美观协调、错落有致。

（7）教具不要紧贴壁柜，应留有一只手大小的距离。

（8）放在教具柜顶上的教具是共用的，不能让儿童随便拿走。

（四）教具的管理

环境是孩子成长的契机，更是成人修炼的场所。蒙台梭利教师要为幼儿预备好环境，及时维护与管理。如：在上课前、下课后及时清点用具，发现教具有损坏或短缺时要立即更换。在园所中设计使用材料检查记录表（见表6-2），以保证幼儿使用中的安全。

表6-2　金苹果城南阳光幼稚园2013年_____室材料检查记录表

活动时间	班级	高危物品有无缺失	发现有损坏、遗失（其他物品）	已整理清点	教师	负责人抽查情况
月　日　时　分						
月　日　时　分						
月　日　时　分						
月　日　时　分						
月　日　时　分						
月　日　时　分						
月　日　时　分						

续表

活动时间	班级	高危物品有无缺失	发现有损坏、遗失（其他物品）	已整理清点	教师	负责人抽查情况
月 日 时 分						
月 日 时 分						
月 日 时 分						
月 日 时 分						
月 日 时 分						
月 日 时 分						
月 日 时 分						
月 日 时 分						

总之，在蒙台梭利日常生活练习教学中，活动的主要部分由孩子主导，一旦孩子达到一定的年龄，能够做出具有行为意义的举动时，他就可以主动地反复进行一些身体动作练习，这些练习涉及推理的过程，孩子便以此继续其自我教育。孩子在这样的方式下完成的学习工作，是完全独立自发的，教师完全不介入。教师的工作仅限于提供教材教具，至多示范教具的使用方法，之后，就让孩子自己展开他的学习之路。

教师必须明白，蒙台梭利教育的教学宗旨在于引领、开发孩子的精神力量，而非一味地把知识灌输给孩子。做一名蒙台梭利教师不容易，做一名合格的蒙台梭利教师更不容易。正如蒙台梭利博士所说："在那里，自由的儿童在精心设计的教具的帮助下获得发展。当教师感到自己是受兴趣的强烈驱使而'看到'儿童的精神现象，并体验到一种宁静的快乐和不可遏制的观察欲望时，她会明白她正'步入正堂'。由此，她将开始成为一名'教师'。"[1]

---

[1] 蒙台梭利. 蒙台梭利儿童教育手册[M]. 肖咏捷, 译. 北京：中国发展出版社，2006：188.

第三节 蒙台梭利日常生活教育的延伸教学内容

> 对儿童来说，每一样东西不仅要井然有序，而且应该适合其自身的需要。只要不让教具发生混乱，并且淘汰不需要的用具，儿童的兴趣和专注就会油然而生。
>
> ——玛利亚·蒙台梭利

一、延伸教学内容

蒙台梭利日常生活教育包括一些常用的练习活动，比如倒水、擦银器、剪纸、粘贴、用衣饰架、穿珠、拧螺母和螺钉、开锁、缝纫、种植和照顾动植物、用各种容器和花瓶学习插花、预备饭桌、包饺子、包元宵、学习社交礼仪，等等。

除了这些日常生活教育的基础教学内容与教具外，日常生活教育有着无穷的延伸教学内容。可以说，符合蒙台梭利教育理念的任何日常生活活动均可以设计为延伸教学，符合蒙台梭利教具设计理念的日常生活用品均可以当作日常生活练习的教具来开展教学。

以下筛选一些有代表性的日常生活延伸教学活动，这些案例是我们在开展蒙台梭利教育实践时开发的，经过大量的一线教学试验，具有一定的教育价值，仅供读者参考。通过这些优秀的案例，我们能了解如何开展日常生活的延伸教学活动，以及哪些日常生活内容可以设计成为日常生活延伸教学内容。

二、延伸教具制作

（一）衣饰架

【设计意图】2.5—3岁的孩子不断迈向独立，每次进餐完毕后，他们会主动地将自己的围嘴夹起来；在呈现美术作品时，他们总试图将作品挂起来，但由于小手肌肉的发展较弱，他们的成功率总是很低，故我们设计了"衣饰架"的操作材料，该材料可以进行夹和套挂动作的练习，促进幼儿的手眼协调性及小肌肉发展。

【材料 DIY】废旧报刊架、衣架、绸带、小衣服、夹子若干。

【适合年龄】2.5—3 岁。

【制作方法】

（1）将报刊架上的布兜剪下来，留下框架并清洗干净。

（2）用紫色的绸带缠绕洗净的框架最底端的两根木条，使其固定。

（3）把最上方的两根木条用细绳连接起来，以便悬挂衣服。

【使用方法】

（1）用衣架将衣服架起来，再把衣架悬挂在衣饰架上。

（2）将衣服的一角靠近细绳，再用夹子把细绳和衣服一同夹起来。

照片一：教师介绍衣饰架

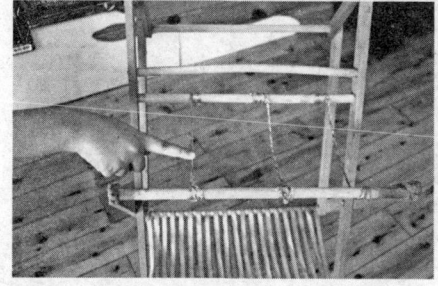

照片二：教师轻触绳子，并用语言引导幼儿把夹子夹在绳子上

照片三：教师将衣服夹在衣饰架上

（二）绕线小花

【设计意图】在活动观察中，我们发现很多孩子喜欢将线绕在自己的手上，根据孩子的喜好，我们设计了"绕线小花"的材料，以锻炼幼儿手腕的灵活性。为了满足能力不同的幼儿，我们用花瓣数量的不同将材料进行了难度区分。

【材料DIY】毛线、硬纸板。

【适合年龄】2.5—3.5岁。

【制作方法】将纸板剪成不同的小花形状（四瓣花/六瓣花）。

【使用方法】一手将花瓣握在手上，另一只手取出毛线，在花瓣间有序地绕线。

照片一、二：展示两种不同的小花，体现材料的层次性

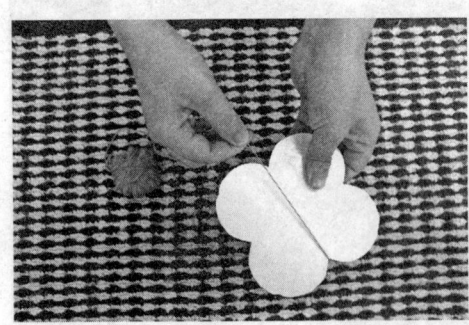 

照片三：将线在两花瓣之间绕行　　照片四：将线从不同方向绕行

（三）格子小鱼

【设计意图】 初入园的孩子对动物很感兴趣，因此我们选择了小鱼造型进行穿布条练习，在工作过程中，进行穿、压、拉等动作分解，促进幼儿的小肌肉发展及手眼协调性。

【材料DIY】 无纺布。

【适合年龄】 3—4岁。

【制作方法】

（1）将无纺布剪成小鱼形状。

（2）用刀片将鱼的身体划3～4条直线。

（3）用其他颜色的无纺布剪成长短一致的布条。

【使用方法】 将布条从上至下或从下至上按规律有间隔地穿插在剪开的直线上。

照片一：展示材料　　　　照片二：将布条有规律地穿插

（四）拉拉链

【设计意图】 2—3岁孩子的自我意识开始萌芽，自理能力、生活能力不断提高，在起床时，能自己学着拉拉链，但由于年龄特点，其小手肌肉的发展会稍弱。"拉拉链"的操作材料既可以锻炼孩子的小手肌肉的发展，又可以满足幼儿照顾自己的愿望，促使幼儿迈向独立。

【材料DIY】 无纺布、拉链。

【适合年龄】 2.5—3 岁。

【制作方法】

（1）将无纺布修剪成衣服的样子。

（2）将衣服的中间部分剪开并缝上拉链。

（3）做简单的装饰使其更美观。

【使用方法】 一手压住衣服左上角，一手握住拉链进行拉开和拉上的练习。

照片一：展示材料

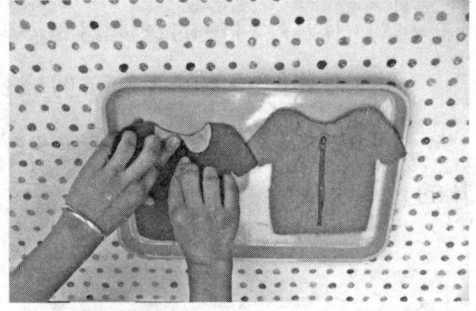
照片二：将拉链拉开、拉上

（五）扣西瓜籽

【设计意图】 2.5—3 岁的幼儿对按、扯的动作非常感兴趣，故我们设计了"扣西瓜籽"这个活动来促进幼儿小手肌肉的发展，同时在此过程中提升其专注力。

【材料 DIY】 无纺布、按扣。

【适合年龄】 2.5—3.5 岁。

【制作方法】

（1）用绿色和红色无纺布做成西瓜的样子。

（2）用黑色无纺布做成西瓜籽的样子。

（3）分别在红色无纺布和"西瓜籽"上缝上暗扣。

【使用方法】 一只手握"西瓜"，另一只手取"西瓜籽"用力按在"西瓜"上。

照片一：展示材料

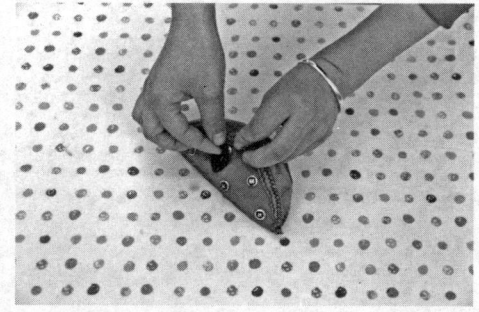
照片二：一手扶住"西瓜"，一手将"西瓜籽"用力按在"西瓜"上

照片三：粘好的"西瓜籽"

（六）粘菠萝

【设计意图】设计此活动，是为了培养幼儿的自理能力，使其学会使用日常生活中的粘合扣，材料制作时选择了幼儿感兴趣的形状，渗透了对图形感知与认识的内容。

【材料DIY】无纺布、粘合扣。

【适合年龄】2.5—3岁。

【制作方法】

（1）将无纺布剪成菠萝形状，在里面塞上棉花。

（2）将粘合扣剪成小方块或三角形。

【使用方法】一手握住"菠萝"，另一只手将小方块或三角形粘在上面。

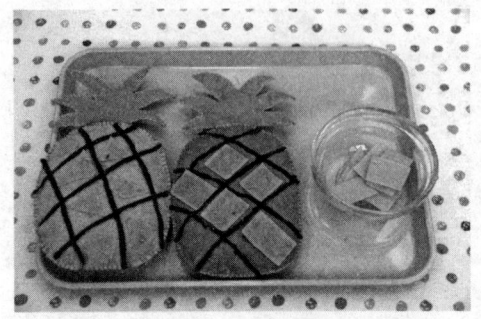

照片一：展示材料

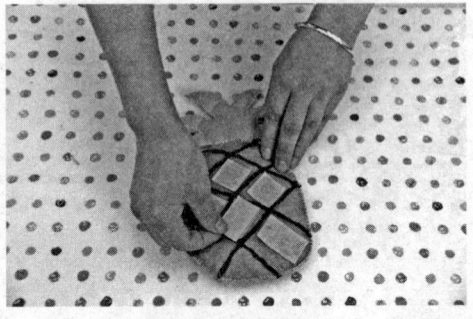

照片二：一手扶住"菠萝"，另一只手将小方块或三角形粘在"菠萝"上

照片三：粘好粘合扣的"菠萝"

（七）滴管吸水

【设计意图】 在滴管吸水时，加入了三原色，这让幼儿在吸水和滴水的过程中，不仅锻炼了三指捏的动作，还可将色水与底盘的颜色对应。

【材料DIY】 滴管、硬纸板、颜色瓶盖、海绵、碟子、小碗。

【适合年龄】 2.5—3岁。

【制作方法】

（1）将硬纸板剪成正方形。

（2）用涂有红、黄、蓝颜色的瓶盖粘贴在硬纸板上，围成圆形。

【使用方法】 用吸管吸色水，根据水的颜色，滴到对应的瓶盖中。

照片一：展示材料

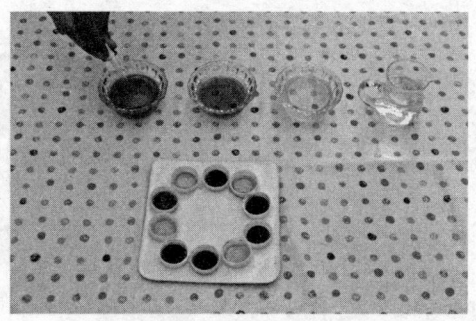
照片二：用吸管吸色水

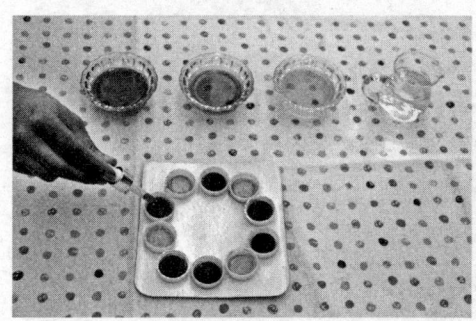
照片三：将色水滴入相应颜色的瓶盖里

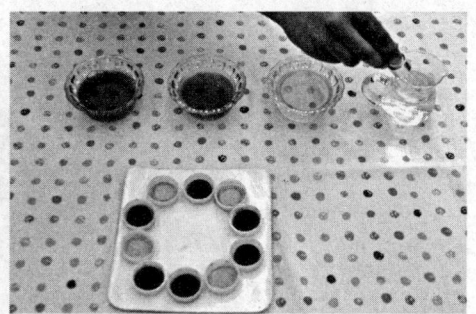
照片四：清洗滴管

（八）摁图钉

【设计意图】3岁左右的孩子喜欢在日常区里工作，练习五指抓、三指抓、二指捏、一指按等一系列精细的动作，为此我们设计了"摁图钉"游戏材料，以促进幼儿手部小肌肉的发展。

【材料DIY】无纺布、硬纸板、图钉若干。

【适合年龄】2.5—3岁。

【制作方法】用无纺布将硬纸板包成圆形。

【使用方法】一只手扶住底板，另一只手将图钉摁在纸板上。

 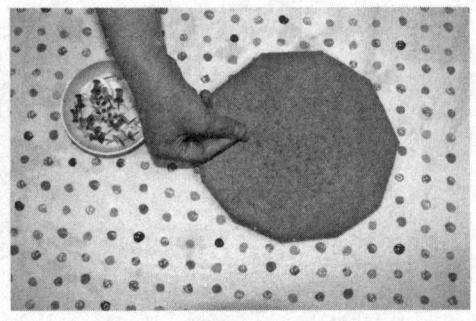

照片一：展示材料　　　　照片二：教师用两指捏一颗图钉，并用大拇指使劲将图钉按到硬纸板上

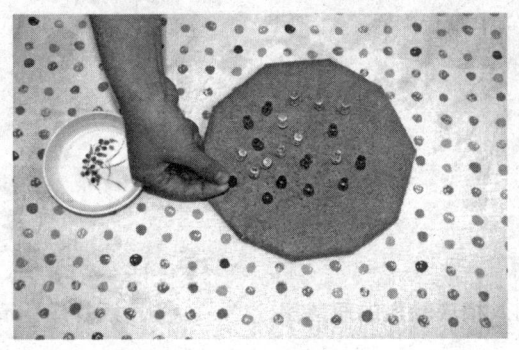

照片三：教师依次将图钉摁到硬纸板上，直到摁完为止

（九）缝工

【设计意图】随着幼儿年龄的增长，其自我服务的意识越来越强，任何事情都想亲自动手完成，对针线活也很感兴趣，因此，我们设计了穿针引线的游戏材料，以增强幼儿的手眼协调能力，培养其专注性。

【材料DIY】针、线、纽扣、剪刀、无纺布做的"爱心"以及各种图案。

【适合年龄】4岁以上。

【制作方法】将无纺布制成各种图案的底布及针包。

【使用方法】一只手将底布拿手上，另一只手拿穿了线的针，将纽扣缝在底布上。

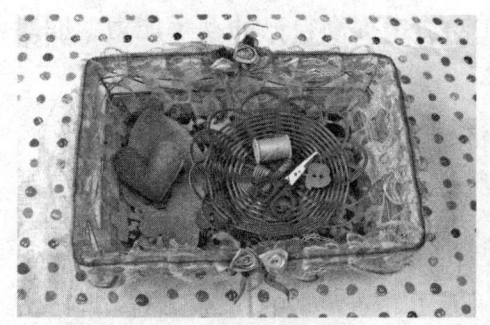

照片一：展示材料

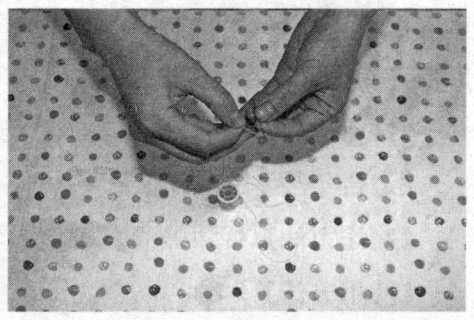

照片二：把线穿过针孔，剪取约 50 厘米长的线，将线的两头拼在一起打结

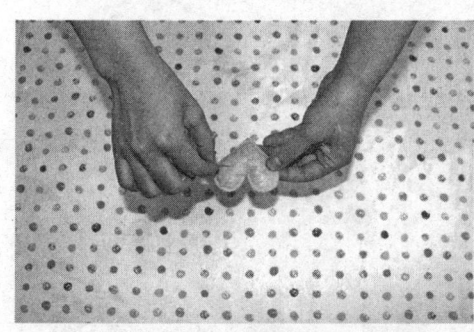

照片三：左手拿无纺布做好的"爱心"，右手持针做刺的动作

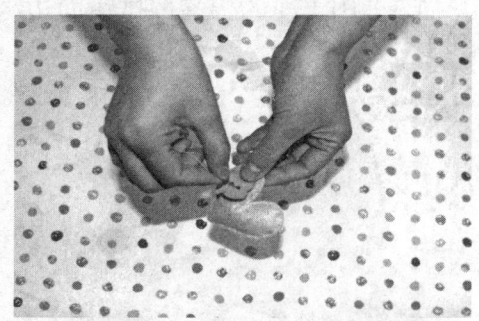

照片四：加入纽扣，针从纽扣正面向背面刺入

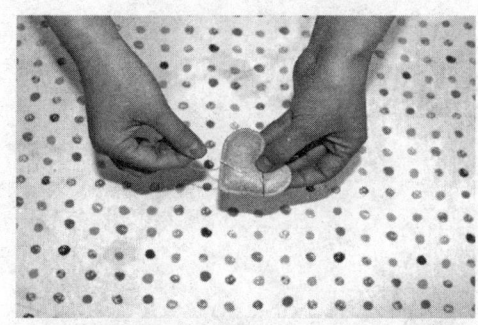

照片五：缝好后，将线从背面拉出，打结

照片六：离线头不远处用剪刀将线剪断

（十）擦镜子

【设计意图】在洗手环节中，我们发现幼儿非常喜欢照镜子，他们不仅会把自己的手洗干净，看见镜子上有脏东西也会动手擦掉。因此，

我们设计了擦镜子的工作,让幼儿在操作中提高自己的动手能力,同时也培养了幼儿服务环境的意识。

【材料DIY】 镜子、化妆棉、洗洁剂、棉签。

【适合年龄】 3岁以上。

【制作方法】 提供齐全的材料,将稀释后的洗洁剂装在小瓶子里。

【使用方法】

(1)将洗洁剂倒在干净的化妆棉上,擦拭镜面。

(2)用另一张化妆棉再擦拭镜面。

(3)用干净的棉签擦拭镜面边缘。

照片一:展示材料

照片二:将洗洁剂倒在干净的化妆棉上

照片三:用化妆棉擦拭镜面

照片四:用棉签擦拭镜面边缘

(十一)刺工

【设计意图】 为了加强幼儿手眼协调的能力,培养幼儿的专注力,我们设计了刺工活动。我们准备了幼儿感兴趣的带有各种动物、植物等的形状的纸张，以吸引幼儿。

【材料 DIY】画有各种形状的纸、刺针、垫子。

【适合年龄】3 岁以上。

【制作方法】在纸上点画出各种植物、动物等的形状。

【使用方法】一只手扶住画纸，另一只手拿刺针根据提示点进行刺的工作。

照片一：展示材料

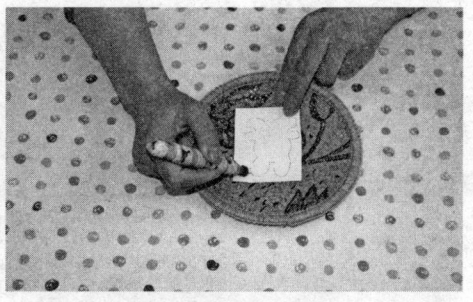

照片二：一只手扶住画纸，另一只手拿刺针根据提示点进行操作

（十二）舀珠子

【设计意图】2 岁以上的幼儿基本上都具备了舀的能力，但大部分幼儿不能掌握使用勺子的正确方法，因此我们设计了此材料，在操作过程中幼儿可学习使用勺子的正确方法，继而提升其照顾自己的能力。

【材料 DIY】提供精致的珠子、勺子、碗。

【适合年龄】2 岁以上。

【使用方法】一只手扶碗，另一只手拿勺子，将珠子舀到另一只碗中。

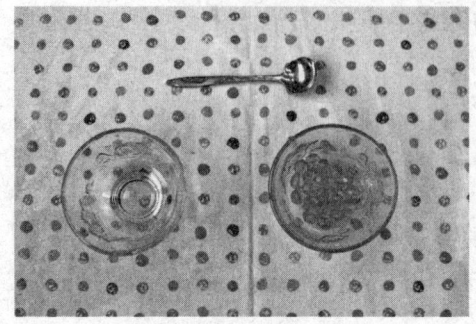
照片一：展示材料

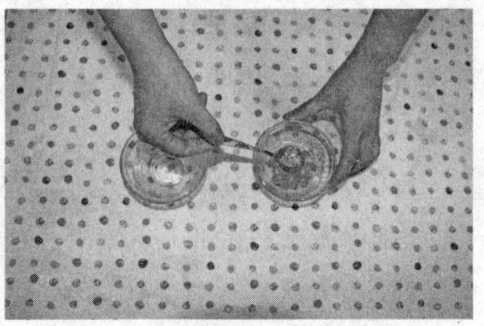
照片二：将珠子舀到另一只碗中

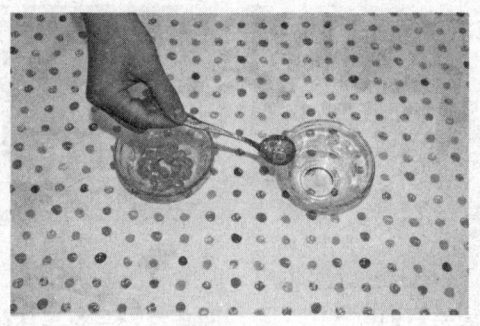
照片三：依次将珠子舀到碗中

（十三）修剪枝叶

【设计意图】蒙特梭利博士把照顾环境、关心环境的练习列为教育性体能活动的重要组成部分。这里的"环境"是指我们周围的一切空间，尤其是指构成幼儿所处的"儿童之家"的环境。由此，我们设计了"修剪枝叶"的工作，以培养孩子关心和爱护周围的事物，让孩子们的生活更加意趣盎然。

【材料DIY】剪刀、毛巾、碗、篮子、植物。

【适合年龄】3—4岁。

【使用方法】

（1）用湿毛巾擦拭树叶。

（2）用剪刀修剪干枯的树叶，并将其放入盘子内。

照片一：展示材料

照片二：用毛巾擦拭树叶

照片三：用剪刀剪去枯黄的树叶

照片四：将剪下来的枝叶放入盘子内

（十四）擦皮鞋

【设计意图】 为了培养孩子的自我服务意识，增强其独立完成工作的能力，增强其自信心，我们设计了"擦皮鞋"的活动，通过动手操作，既培养了孩子的专注力与秩序感，又提升了其自我服务的能力。

【材料DIY】 刷子、鞋油、毛巾、棉签。

【适合年龄】 4—5岁。

【使用方法】

（1）将皮鞋脱下，穿上拖鞋。

（2）用刷子刷皮鞋的表面。

（3）涂抹鞋油对皮鞋进行擦拭、抛光。

（4）收拾整理物品。

照片一：将材料摆放在报纸上

照片二：用刷子将皮鞋刷一刷

照片三：用棉签沾鞋油擦拭皮鞋

照片四：用棉签清洁鞋子

照片五：用毛巾擦拭鞋子　　照片六：用刷子再次刷鞋子

（十五）洗毛巾

【设计意图】 3岁以上的孩子更加独立，他们会主动地清洗自己用脏的毛巾，但由于小手肌肉的发展较差，他们在搓揉、拧毛巾的时候总是有些吃力，我们设计了"洗毛巾"的操作，幼儿可以进行搓揉、拧的动作的练习，以促进小肌肉的发展，为幼儿服务环境做经验的积累与能力的准备。

【材料DIY】 毛巾、香皂、盆、水瓢、刷子。

【适合年龄】 3岁以上。

【制作方法】 环境中需要清洗的毛巾，提供相应的操作材料。

【使用方法】

（1）用水瓢将水倒进放好毛巾的水盆。

（2）把香皂抹在毛巾上。

（3）用手搓揉毛巾。

（4）清洗毛巾后用力将其拧干。

（5）晾晒毛巾。

照片一：展示材料

照片二：教师将水倒进水盆，并用语言引导幼儿轻倒，以免将水洒出

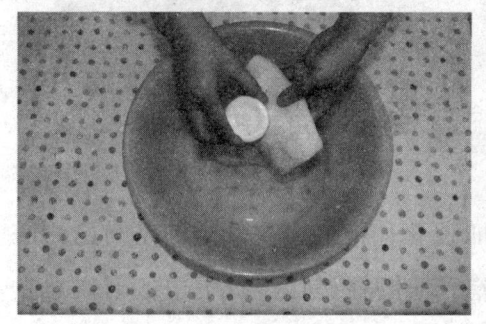

照片三：将香皂抹在毛巾上

照片四：揉搓毛巾

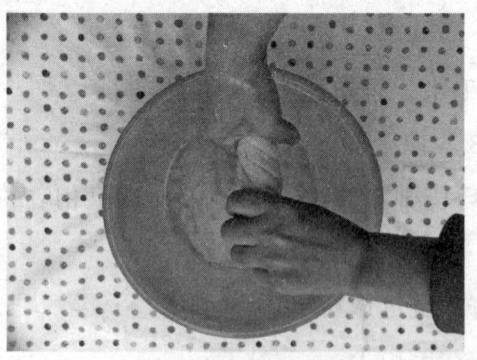

照片五：将毛巾拧干

（十六）用筷子夹

【设计意图】 随着年龄的增长，幼儿对使用筷子夹的兴趣日益增强。为了满足幼儿的需求，我们设计了"用筷子夹"的活动，以促进幼儿手部肌肉的控制能力，为其更好地自我服务做准备。

【材料 DIY】 筷子、珠子、篮子、碟子。

【适合年龄】 3 岁以上。

【制作方法】 提供精美、难度适宜的相关材料。

【使用方法】 一手握筷子，将一只碟子里的珠子夹入另外一只碟子。

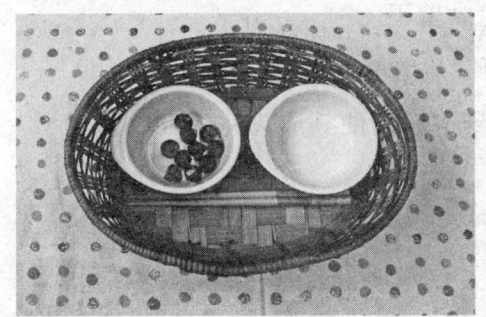

照片一：展示材料

照片二：用筷子将珠子夹起放入另外一只碟子

照片三：依次将珠子夹完

三、与其他领域结合的教学方法

(一)日常与语言领域——生活用品连接卡

【设计意图】将生活中常见的物品图片制作成接龙卡,在操作过程中,幼儿通过观察将相同的物品卡片两指捏拼接在一起。这既可培养幼儿细致的观察力,又可增加幼儿的词汇量。

【材料DIY】生活用品图片、过塑膜、A4纸。

【适合年龄】3—3.5岁。

【制作方法】

(1)将找好的图片打印,按照轮廓剪下。

(2)把剪下的图片轮廓对半剪开,贴在白纸上。

【使用方法】把相同的卡片拼摆到一起,使其成为完整的图形。

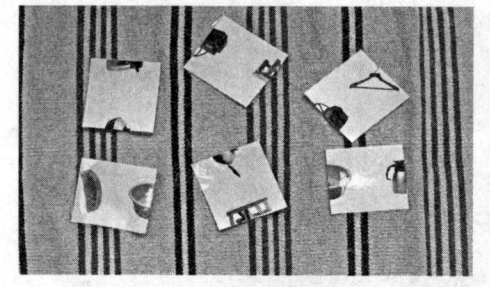
照片一:将图片散放在工作毯上

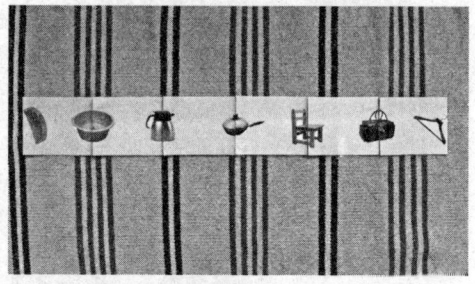
照片二:根据图片进行拼图

(二)日常与数学区域——趣味小火车

【设计意图】3.5—4岁的孩子已具备基本动作的能力,如按、压、抽、插等动作,为此我们设计了"趣味小火车"材料,让孩子们在巩固这些动作的同时掌握基本的数学能力(按颜色形状分类、有规律排序、分辨大小等),激发孩子们的探索欲望。

【材料DIY】KT板、过塑膜、无纺布、按扣、粘合扣、15个小茶杯图片、点卡、色纸。

【适合年龄】3.5—4岁。

【制作方法】

（1）用 KT 板和无纺布制作可爱的小火车。

（2）用无纺布、KT 板和硬纸制作相关操作材料。

（3）在小火车底板和操作材料背后缝上按扣或粘合扣。

【使用方法】第一节车厢是排序，第二节车厢是颜色图片配对，第三节车厢是数与量的对应，第四节车厢是图形镶嵌。

照片一：展示可爱的小火车

照片二：对图片和图形进行排序和配对

照片三：根据点卡将数与量对应

照片四：图形和嵌板的配对

（三）日常与感官领域——图物配对

【设计意图】 在图物配对的活动中，幼儿根据图片上的颜色、形状取出相应物品进行配对，这既可锻炼幼儿三指捏的动作，又可让幼儿初步感受形体的差别。

【材料DIY】 三种不同颜色、形状的玩具，自制图卡。

【适合年龄】 3—3.5岁。

【制作方法】 按形状、类别或颜色绘制出不同的排列方式。

【使用方法】 根据颜色和形状进行图片与玩具的配对。

材料一：相同形状，不同颜色。

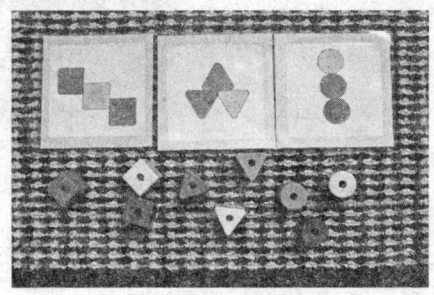 

照片一：将图片摆放在工作毯上，玩具散放　　照片二：将相同形状的玩具按照顺序摆放在图片上

材料二：相同颜色，不同形状。

照片一：将图片摆出，玩具散放　　照片二：将相同颜色的玩具按照顺序摆放在图片上

（四）积插玩具与图片的配对

【设计意图】 幼儿根据图片上玩具的颜色取出相应物品按方位摆放，既锻炼幼儿三指捏的动作，又让幼儿初步感受方位。

【材料DIY】 三种形状相同、颜色不同的玩具，自制图卡。

【适合年龄】 2.5—3岁。

【制作方法】 根据玩具的颜色绘制出按不同方位摆放的图片。

【使用方法】 根据图片提示方位摆放玩具。

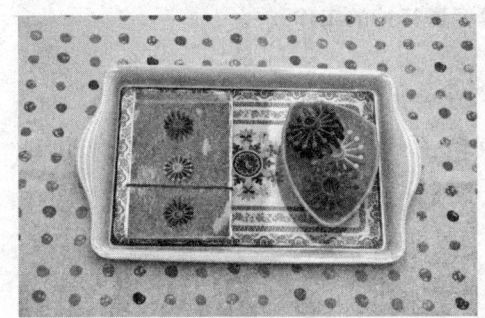 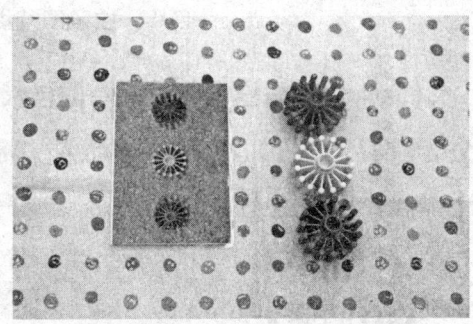

照片一：展示材料　　　　　照片二：按照图卡提示的方位进行摆放

（五）拧螺丝与图片的对应活动

【设计意图】 幼儿根据图片提示取出相应物品进行拧螺丝的工作，既锻炼幼儿拧的基本动作，又培养幼儿细致的观察能力。

【材料DIY】 三种不同颜色的拧螺丝玩具、自制图卡。

【适合年龄】 2.5—3岁。

【制作方法】 将不同颜色的螺丝拧成的造型拍照，并将照片冲洗、过塑。

【使用方法】 根据图片提示进行拧的工作。

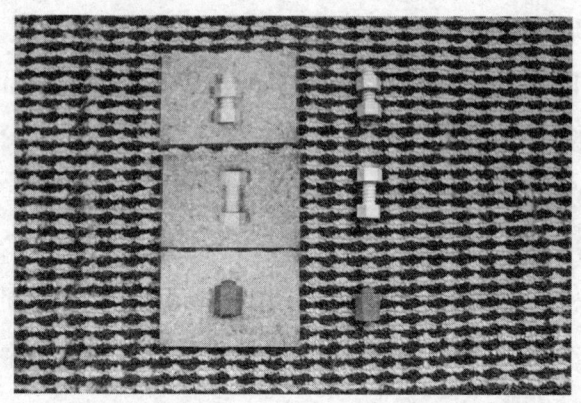

照片：按照图片提示进行拧的工作

（六）日常与感官领域——倒色水

【设计意图】在倒水时加入三原色，幼儿练习三指捏和倒的动作，还可感受两种颜色在水里融合变成另一种颜色的过程。

【材料DIY】4只杯子，红、黄、蓝色色水。

【适合年龄】3—4岁。

【制作方法】在装有清水的瓶中调入红、黄、蓝三种水彩颜料。

【使用方法】将色水分别倒入空杯中，观察其颜色的变化。

照片一：展示材料

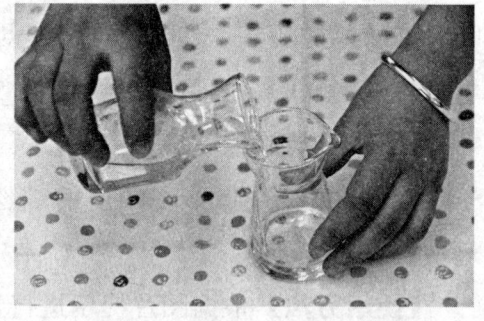

照片二：将黄色水倒入瓶中

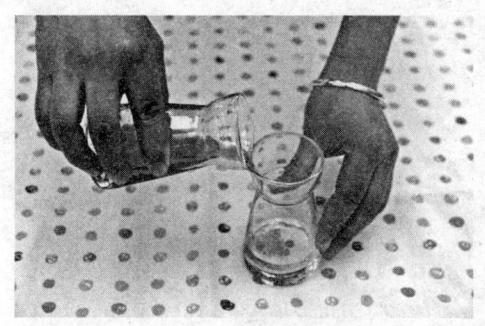 

照片三：将红色水倒入瓶中　　照片四：黄色水和红色水合在一起是橙色

（七）日常与科学领域——捏膏土

【设计意图】科学文化区中的认识地形是幼儿感兴趣的，因此我们设计了用膏土捏地形的活动，幼儿不仅可以锻炼小肌肉，还可以通过具体操作观察地形的差异与特性。

【材料DIY】塑料圆碗1只、花盘1只、毛巾1块、杯子1只、水少许。

【适合年龄】4.5—6岁。

【制作方法】运用水和膏土制作各种地形。

【使用方法】将水倒入圆碗中，用手指捏膏土，捏出不同的形状。

 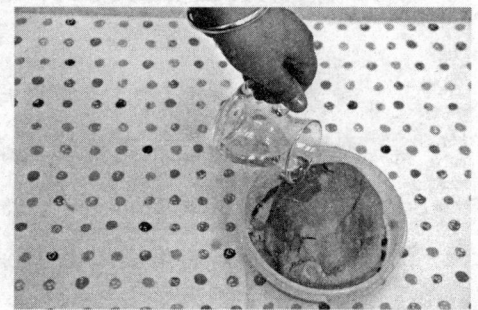

照片一：展示材料　　照片二：将水倒入圆碗中

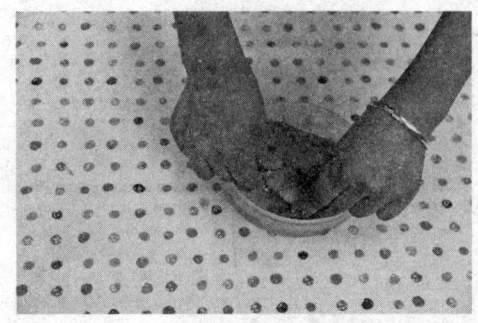 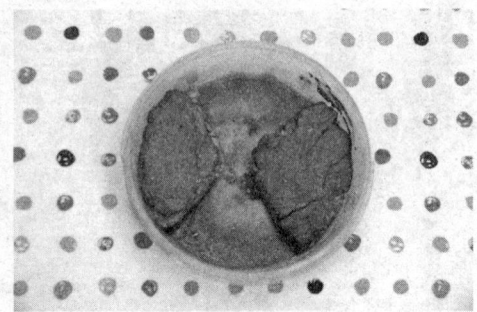

照片三：用手捏出各种不同的地形　　　　照片四：海峡做好了

照片五：图片与膏土的对应

第四节　蒙台梭利日常生活教学中的问题与解决

> 身为教育家，我们必须选择正确的途径，用我们的敏锐力去了解，什么样的行动才是帮助孩子发展所必需的。我们一定要控制自己的行为，以免造成破坏。进行创造的人应该是孩子，不是大人。然而，这不是一件容易让人清楚理解的事，一般人的想法还是认定大人是创造者。
>
> ——玛利亚·蒙台梭利

在日常生活教育中常见的问题与解决措施如下。

问题 1：教师示范新的工作时，幼儿不感兴趣或还没操作就走开了。

解决措施：

（1）了解此工作是否适合幼儿的年龄。

（2）教师在示范的时候要掌握工作的兴趣点，在必要的时候给予一些语言提示，以增强幼儿的兴趣。

问题 2：幼儿对于一项工作的专注时间特别短。

解决措施：工作对幼儿来说过于简单，没有挑战性。增加工作的延伸活动或设计一些与其他领域相结合的工作。

问题 3：幼儿总是在教室中乱跑。

解决措施：

（1）改变教室里空间的布置，尽量避免教室中有大片的空间，可在教室中设置一些障碍（桌椅或者植物）。

（2）多给幼儿示范一些需要来回走动的工作，也可设置一些和水相关的工作（刷桌子、洗布），在孩子来回走动的时候要避免将水洒出。

（3）幼儿常规的建立不仅体现在日常生活工作领域中，更重要的是一日生活教育，要抓住机会，及时给予正确的示范。

（4）善用团体活动，在线上活动的时候，请幼儿示范如何在教室中行走或直接由教师示范在教室中行走。

问题 4：幼儿工作时并不按照教师示范的顺序进行。

解决措施：

（1）示范新工作时经常出现这样的情况，教师示范后要退场观察，当孩子工作一会儿发现后面的工作无法进行时，教师要及时给予帮助。

（2）若孩子未发现，当孩子结束工作后，教师可再进行一次示范。

第五节 蒙台梭利日常生活教学过程中教师的观察与记录

观察必须基于儿童自发表现的自由原则。观察儿童的方法是极其重要的，所以仅仅有教育理论知识是不够的。教师必须系统地研究自我，使自己的内心做好准备。

——玛利亚·蒙台梭利

蒙台梭利教育法是由观察发展出来的方法。蒙台梭利博士认为，人们无法让一个儿童去回忆他童年发生的一切，因为他依然是个孩子。因此，与儿童打交道时，更重要的是观察，而不是打探[①]。从观察中，蒙台梭利博士发现了儿童的吸收性心智、儿童成长的敏感期与阶段性、儿童对于"工作"的渴求，等等。

蒙台梭利博士用一颗无偏见的心，不断地观察儿童，发现了儿童成长的规律，并以这些规律为指导，创设最适合儿童成长的环境。因此，我们说蒙台梭利教育法是由观察发展出来的方法。我们并不是重新建造，而是协助完成人类应该建造的工程，使之开花结果；这项创造性事业就是帮助儿童发挥其潜能[②]。

一、教师观察的重要性

为了解孩子并遵循孩子的成长步伐，蒙台梭利教师必须拥有观察儿童的愿望与能力。蒙台梭利博士指出："教师在经过科学的训练后，不仅要有能力，而且要有愿望去观察这种行为。在我们的体系中，教师必须是一个被动的观察者，而不是一个主动的并施加影响力的观察者。她的被动性应该表现为一种带着渴望的科学好奇心，而且这个教师必须绝对尊重她所观察到的一切，必须理解和遵守作为一名观察者的立场：灵活性就体现在现象中。"

[①] 蒙台梭利. 童年的秘密 [M]. 1版. 金晶, 孔伟, 译. 北京：中国发展出版社, 2007：103-116.
[②] 蒙台梭利. 幼儿的心智 [M]. 许惠珠, 译. 台北：国立中央图书馆, 1989：43.

（一）洞悉孩子的内在秘密

儿童的语言还不足以充分地表达其所思、所想、所为，他们只是根据"内在老师"的指导，本能地吸收周围环境中的各种刺激，并以此为基础不断成长，将其感受加工成自身的品质。教师所能做的最好的就是观察，观察每个孩子的特点，思考这个特点背后所隐藏的秘密，循着儿童"内在老师"的足迹，为他们的成长准备更好的环境。

（二）回应孩子的发展需求

如果我们发现，一个按时脱衣睡觉的婴儿，到了规定的时间没有脱衣服时会号啕大哭，我们就知道婴儿有他的秩序感。随着年龄越来越大，儿童通常不会再以如此激烈的方式表达他们的内心感受，但这并不代表他们不会受到伤害、他们的发展不会受到阻碍。教师只有悉心地观察儿童，了解到他们面临的挑战，才能真正理解他们的需求，辅助他们更好地发展。

（三）挑战教师的专业素养

教师只有有了一定的知识储备，清楚儿童发展的规律，才能更好地观察儿童、理解儿童，进而为儿童的成长准备良好的环境。比如，有的教师可能会发现，自由游戏的时候，有的儿童可以很好地分工、合作，几个人一起玩；而有些儿童就比较"特别"，总是独自玩耍或只是旁观。

这时，教师想到的是什么呢？那些自己玩的儿童很孤僻？社交有问题？是独生子女？殊不知儿童活动的发展也是有规律的，会有一个从非社会性游戏到平行游戏再到社会性游戏的过程。若教师没有这方面的知识储备，可能就会认为儿童的行为出现了一定的偏差，甚至会有一些教师根本意识不到有的儿童在单独游戏、有的儿童在合作游戏。

中国有句古话，"外行看热闹，内行看门道"，所谓门道即规律。教师只有了解儿童发展的规律，才能更好地观察儿童。

（四）教师获得提升

观察儿童会给教师提出新的命题，从而督促他们不断提升自己，加强自身修养。有心的教师会认真细致地观察儿童，发现问题，通过查找资料或请教专家等一切可行的途径弄明白问题的原因，认识儿童成长的规律，不断提升自己的专业素养。而这一切，皆始于观察。

蒙台梭利博士指出："需要特别注意的一点是，教师在观察的过程中要避免违背自由的原则，因为如果她冒犯了孩子的自由，就会使孩子的努力变得不自然、不真实，那么，她就再也无法了解什么是孩子的自然行为了。"

二、教师观察的内容

蒙台梭利博士曾经提出研究儿童发展与成长时教师应该观察的三个关键领域，即儿童的工作、儿童的行为以及儿童自愿服从的意愿。因此，"教师应当观察孩子是否对观察的对象感兴趣以及他是如何对它感兴趣的，对它感兴趣的时间能保持多久等，甚至去注意观察他脸上的表情"。

1. 工作持续时间和内容

幼儿每项工作的持续时间与其专注力密切相关，通常来说，能够长时间做一项工作的幼儿专注力更强，这有助于他们与教具建立更加牢固的关系，更好地塑造自己。而对于专注力较差的幼儿，教师可以适当地介入、引导，帮助他们更好地发展。

至于幼儿工作的内容，则可以引导教师发现幼儿的兴趣点在哪里、处于何种敏感期，以便于教师更好地制订工作计划，辅助幼儿发展。

2. 某项工作上的重复次数

重复是一项技能完善的必由之路，是儿童自然成长的自然定律之一。在蒙台梭利教室中，儿童通过重复，熟练掌握某一项工作，使之成为以后学习知识的"原型"。同时，在重复工作中，幼儿也体验到了一种满足感与成就感。当重复量达到他们想要的水平时，幼儿便不会再重复工作。

3. 喜欢工作的类型

观察幼儿喜欢的工作领域也是认识幼儿的一种途径。通过这项观察，我们可以了解到幼儿的能力水平、他们的兴趣点、他们所处的敏感期，这也是教师为幼儿制订工作计划的有效依据之一。

4. 工作持续时间最长的时间段

教师应该了解幼儿的专注力在哪个时间段最好、哪些幼儿能够快速地进入工作状态，而哪些幼儿需要先游荡一会儿，这有利于教师适时地介入、引导，在幼儿游荡时给他们安排感兴趣的工作，以便更好地管理课堂。

5. 自发选择工作的类型

幼儿自发选择的工作是什么，哪些工作是其主动要求教师示范的呢？首先，幼儿选择的工作和他主动要求教师示范的工作一定是他感兴趣的，这项观察也是了解幼儿兴趣点和敏感期的一种途径。其次，幼儿主动要求教师示范的工作可能是他力所不及的，这时，教师可以告诉幼儿，我们必须做好前面某项工作的准备，才可以做这个工作，而这将成为幼儿工作的动力。

6. 工作受干扰后

工作受到干扰后能否继续回到工作当中呢？这项观察也可帮助教师更好地了解幼儿。对于那些受干扰后长时间不能恢复到工作状态的幼儿，教师应当适时介入或帮助他们不受干扰，以此来保护幼儿的专注力。

7. 如何与其他小朋友共同工作（邀约、分配）

幼儿与其他小朋友共同工作是他们的社会性发展的体现。这个过程可以表现出幼儿的社交礼仪、自我意识的发展水平以及他们的气质、人格特点等，是教师深入了解幼儿的一种途径。

8. 幼儿有哪些地方的秩序感不强

人是一个整体，其思想会体现在行为的各个方面，尤其是幼儿，他们是更加本真的个体。若幼儿在操作教具时很混乱，那么他们在做其他事情时可能也不会很有条理；若他们在操作完成后不能有秩序地收工，那么他们做其他事情时大概也是虎头蛇尾。这时就需要教师的介入，帮助幼儿建立更加完善的秩序感。

9. 观察幼儿在与其他小朋友合作时扮演什么样的角色

在一个团体中，会不自觉地形成各种角色，有的幼儿天生具有领袖气质，有的幼儿宁当绿叶衬红花。尤其是在混龄班级中，小孩子会不自觉地追随大孩子，这时，就会诞生各种"领袖"、各种"绿叶"。有的"领袖"会照顾其他的幼儿，给予他们工作中、生活上的各种帮助；当然，也有的"领袖"会误用这种权力，这时，就需要教师的介入。还有一点就是，惯于从众的幼儿的选择性通常也会稍差一些，需要教师有意识地帮助他们学会选择。

10. 工作难度大时的状态

幼儿顺利完成一份难度较大的工作时所表现出来的状态，在某种程度上代表着幼儿对成功的态度。有的幼儿会欢欣鼓舞，自我得到极大的满足；有的幼儿会希望从他人的态度中得到肯定，这时他会在意其他人的反应、老师的态度。对于后一种幼儿，教师应该更好地帮助其发展自我意识。

11. 幼儿间冲突的处理

幼儿喜欢的工作，其他小朋友正在进行，他是如何处理或介入的呢？幼儿处理这个问题的方式同样体现出其社会性的发展，教师应有意识地创造一些情境如排队取餐、使用教具等，以此来引导这种发展，提升幼儿的情商。

三、观察表格与设计

（一）人数分布观察表

根据人数分布观察表（见表6-3）可以发现孩子的动向和学习的最高峰，从而调整环境、发现孩子的学习兴趣。

表 6-3　各区域人数分布观察表

时间	日常生活区	感官区	数学区	语言区	文化区
8:00—8:20	1人	3人	2人	8人	10人
8:20—9:20					

（二）工作情况观察表

根据工作情况观察表（见表 6-4）可了解孩子现阶段对于工作材料的使用情况。

表 6-4　工作情况观察表

学生姓名	工作情况					
	缝扣子	倒水	舀豆子			

(三)基本示范观察表

根据基本示范观察表(见表6-5)可以观察孩子在工作中的行为及操作情况。

表6-5 基本示范观察表

日期	学生姓名	观察	备注
		幼儿的行为和掌握的情况。例如:粉红塔是怎样排的?	下次示范注意的地方(再做/再示范)。例如:明天为幼儿示范什么?

为了给教师们更多的提示,下面列出金苹果城南阳光幼稚园对幼儿进行观察分析的表格,希望能供读者借鉴。

幼儿的发展需要持续关注、阶段性分析。每日的观察记录无法使教师形成系统的指导策略,因此,金苹果城南阳光幼稚园以系统化的方式记录幼儿的成长,以便了解幼儿的整体性与独特性,通过观察、评量、记录、收集资料与问题,针对幼儿的行为发展进行个别教育。

金苹果城南阳光幼稚园设计了五张观察表:①儿童情况调查表,②蒙台梭利教具使用测查记录表,③教学活动计划表,④幼儿工作记录表，⑤阶段评析表。

其中"儿童情况调查表"（见表6-6）依据《3—6岁儿童学习与发展指南》以及各年龄段儿童的发展特点设计，通过此表可以了解到各班级幼儿的总体发展情况，包括幼儿身体发展、自理能力、认知发展水平三个方面，这张表主要是供班级教师通过平常的观察来做记录和评估，这些观察到的情况都体现出了常态下幼儿的发展，使教师对幼儿的评估不是根据一次性的观察或片面印象做判断。

"蒙台梭利教具使用测查记录表"（见表6-7）是针对幼儿个体进行观察记录的，我们结合蒙台梭利教具的分层教学及适用年龄来设计，测查内容和标准，以清楚地了解幼儿操作教具的情况，包括教具使用的流程、操作习惯及认知发展水平。教师一对一地进行观察记录，可以清楚地了解每个孩子对于教具操作的掌握程度和兴趣点所在，从而在未来的活动中有针对性地对孩子进行指导。

"教学活动计划表"是每学期教师根据幼儿的兴趣及发展差异制订的，分组、分层地设计内容，以满足幼儿的不同发展需要。

"幼儿工作记录表"（见表6-8）是在幼儿工作时教师记录的表格，通过这张表格我们可以看到孩子的持续工作时间、工作状态以及操作教具的情况，可帮助教师了解、分析幼儿工作的情况。

"阶段评析表"是对一学期孩子活动情况的汇总，包括孩子在本学期对于教具的掌握情况及学习品质的培养，以便根据孩子的发展情况预设下学期的学习重点及内容。

通过上述五张表，课程更具体，教师指导也更清晰，真正做到了以课程设置推动孩子发展，以孩子发展调整课程计划，同时也形成了每个幼儿的纵向发展档案。

表 6-6　金苹果城南阳光幼稚园（小班）儿童情况调查表

（2013 年 9 月—2014 年 1 月）

1. 班级人数（有多少个儿童）：_____。
2. 年龄最小的儿童：____ 岁 ____ 个月；
   年龄最大的儿童：____ 岁 ____ 个月。
3. 年龄分布：　　　　年龄（岁）　　　　　　　　儿童人数
   　　　　　　　_____　　_____
   　　　　　　　_____　　_____
4. 性别比例：女孩人数 _____　　　男孩人数 _____
5. 班上有多少儿童具备下列技能？（以百分比表示）
   ◆ 倒小颗粒物体：_____
   ◆ 穿大颗粒串珠：_____
   ◆ 扣小纽扣：_____
   ◆ 拉拉链：_____
   ◆ 用夹子夹小颗粒物品：_____
   ◆ 用剪刀剪纸：_____
   ◆ 能进行图卡的分类及配对：_____
   ◆ 能以自己为中心，辨识前、后、上、下的方位：_____
   ◆ 能进行较简单的动物嵌板活动：_____
   ◆ 能按物体的大小、长短、高矮、粗细进行 3～5 个的排序：_____
   ◆ 能进行形状（圆形、方形、三角形、梯形）的辨识：_____
   ◆ 能进行红、黄、蓝、绿、橙、紫色的辨识：_____
6. 个别幼儿发展的特殊需要：（列举并描述）

记录人：

表 6-7　金苹果城南阳光幼稚园幼儿蒙台梭利教具使用测查记录表

（2014 年 9 月—2015 年 2 月）

班级（小）：_____　幼儿姓名：_____　测查教师：_____

区域	测查标准	教具名称及图片	尚需努力	基本能	熟练操作	延伸创作
日常	能将小颗粒从一只杯子中倒入另一只杯子中	倒小颗粒物体				
	能将大颗粒木制珠子用线穿起来，在工作结束后将珠子、线取下并放回盒中	串珠子				
	能将小纽扣解开并扣入扣眼里	衣饰框——扣小纽扣				

续表

区域	测查标准	教具名称及图片	尚需努力	基本能	熟练操作	延伸创作
日常	能把拉链拉开及拉上	衣饰框——拉拉链				
日常	正确使用夹子，将颗粒从一只碗中夹至另一只碗中	夹珠子				
日常	正确使用剪刀，能按线条剪直线	剪纸				
感官	能以自己为中心，辨识前、后、上、下的方位					

续表

区域	测查标准	教具名称及图片	尚需努力	基本能	熟练操作	延伸创作
感官	能进行图卡的分类及配对	几何图形嵌板2				
	能将相同色板进行配对,并能进行红、黄、蓝、绿、橙、紫色的辨识	色板2				
	能区分光滑的和粗糙的	触觉板				

续表

区域	测查标准	教具名称及图片	尚需努力	基本能	熟练操作	延伸创作
感官	能感知轻和重	重量板				
	能按物体的大小、长短、高矮、粗细进行3～5个的排序	插座圆柱体 1.2.4				
	能进行形状（圆形、方形、三角形、梯形）的辨识	几何图形嵌板				

续表

区域	测查标准	教具名称及图片	尚需努力	基本能	熟练操作	延伸创作
感官	能进行两组不同声音的辨别及配对	听筒				
科学文化	认识两栖动物乌龟的头、身体、四肢、壳	乌龟嵌板				
	能区分地球仪上的陆地及海洋，感知地球仪上有不同的洲	彩色地球仪				

表 6-8　金苹果城南阳光幼稚园蒙台梭利活动幼儿工作记录表

（2014 年 9 月—2015 年 2 月）

班级（小）：_____　幼儿姓名：_____　测查教师：_____

记录时间	领域	内容	幼儿持续工作时间	幼儿工作状态	幼儿教具操作情况	备注
						○—：不佳，儿童并未适当地使用教具 ∨＋：做得很好 正：重复操作的次数 ～～：儿童在教室中走来走去 ⊙⊙：看其他儿童工作 ＆：和同伴一起工作

四、记录的重要性

科学的观察必须做记录,记录必须绝对客观、真实,不能带有半点个人感情色彩。记录的目的是为接下来的研究分析做准备,并为长期跟踪研究建立档案资料。

(一)观察和记录要同时存在,没有记录的观察只是表象

教师的记录应该准确、客观,尽可能中立地去描述观察到的现象,不添加自己的感受。若没有记录,事后回想起来的将更多的是我们当时的情感、我们对所观察到的现象的看法,毕竟情绪记忆是最深刻的记忆,而这些情感与看法并不一定是客观、真实的。

(二)留下记录可以将资料统合起来,以便更加直观地了解孩子的性格和特点

人们更加倾向于视觉加工的东西,"我听了,就忘记了;我看了,就记住了"。记录下的资料越丰富,就可以越直观、详细地了解孩子。

(三)现场做记录可以帮助教师及时调整观察重点,避免忽略细节

我们不是摄像机,可以巨细无遗地记录一个场景。我们的大脑在加工信息时,通常会舍弃当时认为不重要的部分,有选择地进行信息加工,这样就很有可能忽略一些重要的细节,此外,我们的记忆也会有一个遗忘的过程,只有现场记录才可以帮助我们尽量减少失误、帮助记忆。

(四)记录可以成为幼儿发展最有力的证明

幼儿对教具的操作从无到有,幼儿的秩序感不断发展完善,幼儿在生活中能从事越来越多的工作,幼儿的意志力不断增强……若我们把幼儿取得的这些进步通过各种方式记录下来,相信它们会成为幼儿发展最客观、最有力的证明。

五、记录的方式

教师进行观察记录的方式如下：

（1）影像记录（视频或照片）。教室中可以配备一台照相机或录像机，方便教师随时拍照和录像，记录幼儿有典型意义的行为。

（2）声音记录（录音）。当幼儿出现某些有代表性的语言而不方便录像时，可以对幼儿进行声音记录。

（3）日志式记录（可以详细记录一段时间内幼儿行为及心理的变化）。

（4）开放式线性记录。开放式线性记录是非常实用的反映幼儿在一段时间内工作及状态的记录方式，我们可以非常直观地看到幼儿在某段时间的工作情况、他一共进行了几项活动，每项活动的时间长短也一目了然。另外，线上的部分代表着他有纪律的工作，线下的部分代表着他无纪律的工作，偏离直线的幅度则代表着有纪律或无纪律的程度。

（5）生日会（记录幼儿从出生到现在的成长故事）。幼儿生日时，可以邀请幼儿的家长入园，为幼儿举行生日会。生日会上可以请家长讲述幼儿从出生到现在每一年的成长故事，将幼儿从小到大的照片做成PPT等各种形式来为幼儿做记录。

（6）幼儿成长档案（记录幼儿一年内的成长变化）。幼儿园可以为幼儿建立成长档案，记录幼儿的工作学习情况、教师对幼儿的观察评价等并配以适当的图片，每两周或每月与家长交流一次[①]。

[①] 段云波. 蒙特梭利双语幼儿园的运营与管理［M］. 青岛：中国海洋大学出版社，2004：16-18.

第七章 蒙台梭利感官教育与教学

- 第一节 蒙台梭利感官教育的概况
- 第二节 蒙台梭利感官教育的基础教学
- 第三节 蒙台梭利感官教育的延伸教学内容
- 第四节 蒙台梭利感官教学中的问题与解决
- 第五节 蒙台梭利感官教学过程中教师的观察与记录

"感觉是精神的入口,一切的认识先由感觉获得,对外界的精神认识的基础就是感觉认识。利用感觉,收集各种事实并加以区别比较,就是形成精神的第一步。"感官教育在蒙台梭利教学体系中占有极其重要的位置,也是蒙台梭利博士教育实验的主要部分。

第一节 蒙台梭利感官教育的概况

一、蒙台梭利感官教育理论

蒙台梭利博士说过,孩子需要通过外界的刺激(如光线、声音、气味、口味、触碰)来激发,从局部到整体,环境要能吸引孩子的注意力并让孩子产生主动探索的欲望。

(一)感官教育的定义

感官教育也被称作感觉教育,从教育观点来看,感官教育不是只训练感觉器官,而是最终要促进儿童智能的发展。何为感官教育?所谓感官,顾名思义,就是感觉器官,包括五官和肢体。蒙台梭利感官教育主要是借助视觉、听觉、触觉、味觉、嗅觉五大部分的感觉器官正确地感知外部环境的刺激。

在现实生活中,人们依赖感官与外界发生作用。"感官"把人们与周围的环境有机地联系在一起,是人们获取对周围环境感性认识的纽带。感官教育能够使感官发达,增强其敏感性,当人们具备敏锐的判断力及辨别能力时,就可以识别更多的事物,从中获得更多的知识和经验体会,然后转换成一种思维方式,用这种思维方式去认识更多的未知事物,解决更多的未知问题。这就是感官教育的完整过程。

蒙台梭利感官教育以儿童与生俱来的各种感觉能力为出发点,通过有目的、有针对性的刺激,在反复操作、强化的过程中锻炼儿童的感官,使儿童能够更敏锐地感知外部世界的刺激。这样,可以让儿童对探索与发现产生兴趣,从而提升多项能力。

(二)感官教育的意义

蒙台梭利博士在《童年的秘密》一书中说:每个幼儿都具有与生俱来的精神力量,这种精神力量可以从幼儿的潜在能力或自发性的活动中得到印证。幼儿可以通过感官,以及从周围环境中接收到的"印象",促使精神得到发展,即由此形成人格[①]。我们要从本质上理解蒙台梭利感官教育。感官教育是蒙台梭利教育体系中最重要而且最有特色的一部分,对儿童的发展具有非常重要的意义。

蒙台梭利感官教育通过训练儿童的分类、配对、排序的能力,使儿童的感觉判断更加准确、敏锐。

学前阶段的幼儿处于感官发展的敏感期,其视觉、听觉、触觉、味觉、嗅觉迅速发展,各种感觉都特别灵敏,在此阶段最适合进行感官教育。感官是智能活动发展的基础,如果感觉器官没有得到充分的发展,也就不能正确地感受环境中的刺激,试想,如果一个人看不到、听不到、摸不到、闻不到、尝不到,那么他的世界将会怎样呢?

蒙台梭利博士认为,智能的培养首先依靠感觉,儿童利用感觉搜集现实生活中的现象并且进行判断、分析,在这个过程中,儿童的各项智能得到了培养和锻炼。而感官训练也是初步的、基础的智力活动,通过感官训练,可以使儿童对事物有更加真实的感受,这是智力发展的第一步。

蒙台梭利感官教育,可以增进儿童对社会环境的适应性。

儿童为了适应现实生活以及未来的社会需要,必须具备对环境敏锐的观察力和判断力,而蒙台梭利感官教育正是培养儿童以观察为基础,成为优秀的观察者。正如蒙台梭利博士所说:"实际上,实验科学的进步是建立在观察、发现和应用的基础上的。过去一个世纪以来,它使我们的社会环境有了巨大的改变,而这一切都遵循同样的路径,亦即都是经

---

① 段云波. 蒙台梭利感觉教育[M]. 长春:北方妇女儿童出版社,2011:5.

由观察……"①

二、蒙台梭利感官教育方法

（一）蒙台梭利感官教具的基本操作原则

蒙台梭利感官教具不仅刺激感觉器官的灵敏性，同时也促进感觉及知觉的认知发展，是儿童形成概念的重要基础。蒙台梭利博士根据对儿童活动的观察，阐明了儿童认知过程的三个规则：同一性的认知、对比性的认知和相似性的辨别。蒙台梭利博士将这三个规则与蒙台梭利感官教育方法相结合，提出了感官教育的三个基本原则：配对、序列、分类。

●配对：通过视觉的观察和判断，从众多物体中找出具有相同属性的物体并予以配对。这不仅使儿童学会"一一对应"的关系，也强化了相等的概念。

●序列：根据教具本身的特征，对其进行从大到小、从长到短、从高到低、从粗到细、从深到浅等一系列排序活动。通过反复操作，使儿童学会识别事物的等级，从而提高儿童的逻辑思维能力，为日后的学习打下良好的基础。

●分类：从多种物体中找出其差异，然后归纳分类或者找出同类别的事物。这一过程可以使儿童经历比较、分析、概括等多种思维过程，提高综合能力。分类活动是提高儿童思维能力的有效途径之一。

以上三种基本的教学原则是人类认知事物的基本原则。蒙台梭利感官教学能够使儿童将注意力集中于物体的属性，更清楚地理解事物本身，从而更好地形成概念。通过引导儿童将复杂事物加以整理，可使儿童具备更强的规则意识。

---

① 段云波. 蒙台梭利感觉教育［M］. 长春：北方妇女儿童出版社，2011：11.

蒙台梭利教师如果能够透彻地理解配对、序列、分类这三个重要教学原则，不仅可以利用感官教具对幼儿进行教学引导，还可以更好地开展感官教育的延伸活动以及感官教具的制作与创新。

（二）蒙台梭利感官教育的指导方法

蒙台梭利感官教育的指导方法可以分成三种：

- 团体展示——为全体儿童进行展示。
- 小组展示——为两名及两名以上儿童进行展示。
- 个别指导——针对儿童的不同能力给予指导。

（三）蒙台梭利感官教育的指导顺序

在蒙台梭利感官教育中，无论选用哪种指导方法，教师都需要遵循以下指导顺序：

1. 工作前准备

在进入工作状态之前，选择正确的教具尤为重要。选择的教具必须符合儿童的不同发展阶段。教师要通过观察，了解儿童的喜好，以能够吸引儿童注意力的方式引导，避免硬性、强迫性的引导方式。教师要随时关注儿童的兴趣与专注度，可随时调整引导方式及时间。

教师在进行指导工作前需要清晰、准确地介绍工作的名称，并示范教具的拿取方式，可与儿童共同将教具拿到工作毯或工作桌上，为工作的示范做好准备。

2. 教师的示范

教师在示范过程中，要格外注意动作分解、观察儿童的兴趣点及提示错误订正三个方面。

（1）动作分解的目的是让儿童把握操作动作的细节、记忆动作，激发儿童的模仿能力，使儿童有兴趣尝试操作并反复练习。

（2）在教具操作的过程中，教师要注意观察儿童的神情，把握儿童的兴趣点。

（3）感官教具本身都具有错误订正功能，教师在示范过程中可做适当引导。例如插座圆柱体的示范，教师可有意将插座圆柱体插错，并示意这样做是不正确的。

示范结束后，教师要询问儿童"想不想试试看"、"想不想尝试"，给儿童接触教具的机会，满足儿童尝试的意愿。如果有儿童愿意尝试，教师则由引导者转变为观察者。

3. 整理工作

整理工作是在工作结束后将教具归位。教师需指导儿童教具归位的方式及位置，并将工作毯归位。

（四）蒙台梭利感官教育中的名称练习

名称练习，是在儿童掌握了教具的特性并具有辨别差异的能力之后进行的一项练习，也就是儿童在掌握基本操作后需要学习的内容。蒙台梭利教育的名称练习主要遵循了塞根的名称练习的三个阶段，即著名的三阶段教学法。这三个阶段是：

- 第一阶段：命名——物体准确的名称或概念，教师需引导儿童将物体与其所对应的名称建立联系，如"这是××"。
- 第二阶段：识别——让儿童通过对照，辨别与名称相对应的物体，如"××是哪一个？"。
- 第三阶段：发音——引导儿童说出所指物体的名称或概念，如"这是什么？"。

蒙台梭利感官教育的词汇参照表见表7-1。

表7-1 感官教育的名称练习参照表

教具名称	名称练习内容
插座圆柱体	高、低、粗、细、大、小、高而细、低而粗
粉红塔	大、小
棕色梯	粗、细

续表

教具名称	名称练习内容
长棒	长、短
色板	红色、黄色、蓝色、橙色、紫色、绿色、粉红色、棕色、灰色、黑色、白色
几何图形嵌板橱	圆形、三角形、四边形、正方形、长方形、平行四边形、菱形、矩形等多种图形名称
几何学立体组	正方体、长方体、圆柱体、圆锥、三棱柱、三棱锥、四棱锥、球体、椭圆体、卵形体
构成三角形	可强化一些平面图形的名称
触觉板	光滑、粗糙
温觉板	热的、暖的、凉的、冰的
重量板	轻的、重的
实体认识袋	认知神秘袋中物体的名称
音筒	强、弱
味觉瓶	酸、甜、苦、咸
嗅觉瓶	不同的气味名称

（五）蒙台梭利感官教育中的操作规则

在进行蒙台梭利感官教育时需注意以下规则：

（1）注重教具排列的顺序性。感官教具本身就引导儿童掌握规则与秩序，教师在操作时有规则地摆放教具，可以使儿童更清晰地观察到教具之间的区别与关联，帮助儿童形成正确的概念。

（2）示范教具时要从左到右。为了与儿童阅读、书写顺序一致，不仅是感官教育中应遵循"从左到右"的规则，在蒙台梭利教育体系中都需遵循。

（3）比较操作时，教师应选择差异较大的教具进行比较，让儿童感受到明显的刺激，再逐渐增加比较的难度。

（4）操作教具时，要根据配对、序列、分类的教学顺序。每种感官教具并不一定包括全部的操作内容，教师可根据不同的教具进行教学安排。

（5）教师需采用三段式教学法进行名称练习。

（6）教师在选择工作指导方式时，可进行个别指导或小组教学。这两种指导方式有助于顺利完成教学目标。

（7）教师的引导语言要精练。感官教育中，教师的语言要简单、准确、客观、标准，不带有教师本身的客观判断。

（8）基本操作与延伸操作的合理化结合。教师需根据儿童掌握的情况，酌情加入延伸教学内容。

（9）引导儿童反复操作。

（10）教师示范操作时，应尽量在儿童的右侧。

三、蒙台梭利感官教育的重要性

根据蒙台梭利感官教育理论，感觉的发展先于智能的发展，感官教育是儿童从日常生活教育过渡到数学、语言、科学教育的"必经之路"，因此，教师必须有计划地进行蒙台梭利感官教育。感官教育在蒙台梭利教育体系中具有承前启后的作用。

（一）感官教育可以巩固日常生活教育

当儿童在日常生活教育中具备了基本能力后，进行感官教育，可以使儿童更好地掌握规则与秩序，为以后的独立思考与独立工作打下良好的基础。

（二）感官教育是数学、语言、科学教育的基础

感官教育中的教具分别从视觉、听觉、触觉、味觉、嗅觉五个方面提升儿童的能力，为儿童奠定了认知的基础。感官教具的等级性、连贯性使其成为发展智能教育的直接准备。

(三)感官教育中的错误订正可以使儿童实现自我订正

蒙台梭利博士说过,错误控制是为判断儿童是否达成或脱离教具的目的所呈现的活动评量基准;是让儿童动脑思考,认识并改正原来的错误,自己发现问题、解决问题的过程。感官教具的错误订正是儿童实现自我订正的途径。儿童在操作时会自己发现错误并分析错误、寻找原因,学会辨别操作步骤是否正确,最终发现并纠正错误。在这个自我订正的过程中,儿童的推理及分析能力均得到发展。

第二节 蒙台梭利感官教育的基础教学

一、蒙台梭利感官教育的教学内容

蒙台梭利感官教育分为视觉教育、听觉教育、触觉教育、味觉教育、嗅觉教育等。每种教学内容可参照图7-1。

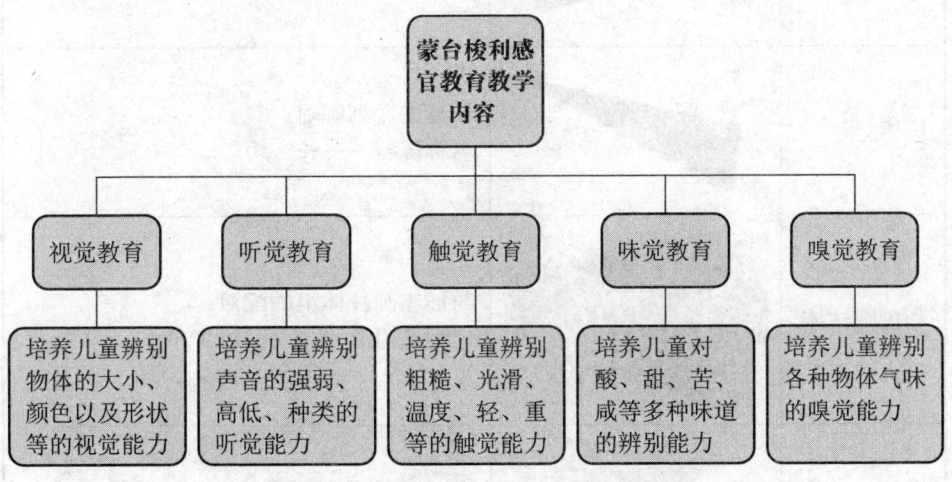

图7-1 蒙台梭利感官教育教学内容

二、基础教具介绍

基础教具介绍如表7-2所示:

表 7-2　蒙台梭利感官教育基础教具

教具名称	图片	基本操作
插座圆柱体四组		圆柱与圆穴的配对； 圆柱的序列练习； 名称练习——A组，粗、细；B组，大、小；C组，高、低；D组，高而粗、低而细。
粉红塔		粉红塔的序列练习； 名称练习——大、小。
棕色梯		棕色梯的序列练习； 名称练习——粗、细。
长棒		长棒的序列练习； 名称练习——长、短。
彩色圆柱体		与插座圆柱体组的配对； 序列练习。
色板Ⅰ		相同颜色色板配对； 名称练习——红色、蓝色、黄色。

续表

教具名称	图片	基本操作
色板Ⅱ		相同颜色色板配对； 名称练习——橙色、紫色、绿色、粉红色、棕色、灰色、黑色、白色。
色板Ⅲ		颜色的排序； 名称练习——明、暗。
几何图形嵌板橱		图形嵌板与嵌板槽的配对； 名称练习——各种图形。
几何学立体组		立体的组合； 立体与投影板配对； 名称练习——各种立体。
构成三角形		分类； 三角形的组合； 巩固名称练习——平面图形。
二项式		对照盒盖的归位练习； 分类。

续表

教具名称	图片	基本操作
三项式		对照盒盖的归位练习； 分类。
听觉筒		相同声音的配对； 名称练习——强、弱。
触觉板		触觉感知； 名称练习——粗糙、光滑。
触觉板		配对； 序列练习。
布盒		配对； 名称练习——各种布料的名称。
重量板		配对； 序列练习； 名称练习——重、轻。

续表

教具名称	图片	基本操作
温觉板		配对； 序列练习； 名称练习——热的、温的、凉的、冰的。
神秘袋		根据神秘袋内所装物品设计教学内容。
味觉瓶		配对； 序列练习； 名称练习——酸、甜、苦、咸。

三、教学环境的准备

蒙台梭利教具的外观对儿童具有很大的吸引力，感官教具同样体现了这一特点，教学环境的准备在前面的章节中已经反复强调，那么，蒙台梭利教师该如何更好地准备蒙台梭利感官教学环境呢？现从以下两个方面进行阐述：

（一）有秩序地摆放教具

蒙台梭利感官教具的摆放原则应遵循由简至繁、由易到难、由左到右、由上到下、由大至小的摆放原则。例如，长棒可自上到下、从长到短并且左端对齐地摆放在教具架上。

（二）制作教具名称标识

蒙台梭利教具种类繁多，教师需制作对应教具的名称标识，贴于教具所在位置处，如此既便于儿童将教具归位，又可以借助标识的名称达到让儿童配对的目的。

第三节 蒙台梭利感官教育的延伸教学内容

一、延伸教学内容

当儿童已经掌握了基本操作以后，教师可根据儿童对教具的掌握情况为儿童设计延伸教学，蒙台梭利感官教学的延伸教学内容可以归结为以下几个方面。

（一）记忆练习

教师可将教具摆放在附近的某区域，请儿童按照指令，根据记忆将所指教具取回放到工作毯上。如请儿童认真观察面前工作毯上的某一圆穴，经过记忆后，到另一块工作毯上拿取对应的插座圆柱体。

（二）戴眼罩练习

教师可引导儿童戴上眼罩，根据触觉猜测教具或通过触觉进行教具的排序与配对。如戴眼罩的粉红塔练习，将粉红塔打乱顺序，引导儿童通过触摸进行粉红塔的大小排序。

（三）捉迷藏

教师可将教具摆放在儿童的身后，让儿童通过触觉感知教具的名称。如几何学立体组练习，教师说："正方体在和我捉迷藏，你能帮我找到正方体在哪里吗？"引导儿童在背后找到正方体并交给教师。

（四）图片配对

教师可制作与不同教具对应的图片，让儿童进行教具与图片的配对。如粉红塔练习，教师可制作与粉红塔平面尺寸一致的粉红色卡片，引导儿童通过比较进行配对。

（五）组合操作

可将两种或两种以上具有相同特性的教具组合在一起，增加操作的难度可增强儿童对教具的兴趣。如四组插座圆柱体任意组合练习，教师将几组插座圆柱体放在工作毯上，与儿童共同取出全部的插座圆柱体，引导儿童依次找到对应的圆穴，将插座圆柱体分别归位。

（六）环境练习

教师向儿童出示一件物体（或通过语言描述、关键词引导、肢体语言等），请儿童在周围的环境中找到与其相似或有关联的物体。如几何图形嵌板橱练习，教师可出示嵌板中的任一图形，让儿童在教室中找到这一图形的装饰物。

（七）少了什么

在进行序列练习的过程中，教师可请儿童闭上眼睛，然后从教具中取走任意一块，让幼儿猜少了哪一块。如棕色梯练习，排序后取走其中一块，将剩余的棕色梯按顺序排好，引导儿童仔细观察少了哪一块并将其归位。

（八）神秘袋

教师可制作大小不等的神秘袋，将教具放置在神秘袋中，引导儿童通过触摸感知教具的形状或大小，从而判断教具的名称。如几何学立体组练习，教师可以说出立体的名称，让儿童在神秘袋中找。

关于蒙台梭利感官教育的延伸教学还有很多方法，教师只有理解感官教具的教学理念及儿童的发展特点，才能设计出更多的延伸教学方法。

二、延伸教具制作

蒙台梭利教具并不是一成不变的，教师不应局限于已有的教具，而应该具备创新教具的能力。教具的延伸可以激发儿童新的学习兴趣、巩固儿童对已有教具教学内容的掌握，而且对教师的教学工作是一种很好的启发和激励。

（一）延伸教具制作的原则

制作蒙台梭利延伸教具对教师来说是一项很大的挑战，教师不仅要熟悉蒙台梭利教育理论，还要具备一定的教学实践经验及丰富的想象力。

制作延伸教具的基本原则如下：

（1）明确的教学目的。制作教具前应先明确制作教具的教学目的，突显单一特质，切勿使儿童混淆教学目的。

（2）符合儿童发展特点。教具的设计难度应符合儿童的阶段特点，使儿童既可以独立完成，又不乏兴趣。

（3）颜色的一致性。所制作教具的颜色应呈现一致性，不仅可以吸引儿童，而且可以让儿童清楚地分辨同一组教具。

（4）教具要具备错误订正功能。订正错误的不是教师，而是教具本身，这样的设计可以让儿童独立完成工作并进行自我订正。

（5）教具材料的真实性。教具制作的材料一定要是来自生活的真实材料，让儿童感受到真实的工作环境。

（6）教具的独立操作性。教师制作的延伸教具应以儿童个别操作为原则。

（7）教具的安全性。制作教具的尺寸很重要，要考虑到便于儿童拿取，教具的材料要环保、无污染。

（8）教具的实用性。制作的教具要方便实用，既要易清洁、整理，又要具有可循环性，成本低。

（二）延伸教具制作的实例

教具1：组合图形机器人

【材料准备】示范图3张，图片内容分别为三角形组合机器人、圆形组合机器人、正方形组合机器人；与示范图对应的图形卡片分放在三种不同形状的盒子中；操作板1个。

【错误订正】卡片的形状、数量和图片上的形状、数量一致。

【教学目的】加强儿童对形状的认识。

【操作过程】

（1）任意取出一张示范图，并取出对应形状盒子中的形状卡片；

（2）对应示范图组合卡片；

（3）组合后的机器人形状与示范图一致。

教具2：照镜子（建议两人操作）

【材料准备】操作盘1个，中间用银色彩带粘贴一条线，左边是红色区域，右边是蓝色区域，每个区域各有4×4共16个小圆孔；红色木钮16个，蓝色木钮16个，分别盛放在红色盒子和蓝色盒子中；1面小镜子。

【错误订正】小镜子。

【教学目的】加强儿童的空间感；培养儿童的对应能力；培养儿童的镜像反应。

【操作过程】

（1）一人选择红色木钮为红队，另外一人选择蓝色木钮为蓝队；

（2）插木钮的顺序为红—蓝—蓝—红，依次类推；

（3）中间的银色线为中间线；

（4）红队先将红色木钮插在红色区域内任意一圆孔中，蓝队直接找到蓝色区域内对应的圆孔插入木钮，若不能判断正确位置，可将小镜子放在银色线上，让红色木钮照镜子，通过此方式找到对应圆孔。

教具3：我来插小旗

【材料准备】红色、黄色、蓝色粗吸管3根，每根吸管均扎10个小孔；三色小旗各10面，可用牙签（去尖）做旗杆，红色小旗旗面由大到小，黄色小旗旗杆由高到低，蓝色小旗旗面由长到短；3张排序图。

【错误订正】排序图。

【教学目的】强化儿童的排序能力。

【操作过程】

（1）拿出任意一张排序图，让儿童参照找出对应的小旗，插在吸管上；

（2）依次类推，直到将所有的小旗插完。

教具4：闻闻花香

【材料准备】 4个布袋内分别装有不同花香的香包并放有4种花的图片（玫瑰花、茉莉花、百合花、无香花）。

【错误订正】 教师可在相同香味的香包和卡片的隐蔽处做相同标识，不让幼儿发现。

【教学目的】 强化儿童的嗅觉能力。

【操作过程】

（1）将每张图片取出，分别闻卡片的香味；

（2）再闻香包的香味，进行配对；

（3）能说出闻起来的感觉；

（4）可进行三段式名称练习认识不同的花香。

三、与其他领域结合的教学方法

（一）感官教育与日常生活教育结合的教学

蒙台梭利日常生活教育的精细动作活动主要培养儿童的五指、三指、二指的小肌肉动作，而在感官教育中仍然重视培养儿童手指的操作能力。

首先，感官教具的拿取方式就是日常生活教育的应用。不同的教具有不同的拿取方式，既可以提高儿童操作前的秩序感和专注度，又可加强儿童的手部控制力。

其次，感官教具操作也强调了小肌肉的控制力，强化了日常生活教育中对手部精细动作的训练。比如操作插座圆柱体组时，要求儿童用拇指和食指拿取圆柱体，目的是为儿童书写做准备；几何图形嵌板的触摸与配对、构成三角形的食指与中指触摸黑色控制线等,都离不开小肌肉的控制力与协调力的发展。

由此可见,当教师确定主题教学目标后,可根据不同目标选择感官教育作为日常生活教育的强化教学部分。

(二)感官教育与数学教育结合的教学

在数学教学的学前准备阶段,儿童充分掌握配对、序列和分类,学习数学才会轻松。而这三部分内容恰恰是感官教育的三要素,因此,教师应仔细观察儿童在数学学习中存在的问题,适时增加感官教育内容,从根本上解决儿童在数学学习中的困惑。

感官教育既是数学教育的基础,也可作为数学教育的延伸。

以构成三角形之三角形盒为例,通过分类、组合,可用三角形盒中的三角形分别组成四个大小相同的大三角形。第一个大三角形是一个灰色三角形,第二个大三角形是由两个颜色和形状完全相同的绿色三角形构成,第三个大三角形是由三个颜色和形状完全相同的黄色三角形构成,第四个大三角形是由四个颜色和形状完全相同的红色三角形构成。当儿童完成上述基本操作后,就可延伸出数学教育的内容。把一个灰色三角形作为"1",那么其中一个绿色三角形就是"1/2",其中一个黄色三角形就是"1/3",其中一个红色三角形就是"1/4"。通过构成三角形的形式,还可以让儿童理解 2 个 1/2 组合成 1,3 个 1/3 组合成 1,4 个 1/4 组合成 1。以此类推,还可以得出更多的数学教育内容。

感官教育中的二项式、三项式、粉红塔、棕色梯等教学内容均可以作为数学教育的延伸教学活动,教师在设计延伸活动时需关注不同儿童的个体发展,尽量以个别指导的形式引导儿童。

(三)感官教育与语言教育结合的教学

感官教育中强调名称练习,即三段式名称法,教师可制作每种教具的名称字卡,字卡与实物的配对可作为语言教学的内容,既增加了操作教具的乐趣,又达到了语言教育的教学目的。

（四）感官教育与科学文化教育结合的教学

在科学文化教育中，教师需自制多种植物、动物图片。在教学中，教师需引导儿童进行实物与图片的配对、图片与字卡的配对等，这些都是与感官教育结合的教学活动。

第四节　蒙台梭利感官教学中的问题与解决

一、教师教学问题与解决方法

教师在进行蒙台梭利感官教学的实践和探索中，会提出一系列普遍感到困惑或较为棘手的问题。现将这些问题及解决方法整理如下。

问题1：感官教具的基本操作完成后，儿童兴趣减弱，教具闲置，教师此时该做怎样的引导？

解决方案：教师需先观察儿童不感兴趣的原因，若儿童认为此教具过于简单，教师可设计相关延伸教具或本教具的辅助教具，以增强儿童的兴趣；若儿童认为操作过于困难，教师可安排个别指导，引导儿童完成操作。

问题2：儿童很少操作的教具是否可以移出感官区？

解决方案：若经过基本操作及延伸操作，仍不能引发儿童的兴趣，此教具可以不放在教具架上。

问题3：操作感官教具时，一定得要求儿童按照教师的规范操作吗？

解决方案：儿童操作时，教师无须要求儿童完全按照教师的规范动作操作，但是要让儿童理解操作的环节并达到教学目的。

问题4：什么时候应该引导儿童进行感官教育的延伸操作？

解决方案：当教师观察到儿童已经完全理解了基本操作，并有能力接受延伸教学内容的时候，可以给儿童安排个别指导，加入适当的延伸操作。

问题 5：当儿童操作不正确时，教师该如何引导？

解决方案：当教师发现儿童操作不正确时，需先分辨儿童是否在自我延伸操作，如果是，教师不需要干预；如果儿童存在危险操作，教师可引导其停止操作，并给儿童做出正确的示范。

问题 6：6 岁的儿童还需要进行感官教育吗？

解决方案：是否需要进行感官教育，不是根据儿童的年龄来确定，而要通过教具来判断儿童是否已经达到感官教育的教学目标。

二、幼儿遇到的问题与解决方法

问题 1：拿取长棒时，没有耐心一根根地拿到工作毯上，而是一次拿取多根。

解决方案：教师可引导儿童一次只拿一根，也可以找其他未工作的儿童协助该儿童或者由教师协助其完成。

问题 2：总是反复操作一个工作，也没有创新。

解决方案：儿童的反复操作有利于儿童的意志力、理解力、专注力与秩序感的提高。当儿童反复操作时，教师应认真观察儿童每次工作的情况，并做好观察记录，根据观察记录总结儿童工作中的兴趣点和工作方式。

问题 3：未完成某项工作，就去做另一项工作。

解决方案：教师需了解儿童未完成工作的原因，如果是因为困难而放弃，教师需引导或示范以帮助儿童完成；若因为被其他教具吸引而放弃，教师需用语言引导儿童先完成本项工作再开始另一项工作。

问题 4：选择教具时，有争抢的现象。

解决方案：教师可引导儿童合作完成。

问题 5：教具归位时忘记了摆放位置。

解决方案：有准备的环境是很重要的，教具的文字标识或图片标识对于教具的归位有重要的指导作用。

第五节　蒙台梭利感官教学过程中教师的观察与记录

一、教师的观察

在蒙台梭利教室中，儿童是主体，他们独立操作、自我发现、自我教育和发展。当儿童全神贯注地工作时，教师是儿童的观察者、引导者。观察是教师了解儿童最重要、最基本的方式之一。本节主要分享教师在实施蒙台梭利感官教学时该如何进行观察。

（一）蒙台梭利感官教学教师观察的内容

教师在感官教学中，主要从感官区域环境、感官教具投放材料及儿童能力几个方面进行观察。

1. 感官区域环境的观察

第一，教师需观察区域的空间、大小是否合理。当儿童在区域中进行操作时，是否存在拥挤或浪费空间的现象。

第二，教师需观察与感官区邻近的区域是否合理。感官区的教学与数学教学密切相关，最好与数学区邻近。

第三，感官区域是否有合理的出口及入口。区域内的划分标识是否明确，能够让儿童自觉遵守规则。

2. 感官教具投放材料的观察

教师对于材料投放的观察是观察的重点，也是难点，观察后的及时调整与解决问题，也是对蒙台梭利教师的一项极其重要的考验。

首先，教师需观察感官区域内投放的材料是否能够满足儿童的需求。如果在区域内操作时，儿童出现争抢材料的现象，教师需分析并及时解决。

其次，教师要对该区域投放的材料是否符合儿童年龄的需求进行观察。很多材料对于儿童来说较难操作或无法激发儿童的兴趣，教师需做适当调整。

最后，教师不能忽略所投放材料的安全性及环保性。安全对儿童尤为重要，材料的安全卫生及是否环保应该是教师重点观察的内容。

3. 感官操作时儿童能力的观察

当儿童进行感官教具操作时，教师要依据感官教育中重要的教学三原则观察并分析儿童的能力，即配对、序列及分类能力。

除此之外，教师需要对操作中的儿童的行为进行观察。例如，儿童在操作过程中的专注程度，对单一教具专注还是频繁更换教具；儿童对哪一类教具兴趣更浓或格外偏好；儿童在操作教具时是否可以完成教学目标；儿童操作的主动性如何，是积极还是被动等。

教师还需要观察操作中儿童的交往水平、组织能力，以及是否具有规则意识等。

（二）蒙台梭利感官教学中教师的观察方法

很多教师在实施观察过程中会出现盲目观察的情况，蒙台梭利感官教学着重提供以下两种观察法供教师参考。

1. 区域定点观察法

所谓区域定点，就是儿童进入感官区工作时，教师将观察重点放在此区域。教师需观察儿童在区域内操作的现有经验以及他们的兴趣点、儿童之间的交往、材料的使用等。具体的观察流程如下：

（1）在自由工作开始时，教师就需确认此次观察的对象为来到感官区的所有儿童。

（2）观察儿童的操作过程、语言、表情，如说了什么、做了什么、有什么特殊行为、对哪项工作感兴趣、专注程度如何、如何与其他儿童交往等。

（3）对于需要指导的儿童，教师可以一边指导一边进行观察。

（4）教师可先做简单记录，课后补充完整。

2. 个别儿童观察法

个别儿童观察法与区域定点观察法不同，教师首先需要确认1～2名儿童作为观察对象，观察儿童在工作中的各种状况。这种观察法比较适合教师观察及了解个别儿童在感官教育中的发展水平。此观察法主要是指，当儿童选择了感官教具并自由操作时，教师需观察儿童的操作全过程并进行记录。

二、教师的记录

在蒙台梭利教室中，我们经常会看到教师拿着很小的本子，认真地记录。教师将观察的内容记录下来，以便给儿童更好的指导。针对不同的观察内容，选用的记录方法也不同。在感官教育中，常用的记录方法有以下几种：

（一）表格记录法

表格记录法的优点是简便易行并且可以反复使用，便于前后比较，看起来更加直观。使用表格记录法时需要注意：教师需提前设计好记录表格，若遇到未涉及的内容，可及时用文字记录进行补充；另外，教师应熟悉表格中的各项标准（参见表7-3和表7-4）。

（二）实况记录法

实况记录法是指用语言文字真实记录儿童工作中发生的情况及事件。教师的记录内容要完整，如儿童姓名、性别、记录日期、选用教具名称、观察描述及结果等；教师需客观地、详细地记录儿童的对话及当时的情境，不要添加教师的主观判断。通过实况记录法，教师可以记录儿童在操作时的基本状况。

（三）图示记录法

图示记录法的优点在于快速、直观、系统性强，可以弥补文字记录速度慢的不足。此记录法较适合教师根据儿童的工作状况，对感官区域存在的问题进行记录，如区域划分问题、空间问题、相邻区问题等。

（四）摄像记录法

即用相机或摄像机对儿童的工作状况进行记录。此记录法能够帮助教师提高观察技能，但需注意的是，教师应避免使用的设备分散儿童工作时的注意力。教师应尽量远距离拍摄。

表 7-3 大连儿童之家工作观察记录表

幼儿姓名：				出生日期：			性别：			学习状态评价：					
乳名：				观察日期：											
观察者：															

教学目标	合作	依赖性	操作形式	持久性	延伸	专注力	教具归位	教具整理	工作状态（√一级，○二级，×三级）			综合测试		
									积极	被动	一般	逆反		
	寻求合作	独立	依赖老师	依赖同伴	有创造性	模仿	自我探索	求助解决	适中	短暂	未完成	完成	专注	分散	需主动提醒	整齐	零落	无意识	走线	秩序	独立	精细	轻声细语	抗干扰	配合	完整

工作名称	初级	中级	高级																							

指导建议	现存问题	解决方案
	教学进度	
	教学方法	

表 7-4 大连儿童之家教学计划及实施情况记录表

儿童姓名：_____ 上课时间：_____ 日期：_____年___月___日

教学计划				儿童观察日记	儿童其他情况	
				教学计划实施情况	健康	
认识训练	认知				情绪	
					课间食物	
	教具操作	1	名称		饮水	
			目的		其他	
		2	名称		备注	
			目的			
		3	名称			
			目的			
技能训练	日常生活练习	1	名称			
			目的			
		2	名称			
			目的			
		3	名称			
			目的			
社会性与独立性	礼仪规范					
	团体活动					
运动与艺术		1				
		2				

签名：_____ 教师签名：_____

第八章　蒙台梭利数学教具与教学

- 第一节　蒙台梭利数学教育概况
- 第二节　蒙台梭利数学教育的基础教学
- 第三节　蒙台梭利数学教育的延伸教学内容
- 第四节　蒙台梭利数学教育中的问题与解决
- 第五节　蒙台梭利数学教学过程中教师的观察与记录

第一节　蒙台梭利数学教育概况

如果不通过书写语言和数字对所有这些帮助孩子清理了意识的初期收获加以巩固的话，它们就有可能被荒废。一旦它们借助语言和数字这两个工具确定和巩固下来，这些经验就能为未来教育展开一个无限广阔的前景[①]。

——玛利亚·蒙台梭利

一、蒙台梭利关于儿童的"数学心智"

蒙台梭利博士通过实践和研究证明：儿童的数学心智是与生俱来的，之所以每个人呈现的能力不同，是因为幼儿在成长的过程中受到环境的影响和教育方法不同。这打破了人们认为孩子的数学能力由天分决定的观念。

蒙台梭利博士发现儿童数学心智的形成与对事物的秩序和精确性的认识有关，因为数学就是一种规律、精准和秩序的科学。0—4岁的儿童对秩序尤为敏感，比如一位母亲每天都按照规律照顾她的婴儿，而有一天这种规律突然发生了变化，哪怕是当一个换尿布的动作、洗澡的顺序或照顾婴儿的人发生了改变时，婴儿就会感到不适而哇哇大哭。这是因为婴儿所熟悉的规律受到了干扰。如果幼儿的饮食、作息、环境中的物品、照顾的人等因素都具有稳定性、秩序性，那么幼儿就受到了良好秩序感的影响。儿童具有两种秩序感：一种是外部的，一种是内在的。外在的秩序越有条理，内在的秩序就显现得越有规律。"序"是学习数学的基础，也是逻辑思维的基础。

---

① 蒙台梭利. 童年的秘密 [M]. 2版. 金晶, 孔伟, 译. 北京：中国发展出版社, 2012: 5.

幼儿的数学心智在生活中有许多体现，比如小孩子捡树叶或捡石头，他们会一个一个地捡，一个一个地数，而不是大把大把地抓，这说明儿童对序数的敏感。如果成人不懂得"秩序"对孩子成长的意义，孩子对事物精确性和秩序性的要求遭到破坏或没有受到相应的启发，那么其今后数学心智的发展就会受到影响。

二、蒙台梭利数学教育观

蒙台梭利博士认为，数学的认知范畴既不是物性知识（物体的外形、颜色、质地等），也不是一种社会性知识（在不同文化背景下建立的通用性的概念，如 12 月 25 日是圣诞节等）。数学就是一种逻辑数学知识。

蒙台梭利博士把"数"分为三种形态：数的科学、抽象的数、抽象的抽象。"数的科学"指对基本的数的认知，如计数，数算，认识数量、数字、书名等；"抽象的数"指代数；"抽象的抽象"指函数。而 3—6 岁的儿童要学习的就是"数的科学"中基础部分的内容。儿童经由建构的过程获得数的概念，通过量的数算建构来理解抽象符号（如数字 2 这个符号所代表的实际的含义）的意义。因为数学的学习过程是从"量"，而不是从符号（1、2、3……）开始的，只记忆符号将毫无意义。因此，为儿童设置可以操作的教具，成人通过在环境中观察儿童的操作并实施相应的引导，由此儿童就理解了"数"的含义，其数学心智得以发展。

三、蒙台梭利数学教育的特色

（一）以日常、感官经验为基础

蒙台梭利博士认为孩子在学习数学之前要有前经验的准备。儿童的日常生活能力的储备和感官学习就是这种前经验。儿童通过日常生活内容的学习，动手能力和手眼协调能力得以加强，由此也培养了独立性并建立了做事认真、有序的态度，同时逐步建立了对事物的分析能力，如配对、比对、排序、分类等，由此再进入到数学学习，儿童的逻辑思维能力就得到了发展。(注:以上两方面的前经验顺序不分前后,应同时穿插进行,学习内容也应循序渐进。)

(二)由具体物导入,学习有先后顺序,遵循循序渐进的原则

每一个数学认知内容都以相应的物体作为媒介,如:认识1—10的连续量用"数棒"进行操作;认识1—10的不连续量用"纺锤棒箱";了解奇偶数用"数字与筹码";学习十进制的运算用"银行游戏"和"邮票游戏"的形式,等等。学习的内容由简单到复杂、由具体到半具体、由半具体到半抽象,层层递进,极具秩序性。

(三)要重视数量、数字、数名之间的关系

在前面我们提到了数学的学习应先从"量"开始。以"9"为例:9个苹果即代表其数量;阿拉伯数字"9"即代表数字符号;而"9"的发音是它的数名。只有当儿童将符号对应其相应的数量,并手口对应地数到"9",才证明儿童理解了真正意义上的"9"。

(四)重视计数的能力

计数能力是儿童学习数学的基础,蒙台梭利博士提供不同形式的教具让儿童进行计数的练习,探索"数"的规律。

(五)采用"三阶段教学法"

如感官学习中的方法一样,通过"三阶段教学法",教师可以清晰地了解到儿童认知的结果,及时获取儿童操作教具的情况,以提供相应的帮助。

(六)采用"10"为组合、分解的基准

每一份数学教具的导入物基本上都以10个为一组,让儿童感受10以内数的组合与分解的规律性。如:数棒是10根由短到长、红蓝相间的棒;纺锤棒箱以0—10分别集合成组;数字与筹码1—10分别为一组的集合;彩色串珠、平方、立方链珠均是以1—10为一组的材料。

(七)重视十进位的计算方法

儿童理解10以内的数量、数字、数名含义,对于10以后的数的学习是一个关键。蒙台梭利博士用教具提供了许多科学的方法,教师不断引导，可使儿童有序掌握"十进位"的学习内容。

（八）可操作的加、减、乘、除的四则运算

由具体物导入的操作游戏（如银行游戏、邮票游戏、加法板、减法板、乘法板、除法板等）使儿童能够清楚地理解计算的意义。

（九）数字一律以阿拉伯数字表示

儿童学习时，数字一律用阿拉伯数字表示，勿添加其他数字符号，以免幼儿混淆对数的认知。

（十）重视位数概念

以不同的颜色代表相应的位数。在儿童认识到百、千的数概念时，对位数的识别容易混淆。蒙台梭利博士用不同的颜色来代表位数：个位（绿色）、十位（蓝色）、百位（红色）、千位（绿色），如此重复，很轻松地就解决了这个问题。

（十一）教具具有多种教育功能

如果说一份感官教具具有一种教育功能，那么一个数学教具具有多种教育功能。如"1—10的彩色串珠"除了可以用来认识1—10的数量外，还可以在"塞根板里"用来认识11—100的连续量，之后通过连接成链、拼接成片，进入数算"平方链"、"立方链"的练习。

（十二）教具具有"错误控制"功能，使儿童自发学习数概念

与感官教具一样，儿童在学习数学时通过教具的规律性，会主动发现自己的错误并进行纠正。例如：数棒有序的排列方式；纺锤棒箱共计有45根纺锤棒，刚好分别放置在相应的棒箱里；100板可对照控制板进行操作，等等。

（十三）由基本操作开始，逐渐发展到"综合性操作"

就如儿童在日常生活中从手指的灵活练习开始，通过五指抓、三指抓、倒、舀等单一的动作练习，最后能从事复杂的体现综合能力的工作，数学教具的操作也具有同样的功能，如：从"数棒"至"彩色串珠阶梯"均是感知10以内的数概念的教具，但每份教具的侧重点不同，而且拿放、数算的材料也在发生变化：从较长的容易抓握的数棒到细小的彩色串珠，材料的体积在递减，而难度和孩子所需的专注度在递增。再如：儿童感知了"1、10、100、1000"的珠子所代表的数量，之后的"9的危机"、"45的展示"以及"银行游戏"均是在之前基础上进行的更复杂的工作。每一份教具均会为之后的认知做准备，从单一的数算练习逐步进入综合性的计算。

四、蒙台梭利数学教育的意义[①]

蒙台梭利数学的教育目的首先是培养儿童对数学的兴趣、探索数的含义以及学会用多种方法解决生活中与"数"有关的问题，为今后的学习奠定基础。比如在"10 的转换"的教具中，儿童有了"1 个 10 可以换 10 个 1"的经验，这为今后学习、运用钱币的兑换起到了很好的作用。又比如儿童通过数算1—10的平方、立方链，进一步建立了数算的能力，同时发现了数量的倍数关系，由此学习到了乘法的含义，上小学后就很容易理解"乘法口诀"了。

思维方式、思维过程与思维能力构成了人类的数理逻辑智能，它是最基本的智力元素，对儿童各方面的发展都会产生重要影响。蒙台梭利数学教育的最终目的不仅仅是为了学习一些计算方法，更重要的是通过数学的学习与演练，提高儿童的逻辑思维能力，增强儿童独立工作的能力，从而使儿童将来能够成为独立的、有智慧的人。

第二节 蒙台梭利数学教育的基础教学

一、教学内容

在蒙台梭利 3—6 岁教室里，儿童学习数学的内容主要是了解基本

[①] 段云波. 蒙台梭利数学教育 [M]. 长春：北方妇女儿童出版社，2011：12.

的数概念以及培养科学计数的方法、解决与儿童生活经验相关的数学问题，除了有多个认识 10 以内数量、数字、数名意义的教具外，还出现了百以内、千以内的数量、数字、数名的内容，甚至还涉及了千以内数量四则运算。这些内容似乎超出了幼儿园要求儿童学习的范畴，但如果细致研究蒙台梭利的教育精神，了解和实践其教育特色，同时针对儿童发展的特点实施教学，就不难发现儿童是如何轻松学习到这些内容的。

（一）数学前活动的准备

通常 2—3 岁的幼儿对数学的认知不太敏感，也不乐于选择操作数学教具。蒙台梭利博士建议在此时给幼儿提供一些有吸引力的材料进行操作，让幼儿建立最初的数学概念，这对后续的数学学习尤为重要。幼儿应有以下九种学习历程：

（1）观察与描述：依据东西的属性（颜色、形状、大小）来描绘其特征的历程。

（2）分类：依据一种或多种属性，将相似的东西集合成组或将相异的东西分门别类的历程。

（3）比较：决定两种东西或两组集合的某种特征或属性（大小、长度、高度、重量等）相同或相异的历程。

（4）形式排列：仿造形式或发现接下去的一个形式或中间不见的一个形式是什么的历程。

（5）序列：依据某种属性的等级予以排列的历程。

（6）配对（一一对应）：将相同或相似物进行配对、插嵌、一对一交换等，以比较一样多的历程。

（7）相等化：依据某种属性（长度、高度），使两种东西或两组集合变成相等的历程。

（8）组合与分解：依据某种共同的属性，将两个或多个东西或集合予以聚集或分离的历程。

（9）背诵式记忆：通过歌曲、儿歌、押韵诗、手指游戏等学习数名顺序的历程。

排序

 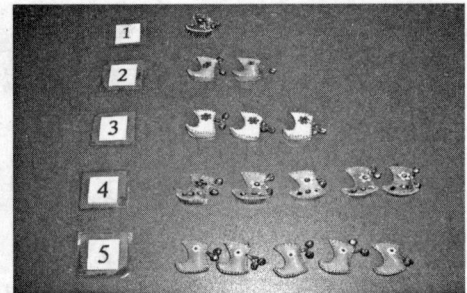

数与量的配对

组合与分解　　　　　　　　　配对

形式排列

（二）蒙台梭利数学教具的种类和呈现的方式

遵循由简单到复杂、由具体到抽象、由单一性操作到综合性操作的教具设置原则，充满规律性和逻辑性。

以"10 以内的认识"为例，"数棒"是为了感知 10 以内的连续量（连续数数是幼儿最先应掌握的计数能力）；而"砂纸数字板"是为了认识 1—10 的数字符号；"数棒与数字板结合"的工作是将 1—10 数量、数字、数名三者结合。由此儿童真正理解了 10 以内的连续量所代表的含义。儿童反复操作"10 以内数"的几个活动后，"0 的记忆游戏"就是对这组教具操作效果的检验，由此可获知幼儿是否真的理解了"10"以内数量、数字、数名之间的关系。这是一个科学的认知过程，符合儿童学习数学的认知发展规律。

表 8-1 呈现的是蒙台梭利教学教具的种类及呈现方式。

二、蒙台梭利数学基础教具介绍[①]

（一）10 以内的认识

1. 数棒

【材料设置】1—10 的红蓝数棒 10 根（每根棒按 10 厘米的长度有序递增）。

---

① 段云波. 蒙台梭利数学教育［M］. 长春：北方妇女儿童出版社，2011：5.

表 8-1 蒙台梭利数学教具的种类及呈现方式

	类别	量的认识	符号的认识	教具（工作）的呈现 量与符号的结合	综合活动	检验活动
1	10以内的认识	数棒；彩色串珠阶梯	砂纸数字板	数棒与数字板的结合；彩色串珠与数字的结合	纺锤棒箱；数字与筹码	0的记忆游戏
2	连续量的认识	塞根板I 11—19的量；塞根板II 11—99的量	塞根板I 11—19的符号；塞根板II 11—99的符号	塞根板I 11—19量与符号的结合；塞根板II 11—100量与符号的结合	100数字板；100串珠链；1000串珠链；平方链；立方链	点数、跳数、倍数的游戏
3	十进制的认识	1、10、100、1000量的认识；10的转换；9的危机	1、10、100、1000符号的认识	1、10、100、1000数量、数字、数名的结合；45的展示（量与符号）塞根板II	银行游戏；邮票游戏；点子游戏	解决应用题
4	记忆性的四则运算	加法蛇游戏；减法蛇游戏	加法板；乘法板；减法板；除法板		加法手指操作板；乘法手指操作板；减法手指操作板；除法手指操作板	以口算、心算的方式解决问题
5	认识分数	分数小小人（1—1/4）；分数嵌板（1—1/10）	分数符号（1—1/4）；分数符号（1—1/10）	分数小小人与符号的对应；分数嵌板与符号的对应	找出不同分数之间的关系，例：1/2=2/4	从生活中获得实际意义

【教学目的】认识 1—10 的连续量和数名。

【适合年龄】2.5 岁以上。

【错误控制】排序时每个数棒间的差距正好是最短的数棒长度。

【操作方法】

（1）先将数棒从长到短有序排列。

（2）用"抓握法"或"点数法"，依次数 1—10 的数棒，语言要点："这是 1"，"这是 2"……

（3）教师用"三阶段教学法"了解幼儿掌握的情况，必要时再次示范。

【延伸内容】给书写敏感期的幼儿提供描摹红蓝数棒的纸张作业。

2. 砂纸数字板

【材料设置】0—9 的砂纸数字板 10 块；擦拭手指的小布巾 1 块。

【教学目的】认识 0—9 的数字和数名概念。

【适合年龄】2.5 岁以上。

【注意事项】可以根据幼儿的能力或兴趣拿出其中的几块砂纸板进行学习；每描完一个数字，要用湿布巾擦拭手指，除去之前数字描摹的痕迹。

【错误控制】视觉对砂纸板上数字的辨别。

【操作方法】

（1）取出要认识的砂纸板，让幼儿观察教师用手指描摹数字的笔顺。

（2）用"三阶段教学法"了解幼儿掌握的情况。

（3）幼儿自己尝试描摹数字。

【延伸内容】

（1）让幼儿尝试在沙米盘中描摹要学习的数字。

（2）给幼儿提供数字拓印或数字描写的纸张。

3. 数棒与数字板的结合

【材料设置】1—10 的数棒，1—10 的数字片。

【教学目的】认识 1—10 的数字、数名。

【适合年龄】3 岁左右。

【注意事项】注重幼儿能点数和发音一致地表述"这是 1，这也是 1……"直至 10。

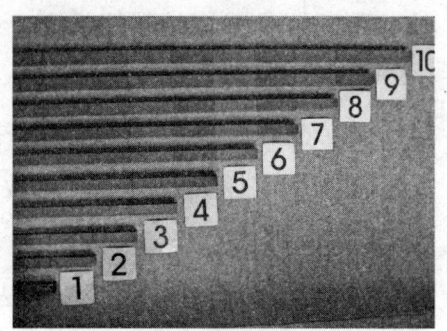

【错误控制】视觉的辨别、最短数棒和其他数棒的比对。

【操作方法】

（1）将数棒从长到短排列。

（2）数"1"的数棒，发音"这是 1"；然后将 1 的数字片对应在 1 的数棒旁边，发音"这也是 1"。用同样的方法依次数到 10 的数棒并对应数字片。

（3）用"三阶段教学法"进行评量，看幼儿是否能将数字对应相应的数棒。

【延伸内容】

（1）给书写敏感期的幼儿提供纸张，让他们描摹红蓝数棒，并连接相应的数字符号。

（2）用数棒做 10 以内的组合与分解。如：数棒 1 和数棒 9 合起来是 10；数棒 2 和数棒 8 合起来是 10 等。

4. 纺锤棒箱

【材料设置】棒箱两组，分别标有 0—4、5—9 的数字；纺锤棒 45 根，盛纺锤棒的木盒1个。

【教学目的】加强1—9的不连续量的概念，感受每个数字为一个集合的概念；认识"0"为空集合的概念。

【适合年龄】3岁左右。

【注意事项】

（1）每数完一组纺锤棒时，双手握一下，表示"集合"的概念。

（2）事先用物体遮住棒箱上"0"的数字，保持神秘感。当1—9的棒箱全放完后再了解"0"的概念。

【错误控制】纺锤棒多了或少了。

【操作方法】

（1）用手指棒箱上的数字"1"，然后从盒中数出1个纺锤棒，双手握棒表示集合，然后放入1的棒箱中，发音"这是1"。用同样的方法放置2—9棒箱里的纺锤棒。

（2）了解"0"的意义。问幼儿："想知道被遮起来的棒箱上是数字几吗？"然后抽去"0"上的遮挡物，告诉幼儿"我要取0个纺锤棒"。但是棒盒里没有东西，所以"0就是没有的意思"。

【延伸内容】与幼儿互动做各种有关"0"的数学游戏。

5. 数字与筹码

【材料设置】1—10的数字片；55枚红色筹码；放数字片与筹码的木盒1个。

【教学目的】加强1—10的不连续量的概念；认识奇偶数的含义。

【适合年龄】3岁左右。

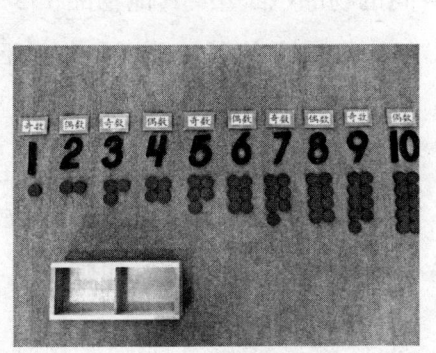

【注意事项】

（1）筹码要边数边叠摞在手心里，感受数量的递增。

（2）在幼儿还不能轻松数算、摆放筹码时，勿向其介绍"奇偶数"。

【错误控制】 筹码多了或少了。

【操作方法】

（1）先将 1—10 的数字片依次摆好。

（2）用手指"1"的数字片，发音"1"，并取 1 个筹码放在手心里握一下，然后对应放在 1 的数字片下面。用同样的方法摆放 2—10 数字下的筹码，要以两两相对的方式摆放筹码。

（3）介绍奇偶数的概念。语言："1"的筹码孤孤单单，没有朋友，称为"奇数"；"2"的筹码有朋友，称为"偶数"。用同样的方法介绍完 3—10 的奇偶数。

（4）就奇、偶数的筹码进行三阶段教学。

【延伸内容】

（1）与幼儿互动，做"奇偶数"的游戏。

（2）教师设计"给奇偶数涂色"的纸张作业，使幼儿进一步理解和加深印象。

6. 记忆游戏

【材料设置】 外形、颜色均相同的物品（插塑或其他物品）55 个，0—10 数字片各 1 张（6 和 9 下方应有控制点，以免幼儿误认）；神秘袋两个。

【教学目的】 加强 1—10 数量、数字、数名的概念；加强"0"的概念。

【适合年龄】 3 岁左右。

【错误控制】幼儿所取得物品多了或少了以及同伴的提示。

【操作方法】

（1）请10个幼儿和教师一起参与游戏，每人从神秘袋里取一张数字片，教师要求幼儿看后把上面的数字记在心里。

（2）每人依照数字片上的数字从神秘袋里取出相应的物品，然后将其摆在数字片旁，让幼儿分别数数自己所拿的物品与数字片是否相符。

（3）教师问拿"0"的幼儿："为什么没有？"幼儿答："'0'就是没有的意思。"

【延伸内容】用其他游戏方式感受0—10数量、数字、数名的关系。

7. 彩色串珠阶梯

【材料设置】1—10的彩色串珠1组（串珠颜色：1红色、2绿色、3粉色、4黄色、5浅蓝色、6蓝色、7白色、8棕色、9深蓝色、10金黄色）；1—10的小数字1组；数珠子的"桥"1枚。

【教学目的】加强1—10数量、数字、数名的概念。

【适合年龄】3岁以上。

【错误控制】视觉辨别或同伴提醒。

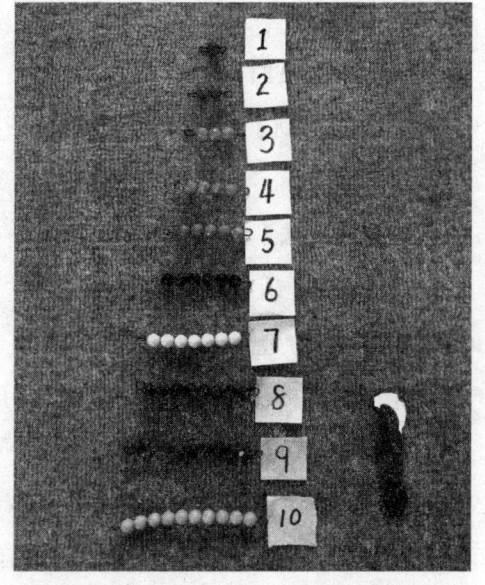

【操作方法】

（1）取出"1"的串珠，用"桥"数："这是1。"用同样的方法数到"10"的珠子。

（2）用"三阶段教学法"了解幼儿对1—10珠子的数量、颜色掌握的情况。

（3）用数字片1—10与珠子一一对应。

【延伸内容】

（1）珠子和数字片找朋友的游戏。

（2）给书写敏感期的幼儿提供纸张作业："给彩珠涂色"的练习。

（二）连续数的认识

1.塞根板Ⅰ

【材料设置】10的金色串珠9个；1—9的彩色串珠1组；塞根板Ⅰ1盒。

【教学目的】学习11—19的数量、数字、数名的概念；了解十位数的组成。

【适合年龄】3.5岁以上。

【错误控制】视觉辨别或发音不符。

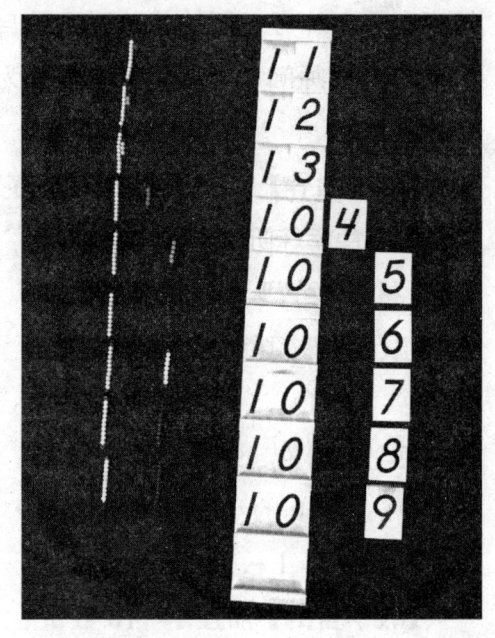

【操作方法】

示范一：认识11—19的数量（依次取10的金色珠与1—9的彩色珠组合，构成11—19的数量）。用"三阶段教学法"对幼儿的认知情况进行了解。

示范二：认识11—19的数字（依次将1—9的数字板插入塞根板Ⅰ中，组成1—19的符号并描摹）。用"三阶段教学法"对幼儿的认知情况进行了解。

示范三：将示范一和示范二结合，认识11—19的数量、数字、数名。语言："这是11"（指珠子的数量），"这也是11"（指塞根板Ⅰ的数字）。用"三阶段教学法"对幼儿的认知情况进行了解。

【延伸内容】

（1）珠子和塞根板Ⅰ找朋友的游戏。

（2）"给 11—19 的珠子涂色"的纸张作业练习。

2. 塞根板 II

【材料设置】10 的金色珠 9 个；1—9 的粒珠 10 个；塞根板 II 1 盒。

【教学目的】学习 10—99 的数量、数字、数名的概念。

【适合年龄】4 岁以上。

【错误控制】视觉辨别或与数量发音不符。

【操作方法】

示范一：数算 19—99 的数量。取出一个 10 的串珠，和九个 1 的粒珠组成 19 的数量（塞根板 I 的前经验）；然后说："19 再加上 1 就是 20。"于是将十个 1 的粒珠换下，放置一个 10 的金色珠在旁并说："我可以用 10 个 1 换一个 10。"于是就呈现了 20 的数量。用同样的方法可数算至 99（也可分阶段进行）。

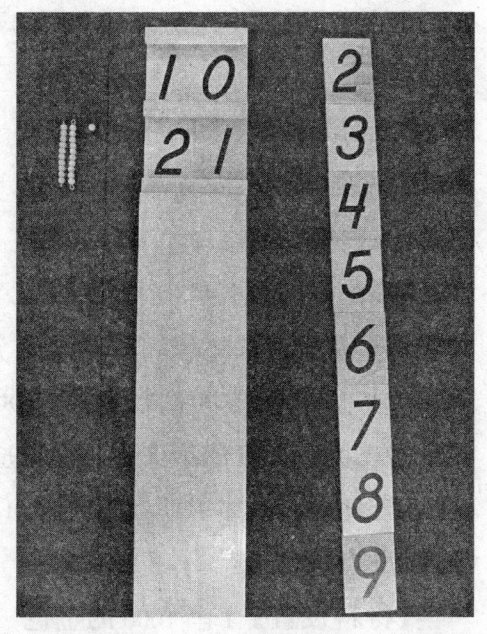

示范二：数算 19—99 的数字。方法步骤同示范一，只不过以数字符号代表数算数量的过程，要描写数字。

示范三：将示范一和示范二结合，认识 19—99 的数量、数字、数名。方法同塞根板 I 的示范三一样。

【注意事项】以上三个示范均可用"三阶段教学法"进行检验。

【延伸内容】

（1）珠子和数字片找朋友的游戏。

（2）"珠子和数字片连线"的纸张作业练习。

3. 100 串珠链

【材料设置】由 10 个 10 穿起来的金色串珠 1 条；100 的片珠 1 片；小

数标卡1组（10、20—100）；数珠的"桥"1枚。

【教学目的】学习10—100的数量、数字、数名的概念。

【适合年龄】4岁以上。

【错误控制】视觉辨别、数标卡多出来或少了。

【操作方法】

（1）拿100的片珠问："怎样才知道它有100粒珠子？"

（2）拿100的串珠链折成与100的片珠相等的形状。

（3）数算100的串珠链，并对应数标卡，直至数到100。

【延伸内容】如果幼儿感兴趣可以试着从100倒着数至10。

4. 1000串珠链

【材料设置】1串1000的金色串珠链；10片100的珠子；1块1000的珠子；小数标卡1组（10—90、100—900）；数珠的"桥"1枚。

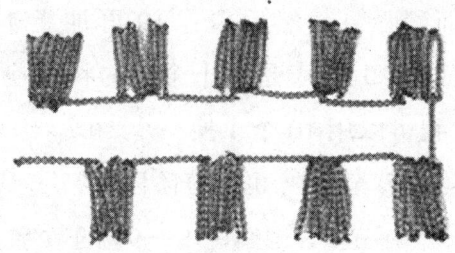

【教学目的】学习10—1000的数量、数字、数名的概念。

【适合年龄】4岁以上。

【错误控制】视觉辨别、数标卡多出来或少了。

【操作方法】

（1）找出1000珠链、100片珠和1000的块珠之间的关系：拿1000的串珠链折成与十个100的片珠相等的形状，证明是"一样的"；然后将十个100的片珠竖着摆在一起，与1000的块珠相比，证明是"一样的"。

（2）数算1000的串珠链。（方法同数算100的珠链相同）

（3）最后证明1000的珠链与1000的块珠"是一样的"，有1000个珠子。

【延伸内容】可以试着跳数（20、40 等），也可以试着从 1000 倒着数至 10。记录数算的数字。

5. 100 板

【材料设置】印有 1—100 数字的控制板 1 块；有 100 个数字空格的操作板 1 块；放 100 个数字片的小瓶或小盒子（每 10 个一组放入瓶中）。

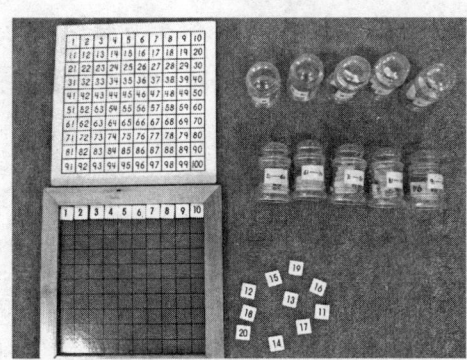

【教学目的】学习 1—100 的数字、数名的概念。

【适合年龄】4—5 岁。

【注意事项】有塞根板Ⅰ、塞根板Ⅱ的经验。

【错误控制】100 板的控制板。

【操作方法】以控制板为依据，每次从小瓶中倒出一组数字，将数字片摆放在操作板的空格上，直到 100 的数字片全部摆完。

【延伸内容】

（1）根据 100 以内数字的规律和幼儿进行"找数字"的游戏。

（2）练习书写 1—100 的数字。

6. 平方链（1—10 的平方链）

【材料设置】1—10 的彩色平方珠链各 1 串；1—10 的平方板各 1 片；每组一套相应的小数标卡；数珠的"桥"1 枚。

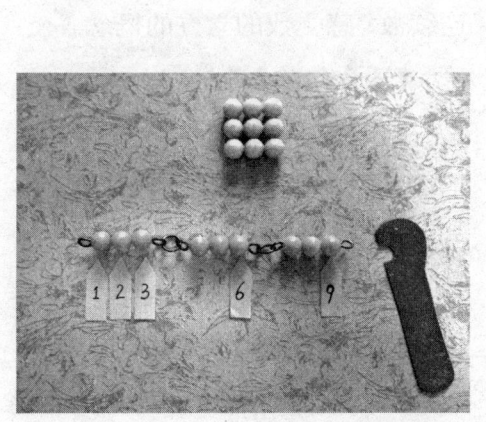

【教学目的】学习 1000 以内连续量和倍数的关系。

【适合年龄】5—6 岁。

【注意事项】在学习数算平方链前，先用"三阶段教学法"认识1—10的平方珠链和平方板。

【错误控制】视觉辨别、数标卡多出来或少了。

【操作方法】

例：数算"3"的平方链（粉色）

（1）找出3的平方链与平方板之间的关系，证明是"一样的"。（方法同"100串珠链"）

（2）数算3的平方链：方法同"数算100串珠链"。

（3）数算出3的平方链里有9粒珠子，所以"9的平方板里也有9粒珠子"。

注：其他平方链的数算方法与此相同。

【延伸内容】如果幼儿感兴趣，可以试着跳数、整数（10个一数），并记录下来。

7. 立方链（1—10的立方链）

【材料设置】立方链木架（1—10的彩色立方珠链，1—10的立方板）；每组一套相应的小数标卡；数珠的"桥"1枚。

【教学目的】学习1—10以内连续数；感受数的立方的概念。

【适合年龄】5—6岁。

【注意事项】在学习数算立方链前，先用"三阶段教学法"认识1—10各自的立方链珠、平方板和立方珠块。

【错误控制】视觉辨别、数标卡多出来或少了。

【操作方法】

例：数算"3"的立方链（粉色）

（1）找出3的平方板、立方块之间的关系：将三块3的平方板叠摞起来与3的立方块比对，"一样的"，所以一块3的立方体等于三块3的平方板。

（2）找出3的平方板与立方链之间的关系：将3的立方链展开成一条长线，每数到一个3的平方链，就在它的上面放一片3的平方板。一共对应了三块平方板，"所以一条3的立方链里有三块3的平方板"。

（3）数算3的立方链：方法同"100串珠链"相同。得出答案：一条3的立方链里有27粒珠子，所以三块3的平方板有27粒珠子，一块3的立方体里也有27粒珠子。

【延伸内容】如果幼儿感兴趣可以试着跳数、整数（10个一数）并记录下来。

（三）十进制的认识

1. 1、10、100、1000 量的认识

【材料设置】1、10、100、1000的金黄色珠子各1个。

【教学目的】认识1、10、100、1000的数量。

【适合年龄】3.5岁以上。

【注意事项】出示珠子时，要分别触摸、感知其形状和体积的变化。

【错误控制】视觉辨别。

【操作方法】

（1）取"1"的粒珠，触摸并发音"这是1"。用同样的方法介绍10、100、1000的珠子。

（2）用"三阶段教学法"认识10、100、1000的金色珠。

【延伸内容】"找一找"游戏；蒙眼游戏。

2. 1、10、100、1000 符号的认识

【材料设置】数卡 1（绿色）、10（蓝色）、100（红色）、1000（绿色）各 1 张。

【教学目的】认识 1、10、100、1000 的符号，建立个、十、百、千的位数概念。

【适合年龄】3.5 岁以上。

【注意事项】出示数卡时要分别描摹，感知其书写方式。

【错误控制】视觉辨别与发音。

【操作方法】

（1）取"1"的数卡，描摹后并发音"这是 1"。用同样的方法介绍 10、100、1000 的数卡。

（2）用"三阶段教学法"认识 10、100、1000 的数卡符号以及颜色。

【延伸内容】"给 10、100、1000 的数卡涂色"的纸张作业；描摹 1、10、100、1000 的数字。

3. 1、10、100、1000 量与符号的结合

【材料设置】1、10、100、1000 的珠子各 1 个；相应的数字卡各 1 张。

【教学目的】1、10、100、1000 数量、数字、数名的概念。

【适合年龄】4—5 岁。

【注意事项】当量和符号结合时一定要再次发音"这是 1，这也是 1"，以加深概念。

【错误控制】视觉辨别与发音。

【操作方法】

（1）取出"1"的珠子并发音"这是1"；拿出1的数卡并发音"这是1"；用手指"1"的珠子和数卡再次确认并发音"这是1，这也是1"。

（2）用同样的方法介绍10、100、1000的珠子和数卡。

（3）用"三阶段教学法"认识10、100、1000的珠子和数卡及其颜色。

【延伸内容】

（1）1、10、100、1000的数量与符号找朋友的游戏。

（2）"给10、100、1000的珠子、数卡配对"的纸张作业。

4. 45的展示（大数目的构成）

【材料设置】1的粒珠45个；10的串珠45串，100的片珠45片；1000的块珠45块；1—9的数卡、10—90的数卡、100—900的数卡、1000—9000的数卡各1组。

【教学目的】了解1—9000的数量、数字、数名之间的关系；了解位数概念，为操作式的四则运算（银行游戏）做准备。

【适合年龄】4岁以上。

【注意事项】可以幼儿小组互动的方式进行操作。

【错误控制】视觉辨别与同伴提示。

【操作方法】从个位数开始摆起，先摆数量，再对应相应的数卡，直至全部摆完。

【延伸内容】

（1）取千以内的珠子，并对应数卡。

（2）数量与数字连线的纸张作业。

5. 10 的转换

【材料设置】 1 的粒珠 10 粒，10 的串珠 10 串，100 的片珠 10 片，1000 的块珠 1 块。

【教学目的】 感受十进位，为四则运算做准备。

【适合年龄】 4 岁以上。

【注意事项】 重复引导幼儿将转换的语言表述清楚。

【错误控制】 视觉辨别与同伴提示。

【操作方法】

（1）取出"1"的珠子边数边摆成一竖排，发音"这是 10 个 1"。

（2）拿一串 10 摆在 10 个粒珠旁并发音："10 个 1 和 1 串 10 一样多，我们可以用 10 个 1 换 1 个 10；也可以用 1 个 10 换 10 个 1。"

（3）用同样的方法介绍 10 个 10 和 100 之间的转换、10 个 100 和 1000 之间的转换。

【延伸内容】 等量交换珠子的游戏。

6. 9 的危机

【材料设置】 1 的粒珠 9 个；10 的串珠 9 串；100 的片珠 9 片；1000 的块珠 1 块、九洞板 1 块。

【教学目的】 了解 1—1000 的位数概念。

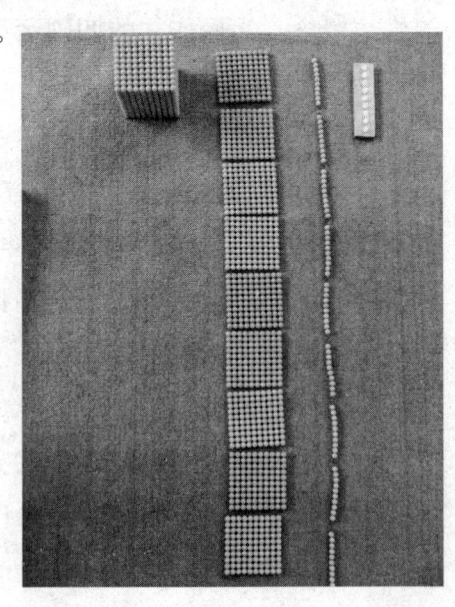

【适合年龄】 4—5 岁。

【错误控制】 视觉辨别与发音。

【操作方法】

（1）将 9 个 1 边数边放在九洞板

里。摆至 9 时说:"9 再加上 1 就是 10,但这是 1 的家庭,要把 10 放在十的家庭里。"(放在九洞板旁)

(2)将 10 的串珠边数边纵向摆成一排。摆至 90 时说:"9 个 10 再加上 1 个 10 就是 100,但这是 10 的家庭,要把 100 放在百的家庭里。"

(3)用同样的方法引出 1000 的珠子。

(4)用"三阶段教学法"认识各个"家庭"里的珠子。

【延伸内容】将 1—1000 的数卡按位数分别放到相应的"家庭"里。

7. 银行游戏(加法、加法进位)

【材料设置】"银行"里 1、10、100、1000 的珠子若干;1—9000 的大、小数卡各 1 组;"+"号;题目卡;尺子;取珠子的托盘与小碟子。

【教学目的】进行操作式的加法运算。

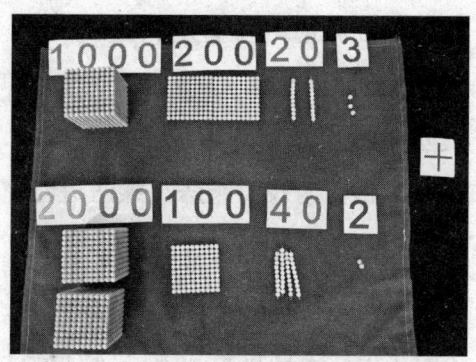

【适合年龄】4 岁以上。

【注意事项】

(1)幼儿不具备书写算式的能力,可不必抄写题目卡和填写答案。

(2)从个位开始运算。

(3)进行进位计算前,教师要引导幼儿回忆"10 的转换"。

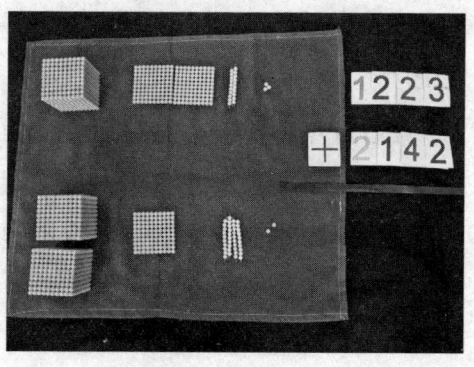

【错误控制】教师或同伴的提示;题目卡后面的正确答案。

【操作方法】

例 1:加法不进位

(1)读题目,表述加法的含义:加法就是把两个以上的数目合起来,变成一个更大的数目。

（2）到"银行"分别取被加数和加数的珠子，并取相应的小数卡对应摆好。

（3）合量：将被加数、加数的珠子合起。从个位开始计算，每算出一个位数上的答案，取相应的大数卡放在等式下方。最后得出答案。

（4）检验：翻看题目卡后面的正确答案，看是否做对了。

例2：加法进位

步骤和方法与例1基本相同，但在被加数、加数的量合完以后，发现数量超出了10，引导幼儿回忆"10的转换"，到"银行"换来珠子，然后放在相应的位置上再进行计算。

【延伸内容】可以让幼儿尝试两个以上的加数与被加数相加，但答案勿超过"万"的数量。

8. 银行游戏（乘法、乘法进位）

【材料设置】"银行"里1、10、100、1000的珠子若干；大、小数字卡各1组；运算符号"×"；题目卡；尺子；盛珠子的小碟和托盘。

【教学目的】进行操作式的乘法运算。

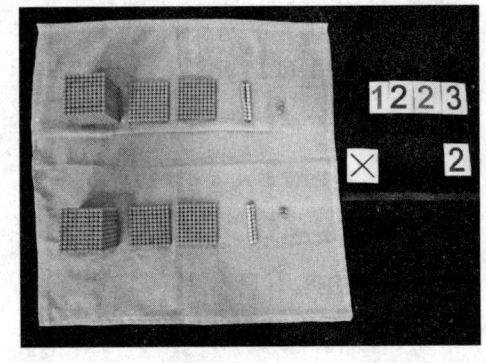

【适合年龄】4—6岁。

【注意事项】同银行游戏（加法）相同。

【错误控制】同银行游戏（加法）相同。

【操作方法】

例1：乘法不进位

（1）读题目，表述乘法的含义：乘法就是取相同的两个以上的数目合起来，变成一个更大的数目。

（2）分别到"银行"取被乘数和乘数的珠子，并对应相应的小数卡。

（3）将两组小数卡摆成乘法算式。

（4）合量：将被乘数和乘数的量合起来，先计算个位上的珠子是多少，然后取相应的数字卡放在等式下方。用同样的步骤得出十位、百位、千位上合起来的数量和符号。

（5）读算式和答案并检验，翻看题目卡后面的正确答案，看是否做对了。

例2：乘法进位

步骤和方法与例1基本相同，但在被乘数和乘数的量合完以后，发现已经超出了10，引导幼儿回忆"10的转换"，到"银行"换来珠子，放在相应的位置上再进行数算。

【延伸内容】可以让幼儿尝试操作两个以上的乘数，但答案勿超过"万"的数。

9. 银行游戏（减法不退位、减法退位）

【材料设置】银行珠子；运算符号"—"；题目卡；尺子；盛珠子的小碟和托盘。

【教学目的】操作式的减法运算。

【适合年龄】4—6岁。

【注意事项】同银行游戏（加法）。

【错误控制】同银行游戏（加法）。

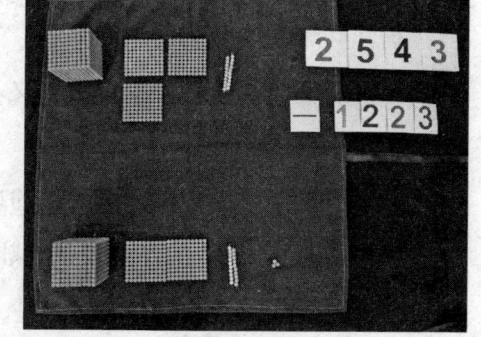

【操作方法】

例1：减法不退位

（1）读题目，表述减法的含义：减法就是从大的数量里去掉小的数量。

（2）到"银行"取被减数的珠子，并取相应的大数卡对应摆好。

（3）取代表减数的小数卡和减号，与被减数的数卡摆出减法算式。

（4）从个位的珠子里去掉要减的珠子的数量，得出答案后取相应的小数卡。用同样的方法得出十位、百位、千位上的答案，并摆出相应的小数卡。

（5）翻看题目卡后面的正确答案，看是否做对了。

例2：减法退位

步骤和方法与例1基本相同，但在运算时，遇到相同位置上的数量不够减时，提醒幼儿要向前面一个位数去借珠子，因此要到"银行"换珠子，才能够减去相应的数量。依次类推，最后得出答案。

10. 银行游戏（除法不退位、除法退位）

【材料设置】银行珠子；运算符号"÷"；题目卡；尺子；盛珠子的小碟和托盘。

【教学目的】操作式的除法运算。

【适合年龄】4—6岁。

【注意事项】计算时从高位开始。

【错误控制】同银行游戏（加法）。

【操作方法】

例1：除法不退位

（1）读题目，表述除法的含义：除法就是把一个大数目平均分给两个或两个以上的小人。

（2）先到"银行"取被除数的珠子，并取相应的大数卡对应。

（3）取代表除数的小数卡和减除号，摆出算式。

（4）用绿色的小木钮代替"小人"。从千位开始分珠子，并说："你一个，他一个……两人分得一样多。"用同样的方法分完百位、十位、个位上的珠子。

（5）全部分完，再次确认分得公平。然后取相应的小数字卡，放在等号后面。

例2：除法退位

步骤和方法与例1基本相同，但在运算时，遇到数量不可分时，要向后面的位数去借珠子，因此要到"银行"换珠子，然后平均分给"小人"。依次类推，最后得出答案。

例 3：除法有余数

步骤和方法与例 1、例 2 相同，但最后个位上的数量无法再分时，留作余数。

11. 邮票游戏（ + － × ÷ ）

【材料设置】邮票游戏盒、题目卡、尺子、笔（绿、蓝、红）、代表除法小人的木钮若干。

【教学目的】用半抽象方式进行操作式的四则运算。

【适合年龄】5 岁以上。

【注意事项】

（1）在操作前先进行三阶段教学，认识 1、10、100、1000 的邮票以及相对应的珠子。

（2）幼儿可以抄写题目卡并填写算式答案。

【错误控制】教师或同伴的提示；题目卡后面的正确答案。

【操作方法】与"银行游戏"的操作方法相同，只是材料发生了变化：从具体的数量转变为半抽象的数字片。因为有"银行游戏"的前经验，幼儿较容易理解。

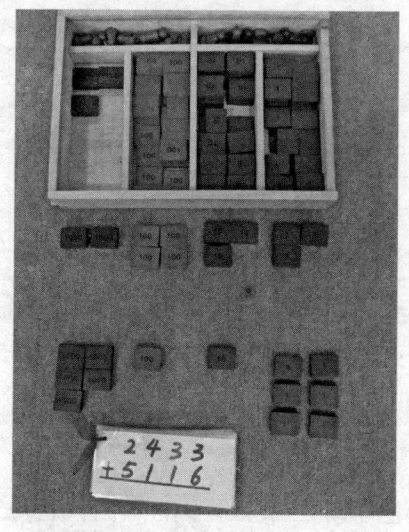 

邮票游戏加法　　　　　　　　邮票游戏乘法

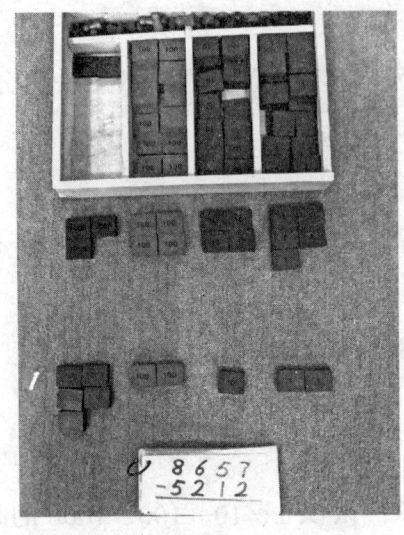

邮票游戏减法　　　　　　邮票游戏除法

12. 点子游戏（＋×）

【材料设置】题目卡、尺子、笔（绿、蓝、红）、橡皮、点子游戏的表格练习纸。

【教学目的】用半抽象的方式进行加法、乘法的运算。

【适合年龄】5 岁以上。

【注意事项】

（1）建议只用点子游戏操作加法和乘法，减法和除法易使孩子混淆运算的秩序。

（2）计算时要从个位开始。

【错误控制】教师或同伴的提示；题目卡后面的正确答案。

【操作方法】如图所示。

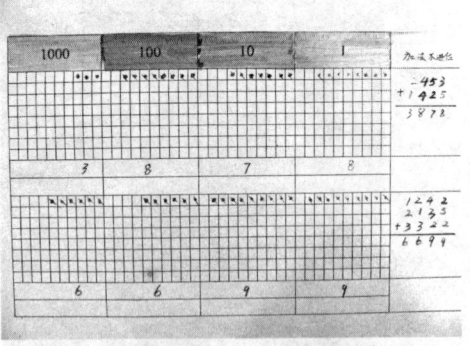

（四）记忆性的四则运算

1. 蛇形加法游戏

【材料设置】加法蛇形题卡；10 的金色串珠若干；1—9 的黑白代替珠若干；

1—9 的彩色串珠 2～3 组；盛珠子的木盒 3 个；数珠的"桥"1 枚。

【教学目的】 学习记忆性的加法运算，练习半抽象的计算方法，为口算和心算做准备。

【适合年龄】 6 岁以上。

【注意事项】 在计算之前，用"三阶段教学性"教幼儿认识 1—9 的黑白珠。数算到最后，黑白珠要换回盒内，不能代替答案。

【错误控制】 视觉辨别或同伴提示，验算的过程，题卡背后的正确答案。

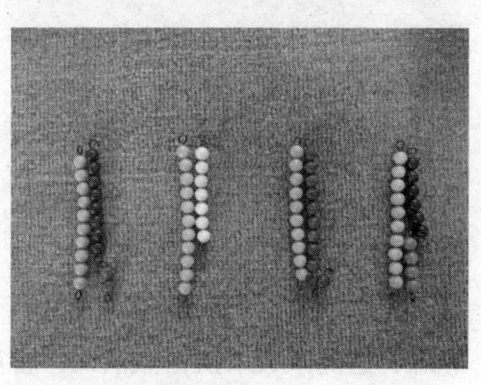

【操作方法】

（1）读题卡上的加法蛇题如：3+5+6+4+9+7+……

（2）取量：读一个加数，取相应的彩色珠，将算式摆成一条线。

（3）数珠：用数珠的"桥"从左至右数彩珠，每数到"10"喊"停"，用 1 个金色珠换下满 10 的彩色珠；如果有彩珠相连换不下，可以用相应数量的黑白珠代替，直至全部数完。最后剩下的珠子就是答案。

（4）验算：将换下的彩色珠与答案（珠子）进行数量对应，如果比对的数量一样多，证明做对了（即：和 = 加数 + 被加数）。

（5）翻看蛇形题卡后面的正确答案，看是否一样。

2. 蛇形减法游戏

【材料设置】 加减混合蛇形题卡；10 的金色串珠若干；1—9 的黑白代替珠若干；1—9 的灰白减法珠若干；1—9 的彩色串珠 2～3 组；盛珠子的木盒 4 个；数珠的"桥"1 枚。

【教学目的】同蛇形加法游戏。

【适合年龄】6岁以上。

【注意事项】在进行计算之前，用"三阶段教学法"教幼儿认识1—9的灰白减法珠。数算到最后，黑白珠要换回盒内，不能代替答案。

【错误控制】视觉辨别或同伴提示，验算的过程，题卡背后的正确答案。

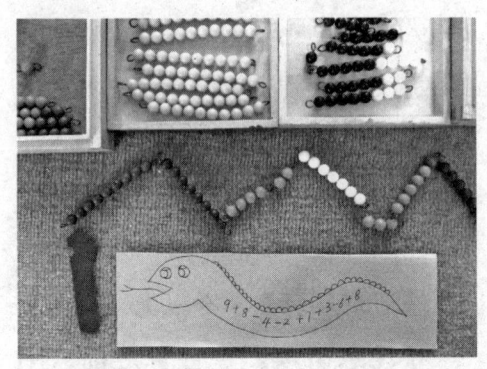

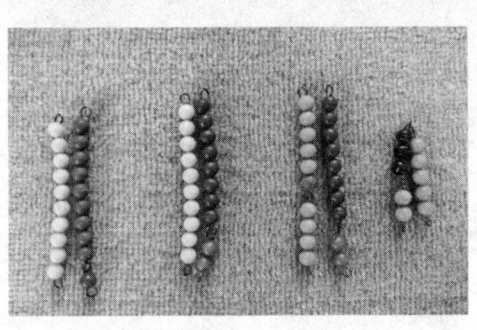

【操作方法】

（1）读蛇形题卡上的加减混合题如：8+5-6+4-5+9-7……

（2）取量：遇到加数取相应的彩珠，遇到减数取灰白减法珠，将算式摆成一条线。

（3）数珠：用桥从左至右数，每数到"10"喊"停"，用1个金色珠换下满10的彩色珠；如果有彩珠相连换不下，可以用相应数量的黑白珠代替；遇到灰白减法珠时，要朝左边退着数相应的数量，这时仍可以用黑白珠代替换不下来的珠子。直至全部的珠子数完、换完，最后剩下的珠子即答案。

（4）验算：将答案（珠子）和灰白珠一起与换下的彩色珠的数量进行比对，如果一样多，证明做对了（即：被减数＝差＋减数）。

（5）翻看蛇形题卡后面的正确答案，看是否一样。

3. 加法板

【材料设置】加法板1套(代表被加数、加数的红、蓝定规尺各1组)，题目卡，笔，橡皮擦。

【教学目的】学习半抽象的加法运算，为口算和心算做准备。

【适合年龄】6岁以上。

【错误控制】视觉辨别或教师、同伴提示。

【操作方法】如图所示。

【延伸内容】加法手指操作板的练习。

4. 乘法板

【材料设置】乘法板 1 套（代表被乘数的 1—9 的数字；代表乘数的红色木钮、进行取量的红色粒珠若干），取量的小碟，题目卡，笔，橡皮擦。

【教学目的】学习半抽象的乘法运算，为口算和心算做准备。

【适合年龄】6 岁以上。

【注意事项】做题前要读题并会说题意。

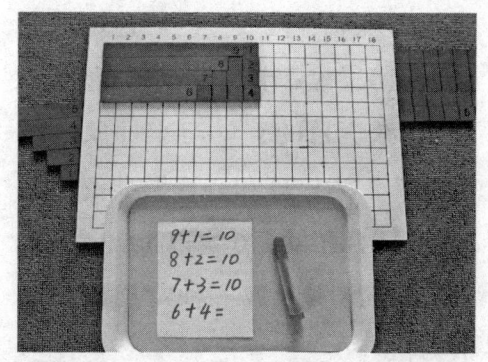

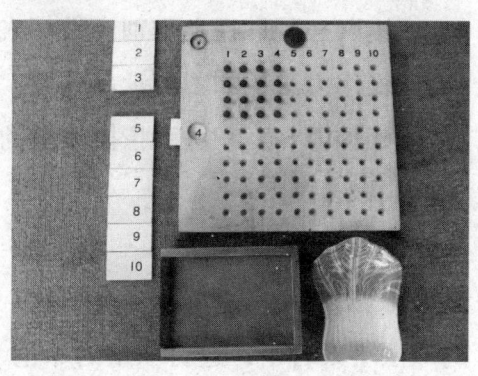

【错误控制】视觉辨别；教师或同伴提示。

【操作方法】

例：4×5

（1）读题并说题意：4×5 就是把 4 的珠子取 5 次，然后合在一起。

（2）把被乘数"4"的数字板插进乘法板左边的孔中，把红色定位钮放在写有"5"的乘法板数字栏上。

（3）用小碟将"4"分别取 5 次，然后放在洞穴中，最后数乘法板上的珠子数量，就是答案。在题卡本上写下来。

【延伸内容】乘法手指操作板的练习。

5. 减法板

【材料设置】减法板 1 套（代表被减数的白色定规尺；代表减数的

蓝色定规尺、代表差的红色定规尺各1组），题目卡，笔，橡皮擦。

【教学目的】 学习半抽象的减法运算，为口算和心算做准备。

【适合年龄】 6岁以上。

【注意事项】 三种定规尺的摆放方法。

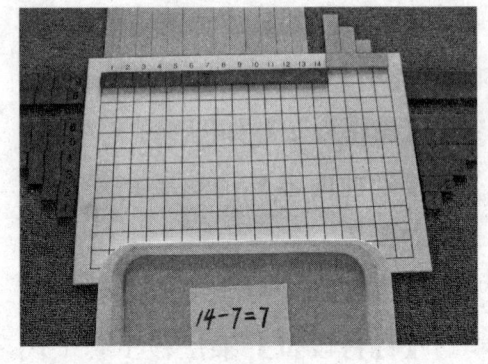

【错误控制】 视觉辨别；教师或同伴提示。

【操作方法】 如图所示。

【延伸内容】 减法手指操作板的练习。

6. 除法板

【材料设置】 除法板一套（代表被除数的1—9的数字片，绿色的除法小人若干，进行取量的绿色粒珠若干），取珠子的小碟，题目卡，笔，橡皮擦。

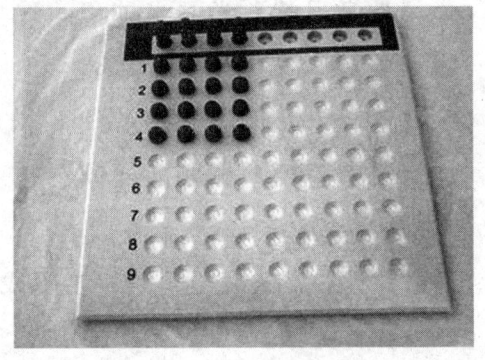

【教学目的】 学习半抽象的除法运算，为口算和心算做准备。

【适合年龄】 6岁以上。

【注意事项】 做题前要读题并说清题意。

【错误控制】 视觉辨别；教师或同伴的提示。

【操作方法】

例：15÷3

（1）读题并说题意：15÷3就是把15的珠子平均分给3个小人，每个小人分得多少？

（2）把被除数"15"的数字板插进除法板左边的孔中，将绿色除法小人定位在除法板数字栏"3"的上面。

(3)拿小碟取 15 粒珠子,依次平均分给 3 个小人,分完后说:"每个小人分得 5 粒,它们分得一样多,所以 15÷3=5。"

(4)将答案写在题卡本上。

【延伸内容】除法手指操作板的练习。

(五)分数的认识

1. 分数小人

【材料设置】代表 1、1/2、1/3、1/4 的木质分数小人一组;分数符号 1、1/2、1/3、1/4 的数卡。

【教学目的】感受分数的概念。

【适合年龄】4—6 岁。

【错误控制】视觉辨别;教师或同伴提示。

【操作方法】

(1)拿出代表"1"的小人,触摸并命名:"这是代表 1 的小人。"

(2)拿出代表"1/2"的小人,将其从中间分开,触摸并比对——两者是一样的,然后命名:"这是 1/2 小人,这也是 1/2 小人。"用同样的方法介绍 1/3、1/4 小人。

(3)用"三阶段教学法"教幼儿辨析 1、1/2、1/3、1/4 的分数小人。

【延伸内容】将 1、1/2、1/3、1/4 的分数小人与符号进行配对,并试着描摹或书写分数符号。

2. 分数嵌板

【材料设置】代表 1、1/2、1/3、……1/10 的铁质嵌板 1 组;分数符号:1、1/2、1/3、……1/10;红色橡皮泥 1 块。

【教学目的】进一步感受分数的概念。

【适合年龄】4—7岁。

【注意事项】例1的目的是让幼儿感知分数嵌板的平均分配过程，橡皮泥不一定做得与嵌板一样大；例3要在幼儿的理解能力范围内或让幼儿自己发现，教师不可勉强。

【错误控制】视觉辨别；教师或同伴提示。

【操作方法】

例1：感受分数嵌板

（1）拿出代表"1"的分数嵌板触摸，感受其完整性。

（2）拿出红色橡皮泥揉成圆球状，然后将其放在桌面上用手掌将其按压成圆形。拿出"1"的分数嵌板，与圆形的橡皮泥比对：因为它们是"一样的"，所以它们都代表"1"。

（3）将"1"的橡皮泥从中间平均分成两份，再把两份进行比对：因为它们是"一样的"，所以它们分别是"1/2"；然后将"1/2"的铁质嵌板拿出与"1/2"的橡皮泥比对："它们也分别代表1/2，是一样的。"用同样的方法介绍1/3、1/4嵌板。

例2：认识1、1/2、1/3、……1/10的分数嵌板

（1）依次拿出1、1/2、1/3、……1/10的分数嵌板，进行命名。（也可以分阶段进行）

（2）用"三阶段教学法"教幼儿辨别1、1/2、1/3、……1/10的分数嵌板。

【延伸活动】将1、1/2、1/3、……1/10的分数嵌板与符号进行配对；试着描摹或书写1、1/2、1/3、……1/10的分数符号。

例3：找1、1/2、1/3、……1/10分数间的关系

拿出1/2的分数嵌板问："看看它还和谁一样多？"通过观察、比对引导幼儿发现1/2与两个1/4一样多；1/3又与两个1/6一样多……

【延伸活动】

（1）通过"找相同"的游戏，将相同的分数符号对应在相应的分数下面，也可以试着记录1/2=2/4，1/3=2/6，1/5=2/10，等等。

（2）利用生活中的例子进行随机教育，如通过切西瓜、分饼子、折纸等活动感受分数的意义。

三、教学环境的准备

蒙台梭利数学教具具有规律性和严谨性，良好环境的预备是儿童学习的前提。环境设置要遵循以下几个要点：

（1）将数学区设置在教室中相对安静的区域，以利于儿童思考。

（2）教具的设置应整洁、有序。蒙台梭利博士说："外在的秩序会激发儿童内在的秩序。"

（3）让幼儿进行"数学前活动"的教具操作。

（4）给予幼儿完整的教具操作印象。如：示范"数棒"时，勿只拿1—10数棒中的其中几根给予示范，应让幼儿了解到10以内数的完整性。而在"三阶段教学"中可以根据幼儿的能力进行相应量的重复认识。

（5）在环境中给予幼儿提前准备。勿担心幼儿学习之后的内容而把部分教具遮挡或收起来。尤其在混龄的教室里，大孩子操作的教具以及过程会潜移默化地影响年龄小的幼儿，十分有助于其今后的学习。

第三节　蒙台梭利数学教育的延伸教学内容

针对每一份数学区教具的操作，教师根据幼儿的能力都能创设出一些相应的延伸工作并设计出许多相应的纸张作业，以帮助幼儿理解和记忆。另外，应让幼儿将所学的数学知识运用于日常生活中，如称重、测量、比对、统筹、应用问题的解决。以下简单举几个延伸工作的例子，供大家参考和举一反三。

称重

找规律（统计）

守恒

测量

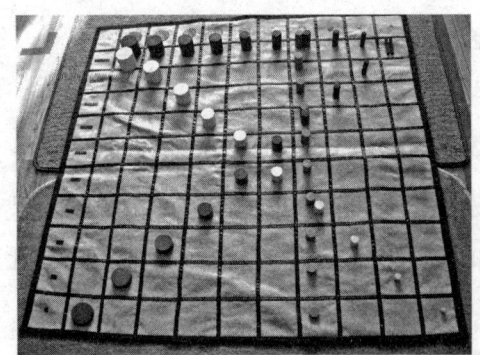
统筹

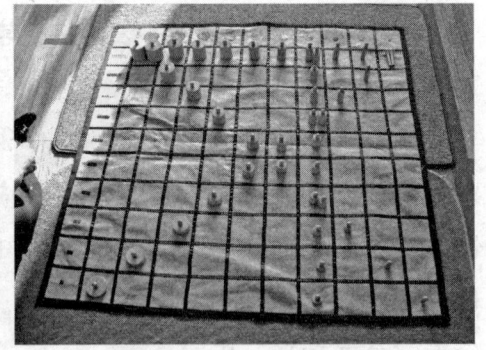
统筹（与左图对比）

第四节　蒙台梭利数学教育中的问题与解决

一、儿童不愿选择数学区的教具

有些儿童对数学区的教具操作不感兴趣，即便教师诱导也作用甚微。由此有些家长会担心孩子在数学方面的认知能力发展，要求教师"干涉"幼儿的选择。幼儿不愿选择操作数学教具通常有以下几个方面的原因：

（1）幼儿对数学的敏感期未到，其兴趣仍集中在日常生活和感官教具的操作上。

（2）幼儿的动作协调和稳定性以及耐心不够，觉得操作数学教具很麻烦。

（3）幼儿的秩序感还未很好地建立，而数学的认知是建立在秩序感基础上的逻辑思维能力的训练。

解决的办法如下：

（1）耐心等待幼儿在其选择的工作中进行重复的练习，相信随着信心和能力的增强以及认知的发展，幼儿会进入对数学的学习。

（2）尊重幼儿对工作的选择，让其在感兴趣的工作中充分练习。同时，适时地加入数学认知的引导，使幼儿逐渐建立数的概念。

例如：幼儿选择日常生活区"捞小鱼"的工作，他已经能非常熟练地将"小鱼"用筛网捞起并分类放在不同的小碗里了。教师可以让幼儿尝试用笔记录或画下每组小鱼的数量，做成"捞小鱼的小书"等，间接引导幼儿进入数学的学习，使其渐渐对数敏感。

（3）加强幼儿在日常生活中做事的秩序性，尤其是要与家长沟通，使幼儿在家中也受到良好秩序的影响，以帮助幼儿建立良好的秩序感。

（4）利用小组的游戏形式让幼儿感受数学学习的快乐。

例如：幼儿认识了"数棒"后却很少主动尝试。教师可以和2～3

个幼儿一起玩"找数棒"的游戏（幼儿按教师发出的口令，找到相应的数棒并将其放在指定的地方）。

又例如：幼儿参与"0的记忆"小组游戏后，渐渐地开始喜欢选择数学区的教具了，有时候会自己选择"0的游戏"，将物件从神秘袋中掏出，然后与数卡一一对应。

二、儿童对数学区教具的操作兴趣有反复性

这种反复性表现为：一段时间感兴趣，乐于选择并操作，一段时间回避；在操作过程中不能坚持，容易放弃。其原因体现在以下几个方面：

（1）幼儿在操作过程中对某方面的概念不明白，在接下来的过程中遇到困难，因此放弃。

（2）幼儿在重复操作的过程中缺乏耐心，没有体会到成就感，因此放弃。

解决的办法如下：

（1）引导幼儿重复操作，在不断加深已有经验的基础上逐步加入新的认知内容。

例如：儿童初步了解"1、10、100、1000的数量、数名、符号"后，急于模仿其他孩子操作"银行游戏"，而实际上还有许多概念未弄清楚，如位数概念、大数目的构成等，所以无法正确操作。教师要慎重地对待这一问题，当幼儿选择一份新的数学教具时要给予建议和引导。要让幼儿对已有的知识点进行反复操作，逐渐加入新的知识点，这样在其进入到较复杂的综合性教具操作时，能够做到条理清晰，体验到成功的喜悦。

（2）在幼儿操作数学教具时，通过观察给予适时的鼓励。

例如：幼儿操作平方链或立方链，尤其到了数算较大数的立方链时，会出现缺乏耐心的情况，进而惧怕或半途而废。幼儿进行有挑战性的工作时，教师要尤为关注幼儿的耐心，可以通过引导、适当的协助鼓励幼儿坚持完成，使其感受到工作完成后的成就感，激发其工作的兴趣。

第五节　蒙台梭利数学教学过程中教师的观察与记录

　　　　缺乏经验的教师，通常会把教育的职责着重放在"教"上面。他们觉得只要自己采用有意识的方法，去示范教具使用的方法，就已经完成了教师该做的工作。实际上，这样的想法与事实大相径庭，因为一个教师的职责远比这重要。由于教师有责任引导孩子的精神发展，因此在观察孩子时，不能仅限于了解他们。教师的观察最终应当辅助孩子的能力呈现出来，而这也是观察的唯一目的所在。

——玛利亚·蒙台梭利

　　没有观察就没有引导，没有认真、耐心的观察就没有适时的引导。教师的观察与记录是为了更好地向幼儿实施教学，因此教师首先应深入研究、探讨每一样教具的教育目的及教具构成的原理；了解数学教具的认知顺序与构架，这样才能在教学时有效判断幼儿选择的教具是否适宜、应给予什么样的建议等，由此让儿童在数学学习的过程中获得成就感。

　　在幼儿工作时，教师关注幼儿对工作的选择，有时给予幼儿工作建议和相应的示范，然后注意观察，给予适时的启发和引导。教师通常以表格的形式来记录幼儿工作的状况。

　　表8-2是一份教师在教室中观察幼儿工作情况记录的表格。建议可用简单的符号在栏中做记录，然后再简单分析，标注下次工作时段应给予孩子什么样的关注和引导。

　　合格的蒙台梭利教师应该具备"眼观六路、耳听八方"的洞察力，将儿童在教室里的工作情形尽收眼底、内化于心，然后在工作结束后利用间隙时间迅速记录。切忌在儿童工作时边观察边记录，那样会错过许多幼儿工作的细节，记录的内容也会片面。

表 8-2　博望幼儿园儿童工作观察记录表

姓名_____　年龄_____　　　　　　　　　　　　　_____年____月

日期	工作名称	自主选择	教师建议	手眼协调	耐心与稳定	秩序感	专注力	操作时长	教师简评或下次工作建议

蒙台梭利博士认为，幼儿早期学习数学是一种典型的感知经验性学习，幼儿思维的发展需要具体的物体来支持，所以幼儿早期的数学学习应建立在操作的基础上。教师在教学中要注意以下几点：

（1）幼儿往往需要多次重复操作才能真正理解数的概念，因此教师要给予孩子重复练习的机会，耐心等待孩子的认知步调，注重幼儿的数学语言表达。

（2）孩子在操作过程中能用准确的语言表达是理解数的含义的关键，反之，幼儿只是记忆式的操作。首先，教师示范时要勤于数算，并带动幼儿进行互动。当孩子能不厌其烦地使数算成为一种习惯时，"数"概念就渐渐内化于心。例如：在学习"塞根板Ⅰ"的过程中，幼儿一边操作，一边能用语言复述"一个10和一个1合起来是11……这是11，这也是11"，等等，将每个数的组成都表达出来，证明幼儿是真的理解了；若再给他一个数，他也能举一反三地说出它是怎样组成的。

（3）注重理解，勿急于书写。许多幼儿家长认为幼儿在学习数学的同时应该早些学会书写、列式等。实际上有些幼儿虽然能够操作数学区的教具，但还未到书写的敏感期，手指握笔的能力以及书写时对纸张空间的控制能力都还欠缺。成人将自己的意愿强加给幼儿，会使幼儿因书写而惧怕操作数学教具。因此，教师多与家长沟通达成一致意见是非常重要的。

第九章　蒙台梭利语言教具与教学

- 第一节　蒙台梭利语言教育的概况
- 第二节　蒙台梭利语言教育的基础教学
- 第三节　蒙台梭利语言教育的延伸教学内容
- 第四节　蒙台梭利语言教学中的问题与解决
- 第五节　蒙台梭利语言教学过程中教师的观察与记录

蒙台梭利博士说:"语言是儿童最早获得的能力之一。"[①] 婴儿的呱呱坠地,学会爬行、站立和走路,都经过了自身内在的学习与努力。语言也是如此,为了能够适应周边的环境,婴儿不断接收外来的信号,形成刺激反应,最终形成了语言。语言是人类沟通和交流的重要工具,也是了解他人、传递自身信息的媒介,对于人类的进化和社会的发展有着重大的意义。

第一节 蒙台梭利语言教育的概况

一、蒙台梭利语言教育理论

(一)语言是思维发展的工具

从古至今,人们对语言的定义很多。每种定义的侧重点各有不同。比较常见的是:语言是思维的工具和交往的工具。它同思维有着密切的联系,是思维的载体和物质外壳及表现形式。

语言有助于提高人类的思维能力,尤其是创造力和想象力,而思维的发展又能够促进人类逻辑思维能力和语言能力的进一步发展。我们知道,婴儿获得语言能力后,进行其他的学习就相对容易,智力发展也很快。从某种意义上讲,语言的表达逻辑性表现了一个孩子智力发展的水平。

语言通过人类的思维活动产生,同时又对人类的思维发展起着重要的作用。人在获得相应的信息后,在大脑中留下相应的形象,转换成语言符号,进一步表达出来。同时,在一系列的思考、转换过程中,人类的思维也在进步,并获得了相应的知识与能力。

[①] 兰小茹,宋茂蕾,等.蒙台梭利语言教育[M].长春:北方妇女儿童出版社,
2009:23.

（二）幼儿有学习语言的敏感期

蒙台梭利博士指出，婴儿从开始注意大人说话的嘴型，发出咿呀学语的声音时，就开始了语言的敏感期。因此，0—6 岁是幼儿语言发育的敏感期。抓住语言敏感期对幼儿进行教育，可起到事半功倍的效果，错过敏感期就会阻碍语言的发展。

在整个幼儿阶段，幼儿首先对人的声音产生兴趣，然后是词，最后才是复杂结构的句子。我们知道，在出生的头几个月内，婴儿喜欢吮吸手指，甚至把所有手边的东西都放到嘴里去。其实，婴儿是在用这种方式感知世界。通过吮吸、触摸，婴儿开始对周围的事物有感知并在大脑中形成对它们的反应。因此，手可以说是幼儿建立语言的工具。

幼儿语言发展的敏感期有以下几个阶段：

（1）0—2 岁——听的敏感期；

（2）6 个月—3 岁——说的敏感期；

（3）2—6 岁——阅读、书写的敏感期。

语言的学习来自听、看、模仿、练习、正确的辅导。蒙台梭利博士根据幼儿敏感期的各个不同阶段，设计了科学的语言教学课程。蒙台梭利语言教育根据幼儿脑的发育设计，有着复杂的生理基础，也有着严谨的心理基础。

二、蒙台梭利语言教育方法

幼儿语言的学习要遵循自然发展规律，孩子是在日常的交往中自然地习得语言的。蒙台梭利的语言教育从听、说、读、写四个方面为孩子创造良好的环境，培养孩子的语言表达能力。

（一）口语教育

1. 要从谈论身边的事物开始

在家庭教育中，家长要经常和孩子对话。蒙台梭利博士认为，婴幼儿时期是语言发展的敏感期。在这一时期，如果能够让孩子处于良好的语言环境中，孩子便容易掌握某种语言。比如印度的狼孩，一生下来就离开了人类社会，在狼群里生活，后来回归人类社会后他也不会讲话。因此，给幼儿创造一个好的语言环境，每天谈论身边的事物，让幼儿对环境有认知并从中学习语言、发展语言能力是至关重要的。

2. 要把孩子放在有准备的环境中

在为幼儿创设的环境中，成人要有意识地帮助幼儿，让其获得语言的最佳发展。父母平时要有意识地为幼儿创设语言环境，注意多和孩子交流，纠正幼儿的用词错误和发音错误。在和幼儿讲话时，要注意有意识地放慢讲话速度，让幼儿观察成人的口型，甚至让幼儿模仿口型和发音位置，引导幼儿多看、多听、多触摸，用感觉去积累经验，在实践中更好地发展语言。

（二）文字教育

1. 孩子对文字较感兴趣，熟悉日常生活中的一些标记和符号

对幼儿的文字教育可以从符号教育开始。稍小一些的幼儿记忆符号比较容易。教师或家长可以为幼儿的物品贴上专属的符号，在符号旁边写上名字，这样，幼儿能够认识自己的物品，也能够认识自己的名字。这个时候，幼儿还只是把名字当成一种符号来记忆，不太困难。对于日常生活中遇到的很多符号，教师也可以引导幼儿认识其中的含义，比如汽车的标识等。

2. 文字教育必须根据心理过程，从具体到半具体到抽象进行

幼儿思维发展的过程是从具体到抽象的过程。学习语言的初期，幼儿需要借助具体的物体开始思维活动。因此，在幼儿前期学习的时候，最好将其和实物对照教学。注意，这里提到的是"实物"。我们的原则是，实物优于模型、模型优于卡片。比如学习"苹果"，我们可以拿出一个苹果，教孩子发音，并让孩子摸一摸苹果是什么样的，甚至尝一尝，知道苹果的味道。对大一些的孩子，我们就可以用模型或者卡片进行教学了。教学的过程从具体到抽象逐步转化。

三、蒙台梭利语言教育的重要性

《幼儿园教育指导纲要（试行）》指出，幼儿园语言教育的目标是：①乐意与人交谈，讲话礼貌；②注意倾听对方讲话，能理解日常用语；③能清楚地说出自己想说的事；④喜欢听故事、看图书；⑤能听懂和会说普通话。蒙台梭利关于儿童语言教育的观点可理解为：根据儿童的语言发展敏感期和个体差异需求，为儿童创设良好的、有准备的语言学习环境，从听、说、读、写四个方面锻炼孩子语言的发展。

蒙台梭利语言教育正是从听、说、读、写四个方面来为幼儿创造有声的环境，培养孩子的倾听能力，给予孩子动口练习的机会，为孩子语言的发展奠定良好的基础；让孩子用画画表达思想，并练习书写的动作，培养孩子认读的能力，激发孩子阅读的积极性。

蒙台梭利语言教育从把握关键期出发，涵盖了听、说、读、写四大方面，对幼儿语言的发展有事半功倍的作用。在整个幼儿阶段，语言教育是不可忽略的部分，蒙台梭利语言教育更是教育中的经典模式。

第二节 蒙台梭利语言教育的基础教学

一、教学内容

（一）蒙台梭利听力的练习

1. 肃静练习

肃静练习是幼儿听力练习的基础。幼儿只有静下心来，才能够更好地理解成人讲话的内容。肃静练习适合2.5岁以上的孩子。在做听力练习时，要让孩子使身体保持不动，坚持几秒。刚开始有的孩子很难全身不动，可以尝试让孩子先保持某个部位不动，循序渐进。当孩子可以控制自己全身不动时，可以和孩子玩游戏，如听音乐控制自己的身体，音乐节奏快，身体运动快；音乐节奏慢，身体运动慢；音乐停止时，幼儿静止不动。肃静练习要根据幼儿的兴趣掌握时间。

还可以让幼儿闭上眼睛，听周围有哪些声音，睁开眼睛后告诉老师听到的声音。最沉静的幼儿可以听到自己心跳的声音。

听声音的环节也可以用各种录制的声音，如各种动物的叫声、浪花的声音、马路上的汽车声等。

2. 根据指令做动作

这也是让幼儿锻炼听的能力的基本练习，适合3—5岁的幼儿。刚开始的时候，教师可以口头发出指令，如"快快地跑"，让幼儿做动作。对于大一些的幼儿，教师可以画图卡让幼儿根据图片做动作；更进一步，可以让幼儿根据字卡做动作。这个练习可以培养幼儿的专注力，训练其反应能力。

同样，幼儿可以根据歌词来做动作。这样的律动形式更能引起幼儿的兴趣。教师唱歌可以由慢到快，再突然停下来，以训练幼儿的反应能力和专注力。

3. 辨别声音的练习

辨别声音的练习适合小班以上的幼儿。做游戏时，可以蒙上一位幼儿的眼睛，让其他幼儿发出声音，请蒙上眼睛的幼儿猜出发声的小朋友的名字。还可以在周围用不同的乐器发出不同的声音让幼儿猜。这样的游戏可以增强幼儿的辨别能力和反应能力。教师可以变换不同的游戏方式进行。有些幼儿可能初次戴眼罩会害怕，教师可以先让幼儿蒙上眼睛试几下，让幼儿有适应的过程。在游戏时，教室的空间要大，以防有物品将幼儿绊倒。

4. 看画册、听故事

教室里的图书角是幼儿进行语言练习的天然素材。在图书角里，幼儿不但要养成安静读书的习惯，也要养成倾听的习惯。需要指出的是，幼儿阅读的画册可以是购买的，也可以是自制的，教师可以引导幼儿自制小书。

班级还可以组织图书分享活动，请幼儿带家里的图书过来分享，也可以组织图书漂流活动，各班级的图书轮换，让幼儿随时保持新鲜感。

5. 传悄悄话

幼儿的思维发展不成熟，常常会出现将想象和现实相混淆的情况。教师可以组织幼儿玩传悄悄话的游戏，让幼儿锻炼语言表述能力和记忆能力。刚开始的时候，可以是简单的词，逐渐过渡到句子。对于大班以上的孩子，可以让幼儿回家后向家长描述幼儿园的事情，以此来培养幼儿的专注力。

6. 听戏剧、说绕口令、猜谜语等练习

其实，听力的练习有很多种，表达方式也有很多种，教师可以选择各种材料让幼儿练习以激发幼儿听的兴趣，如乐器的声音、纸张抖动的声音、地方戏、民族戏曲、猜谜语等练习，还可以把它们录制成磁带或影碟，让幼儿练习听。

（二）蒙台梭利口语练习

1. 呼吸的练习

讲话要有"语气"。语气的练习和呼吸有关。最基础的练习应该是让幼儿学会吐气、呐气。可以教给幼儿深呼吸的方法，让幼儿练习吹碎纸屑、彩色纸条、风车、气球等以增强幼儿练习的兴趣。教师也可以在讲话时变换不同的声调和音量，让幼儿感受其中的不同。

2. 语音的练习

本练习适合 3—4 岁的幼儿，在进行语音练习时，教师要提前为幼儿准备语音盒。语音盒分为声母和韵母两种，盒子外面贴字母，盒子内装和该字母发音相关的实物、模型或图片。如盒外贴字母"p"，可以在盒子里面装"苹果"等物品。

在练习的时候，教师拿砂纸字母板先让孩子认读发音，然后一起从语音盒里拿出实物模型，进行三阶段教学。

3. 发音游戏

发音游戏适合团体教学。教师可以和小朋友围坐，一起讲故事，但是中间的一些词语只用首字母发音提示，让幼儿补充完整；也可以拿出一件物品，请幼儿说出它的名字，并指出它的首字母发音。

4. 神秘袋

在蒙台梭利教学中，神秘袋可以增强游戏的神秘感，吸引幼儿的注意力。教师把提前准备好的物品如"苹果"放入神秘袋中。请幼儿将手伸进去，摸一摸里面的物品是什么样的，请幼儿用语言描述，教师可以引导，如"是硬的还是软的？"，"是圆的吗？"，等等，然后拿出物品，看幼儿的描述是否正确。还可以把水果切开，大家一起品尝，说出水果的味道。

5. 朗读

阅读是学习语言最好的方法，而大声朗读对于幼儿来说是发展语言的最佳途径。教师刚开始可以带着幼儿读儿歌、读古诗，逐渐发展为读比较长的故事。在朗读中，幼儿增强了识字能力，也增强了口语表达能力。

二、基础教具介绍

（一）听筒

听筒属于感官教具的部分，但是也可以运用在幼儿语言的学习中。

直接目的：区分声音的强弱变化，将声音进行配对。

间接目的：

（1）让孩子认识听觉器官的存在和作用。

（2）发展孩子听觉的敏锐性。

（3）为孩子分辨生活中不同的声音做准备。

在听筒练习时，教师首先让幼儿摇动听筒，辨别声音的强弱，并且为声音配对。教师可以在听筒下面做标记作为错误控制。具体的操作方式可以参照感官教具的介绍部分。

（二）金属嵌板

金属几何嵌板是书写能力练习的预备，练习金属嵌板能加强腕肌的协调力，而且通过描绘的练习可增强笔触力道的熟练度。在练习时，幼儿通过重叠描绘不同的几何图形板使图形变化无穷，可增强乐趣。

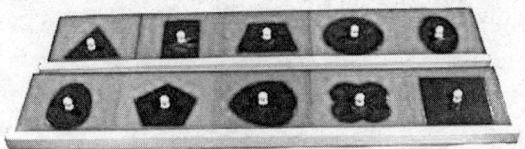

（三）双字母砂字板

双字母砂字板是蒙台梭利语言学习中国化的一部分，目的是熟悉汉语拼音的拼读及书写。用法与砂数字板和砂字母板一样。

(四)活动字母箱

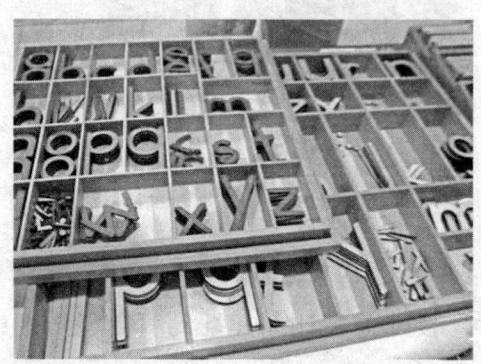

活动字母箱的作用是使幼儿正确判断字母,使读与识别相结合;包含木箱 1 个、小写字母 26 个。

(五)砂纸笔画板

这也是蒙台梭利语言教育中国化的一部分。主要为各种汉字笔画,通过反复触摸练习笔画的书写。

(六)拼音结构练习

它也是蒙台梭利语言教育中国化的一部分。主要是帮助幼儿练习拼音的正确组合。

(七) 语法符号

语法是非常抽象的，蒙台梭利语言学习设计了一系列语法符号，用这些符号来引导幼儿记忆不同的词性。语法符号有立体和平面两种。

黑色的三角：代表名词。表示名词的稳定性特征。

红色的球体：代表动词。表示动词的活动性。

粉色的小球：代表副词。表示和动词相同的词性，用来修饰动词。

浅蓝色的三角形：代表冠词。表示用来修饰名词。

深蓝色的三角形：代表形容词。同样修饰名词，作用较大。

拱桥形：代表介词。表示起到一定的连接作用。

粉色的直条：代表连词。连接作用更明显。

紫色的高三角形：代表代名词。名词的一种，和名词有区别。

惊叹号形状：代表叹词。

无论颜色还是形状，语法符号都有其特殊的意义，可以帮助幼儿记忆词性的具体含义。

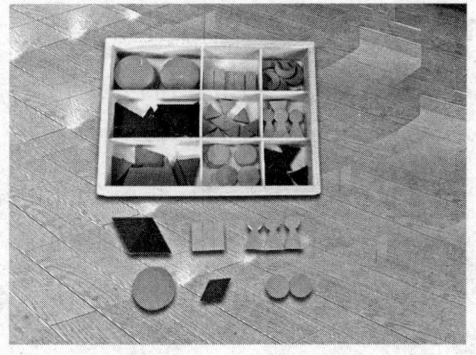

三、教学环境的准备

蒙台梭利博士十分重视环境的作用。她认为，人正是通过和环境的相互作用而不断学习的。因此，在一间蒙台梭利教室里，要有温暖的氛围和适合幼儿的尺寸和光线。

语言的学习环境同样重要。语言学习时需要思考，所以语言区应该尽量选择相对安静的环境。在布置语言区时，可以选择和幼儿身高相适应的书架，也可以选择一些抱枕、小桌椅、鲜花。

由于语言区有书写的工作，所以光线一定要适宜，最好选择靠近窗台有自然光的地方，要有舒适的桌椅，还可以在语言区种植绿色的盆栽植物，如此既可以美化环境，又对眼睛有保护作用。

第三节 蒙台梭利语言教育的延伸教学内容

一、延伸教学内容

（1）回忆叙述活动：帮助幼儿提高口语表达能力及时间记忆能力。

周末为孩子们布置郊游的任务，将郊游过程用相机记录下来，将照片带回，投放在图书区，以方便幼儿分享游玩趣事。

（2）多种多样的说话游戏：刺激幼儿的思考及反应能力。

如接话、看图说话、说反义词、猜谜语、传话游戏等。

（3）生活教育：适合刚入园的幼儿，帮助他们尽快了解园内的生活环境。

将生活环境中的物品等进行文字与图片的匹配，帮助幼儿对照实物了解和认识自己生活的环境。

（4）表演类活动：提高幼儿的语言表达能力及艺术表现力，让幼儿大胆地表现自己。

教师讲故事、由幼儿自主地分角色表演故事内容。

（5）"找春天（夏天、秋天、冬天）"活动：探索自然，讲述自己发现的春天（夏天、秋天、冬天）。

①教师带领幼儿到小区进行"找春天"活动，发现季节来临时的各种变化。

②幼儿利用画笔，将自己发现的景色变化记录下来，画成一幅画。

③幼儿讲解自己作品的内容。

（6）家庭教育：帮助父母与宝宝及时沟通，增进亲子之间的感情。

父母可每天与宝宝多聊天，说说有趣的事、幼儿园的事、工作上的事、生活中的事，让宝宝也有倾听和讲述的分享意识。鼓励幼儿多多表达自己的想法和感受。

（7）整体与局部的配对练习：幼儿在锻炼手眼协调能力的同时又认识了字卡。

例如：

 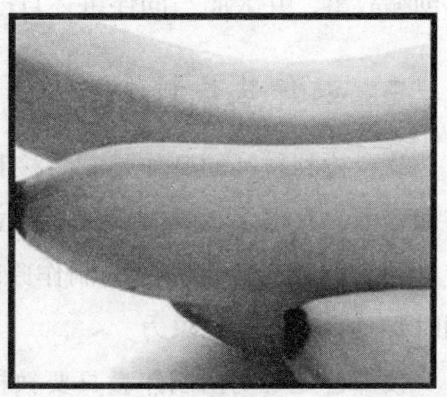

（8）拆字、组字游戏：巩固对汉字偏旁部首的认识。

将完整的字拆分成拼图的形式，投放在区角里方便幼儿自由取放。

（9）诗词故事：唐诗和《三字经》。

首先向幼儿展示一首完整的古诗，指导幼儿将整首古诗念完，然后将古诗分解成句，引导幼儿将古诗分句念完，最后将古诗分解成字，幼儿根据完整的古诗逐字排列并念出。

（10）听力训练：帮助幼儿锻炼听觉能力。

①蒙上幼儿的眼睛，发出指令的人变换声音高低和不同方位让蒙上眼睛的幼儿找到自己。

②蒙上眼睛的幼儿根据发出指令的人的要求做动作：向前走几步、向后走几步、向左或向右转等，以此锻炼幼儿的听力和随机反应能力。

（11）传话游戏：帮助幼儿锻炼记忆力和正确的表述能力。

5个人为一组，第1个人做最后的汇报者，从第2个人传话到第5个人，然后由第5个人再告诉第1个人，最后验证大家说的是否正确。

（12）看图做动作：锻炼幼儿的四肢协调能力及语言表达能力。

两人一组，一个人看图做动作，另一个人根据动作说出词组。

（13）看图编故事：锻炼幼儿的语言表达能力，发展幼儿的空间思维能力，培养幼儿的想象力，锻炼幼儿的小肌肉群。

指导幼儿通过美术活动把自己的想法画出来，再根据自己所画的内容创编故事，并大胆与同伴讲述自己的作品。

二、延伸教具制作

蒙台梭利教具的制作是蒙台梭利教师培训的必修课，在蒙台梭利语言课程中，有很多教具需要教师独立制作。教师在制作蒙台梭利教具之前必须掌握蒙台梭利教具的制作原理，还要具有一定的教学实践经验，同时要具有丰富的想象力。

教师首先要明白制作教具要教授给幼儿什么，然后根据这些目标突出教具的某一单一特质。幼儿的语言发展是一个循序渐进的过程，不同年龄、不同发展水平的幼儿表现出不同的语言发展水平。蒙台梭利语言教育不仅包括听、说、读、写能力的培养，还包括对幼儿情感态度、思维方式、行为习惯、想象力等多方面的培养。

例如：3—4岁幼儿主要以词汇的掌握为主。我们需要制作大量的词汇填空卡，为幼儿提供词汇，如反义词、同义词、方位词等。同时，也可以制作句子卡片，进行词语填空形式的词汇训练，幼儿根据图片的内容进行指读，在横线上填上相关联的介词。

4—5岁幼儿主要以短句阅读为主，我们需要制作一些儿歌、古诗三段卡，多给幼儿创造阅读的机会。三段卡主要包括三个部分，首先是古诗的完整版，然后是每一句古诗，最后是把古诗分解成每一个汉字。还可以给幼儿制作插袋，幼儿可以从插袋中自由地取用汉字拼出古诗。

5—6岁的幼儿主要以拼读、书写为主，我们要以此为目标制作延伸教具来锻炼幼儿的书写、拼读、认读能力。平时可以多搜集一些书上的广告字给幼儿做拼读，还可以自制语音盒，不断地增加物品。

蒙台梭利博士认为：幼儿语言的学习、发展要顺应自然发展的原则。她说："儿童的语言是自然发展起来的，而不是教出来的。"[①] 因此，我们自制的教具要颜色鲜艳、能吸引幼儿的注意力。比如阅读故事时，可以为幼儿制作精美的插画，让幼儿喜欢上阅读。

蒙台梭利所有的教具本身都有错误控制的功能。自制延伸教具也应该注意这一点。错误控制在于教具本身而不是教师。

第四节 蒙台梭利语言教学中的问题与解决

一、团体教学或个别教学

在蒙台梭利教室中，幼儿是混龄的，因此教师常常遇到这样的问题：这些幼儿是否可以在一起进行语言学习？众所周知，语言的学习，很重要的一步是交流，如果脱离了环境，语言的学习就变得空洞而毫无意义。但是大孩子和小孩子是否能够一起工作和学习呢？

其实，蒙台梭利语言的学习是最自由而不拘泥于形式的。语言是随时随地发生、学习的，蒙台梭利语言教学既包含了团体教学，也包含了

---

① 孙永竹，高嘉欣. 浅谈蒙台梭利语言教具制作［J］. 中国蒙台梭利，2010(9):5-8.

个体学习。

比如，儿歌的学习、语言接龙的游戏等，这些发声练习都可以进行团体教学。在团体教学时，小孩子其实也在学习大孩子所发出的声音，并且所有的幼儿共同体验语言带来的乐趣。

一些蒙台梭利语言教学，比如使用金属嵌板、临摹等工作，需要安静的环境，因此，这些工作需要根据不同年龄段分别设计并由幼儿单独完成。

在蒙台梭利语言教育中常见的还有小组学习，即相同年龄段的幼儿在一起学习相同的内容。这样，既可以设计难度相当的游戏，又为幼儿的学习增添了乐趣。比如英文单词的学习，教师就可以设计游戏场景，幼儿在一起表演并发音，这也可以简化教师的备课难度。

二、蒙台梭利语言教育的时间安排

有教师提出，在其他幼儿都安静地工作时，小组幼儿在教室里做语言工作会对其他幼儿造成干扰。

这就涉及了语言工作区域的安排。在进行发音的语言教学时，要选择相对隔离的场所，不打扰需要安静工作的幼儿。另外，一些集体性的、需要大声发音的工作可以安排在集体工作之后的时间进行，这样可以避免相互干扰。

其实，语言工作并不一定要安排具体的时间来学习。有的教师利用户外活动排队等待的时间进行词语接龙的游戏，先来的幼儿先参与，后来的幼儿也可以很快进入游戏状态。这个工作短短十几分钟就结束了，既保证了游戏的趣味性，满足了幼儿发音的需要，又避免了幼儿的消极等待。

三、幼儿教师语言教材的选择

由于蒙台梭利语言教育的范围比较宽，很多蒙台梭利教师担心自己设计的课程不够全面，于是他们希望有系统的教案作为依据来对幼儿进行语言教育。

蒙台梭利语言教育不像其他教育那样有现成的教案，很多需要在现实的场景中学习。因此，不少教具是教师自制的。当然，这里也推荐新手教师多借鉴各年龄段不同的教材来为幼儿进行语言教育，让幼儿的语言教育多样化；多借鉴其他教材的好处也在于能够开阔教师的思路。

第五节　蒙台梭利语言教学过程中教师的观察与记录

一、教师的观察

蒙台梭利教育改变了传统的教育观念，教师不再是单纯的传道、授业、解惑，而是儿童的协助者，在协助儿童发展时最重要的就是要当好观察者。

（一）观察幼儿的心理状态

幼儿虽小，但总会有自己的心事，因此要细致地观察每一个幼儿的心理、情绪及对工作的态度是否积极，这样教师才能捕捉到孩子的心理需求，进而满足孩子。

记得有一次我在语言区观察时，其他孩子都开心地讲着故事并相互讨论，只有璠璠闷闷不乐，满脸的不高兴。观察了一会儿之后我轻轻走过去问她："大家都高兴地看书讲故事，你为什么不讲呢？"她难过地低头说："因为我也想把那本公主的书讲给大家听。"我知道她想展示工作的欲望非常强烈。找到了问题的根源就得着手解决，以保护孩子的学习展示欲望，于是在午饭前的时间我请她给全班的小朋友讲了小公主的故事，这样璠璠的愿望得到了满足，她的工作热情也提高了。

蒙台梭利教师一定要细致观察每一个孩子，哪怕是一个小小的表情也不要轻易地放过，只有这样才能了解幼儿的心理活动。

（二）观察中的要求

语言活动随处可见，而教师的主要职责是了解儿童在自然语言环境中的表现，观察儿童对语言区教具、教材的兴趣以及兴趣的持续时间，要尽量做到细致入微。孩子的面部表情和一些小动作都是教师观察的方面。

1. 仔细

仔细是对教师观察的基本要求。要做到细致入微，对于每个孩子在语言活动中选了什么工作、看了哪本书、工作是否投入，教师都要做到心中有数。

2. 准确

准确也是教师的能力体现。蒙台梭利教室中的每一个工作都有其作用与价值，教师需要了解每一个工作，如语言区的故事、音乐、图片、字卡等，了解其运用与操作，这样才能准确观察每个孩子在工作时的问题及心理。

3. 全面

观察幼儿既要注重全体，也不能忽略个体，而且要有始有终，从幼儿选择工作、拿取教具开始，到工作中，再到工作结束收教具，不落下任何一个环节，这样才是全面的观察，才能根据幼儿语言能力的发展进行有针对性的指导。

（三）观察的态度

在教师的态度中耐心最重要。孩子都是慢慢成长的，幼儿的年龄不同，在语言领域的很多方面需要同伴之间相互交流，自己来解决问题，而不是成人在其中进行过多的干扰。让孩子们以自己的方式沟通，教师要做的是耐心地在旁边观察，适时给予帮助。

（四）观察的记录

好记性不如烂笔头，在观察幼儿的同时需要做好简单的记录。要提前设计好表格，写上每个幼儿的名字，简单记录课上的观察情况，课下需要整理好表格,并对每个幼儿的情况进行详细的分析,对于幼儿工作中出现的问题也要及时想办法解决。

二、教师的记录

表 8-3 是某幼儿教师在语言课上的观察记录表。

表 8-3 世纪星幼儿园蒙台梭利语言课教师观察记录表

观察时间	2013 年 9 月	观察对象	樱桃	观察地点	儿童之家
观察原因	平时比较安静,不太喜欢说话					
事件过程	早上吃过早饭之后,到了孩子们的自由工作时间,樱桃选择了色板的工作,一边拼摆一边说红色、黄色、紫色等,她说对了所有的颜色并配对,摆得整整齐齐。当剩下字卡的时候她停止了拼摆,拿着字卡看了一遍又一遍,然后放下字卡,左右张望。看见洋洋走过来,她叫住了洋洋,然后指了指工作毯上的字卡,洋洋问是什么意思,樱桃又指了指字卡说"这个、这个",洋洋明白了,帮樱桃把字卡按照对应的色彩摆整齐。樱桃开心地一笑,说了声"谢谢"。				
事件分析	通过这次观察,我发现樱桃的色彩敏感度很好,能清楚地说出自己拿的每一种颜色,并能轻松完成颜色的配对,但是在语言方面只会说词语,不会用句子表达自己的想法。跟家长沟通后我发现,由于姥姥、姥爷比较宠孩子,在家孩子想要什么的时候话还没说完,他们就知道了,直接满足了她的要求,这样就省略了孩子自己说话表达的过程,使孩子养成了在请求帮助时用手指而不是用嘴说的习惯,因此孩子的语言表达能力得不到很好的提高。但是孩子在接受帮助后知道礼貌地道谢,文明语言习惯很好。				
指导策略	1. 为幼儿提供宽松自由的语言交往环境,让幼儿想说、敢说。 2. 在日常生活中要有耐心,等待幼儿清楚地表达自己的意思后再满足其愿望,在幼儿表达后及时给予表扬,以树立幼儿的自信心,让她越来越喜欢表达。 3. 家长工作也是重要的一部分,要跟幼儿家长沟通,在家中不能一味地宠孩子,要多给孩子说话的机会、多跟孩子聊天、说话,进而增强幼儿的语言表达能力。				

第十章　蒙台梭利科学文化教具与教学

- 第一节　蒙台梭利科学文化教育的概况
- 第二节　蒙台梭利科学文化教育的基础教学
- 第三节　蒙台梭利科学文化教育的延伸教学内容
- 第四节　蒙台梭利科学文化教育中的问题与解决
- 第五节　蒙台梭利科学文化教学过程中教师的观察与记录

第一节　蒙台梭利科学文化教育的概况

一、蒙台梭利科学文化教育理论

科学文化教育是指幼儿在成人的指导下（包括直接指导、间接影响），通过自身的活动，对周围的物质世界及其发展变化进行感知、观察、操作、发现问题、寻求答案的探索过程；是幼儿获取广泛的科学知识和具体事实，主动建构表象水平上的初级科学概念，学习科学方法和技能，发展智力，开拓视野，了解人文、历史的过程；是培养幼儿的好奇心，使其产生学习科学技术的兴趣，培养幼儿的自信心以及对自然界、人文历史的关注和爱护的过程[①]。

科学文化具备一般文化的基本属性，例如非自然性、人为性、群体性、创造性、历史性、行为规范性等；又具有其自身的特殊属性——科学性。它是以科学家为代表进行科学探索、实践和创造活动并辐射向全社会的一种文化。英国科学天才贝尔纳说过："科学既是人类智慧的最高成果，又是最有希望的物质福利的源泉。"

蒙台梭利博士指出，幼儿4—6岁是文化敏感期，这时应该进行科学文化教育。蒙台梭利博士曾提出著名的宇宙教育论，就是将宇宙的整体面貌展现给儿童，使儿童形成对宇宙和生命的感激之情。蒙台梭利博士曾经这样写道："让我们提供给他们一个探索整个宇宙的视野。这个宇宙是一个宏伟的现实世界……所有的实物都是它的一部分，并且相互关联而形成一个整体。只有这种视野才能够帮助孩子们的心智变得更稳定，而不再是漫无目的。因为在万物中找到了自我的宇宙中心，孩子们

---

① 刘文，李毅，胡艳红.蒙台梭利幼儿教育思想与实践[M].大连：大连出版社，2002：306.

将会感到满足。"[①]

蒙台梭利博士认为，孩子从小就应该了解自己所处的是怎样的一个世界，加之孩子本身对科学文化知识相当敏感和兴趣浓厚，所以很容易接受这些知识。这里所提到的科学文化教育并不是让孩子掌握所有的关于科学文化的知识点，而是通过精心设计的蒙台梭利教育课程，启发孩子的科学探索精神，引发他们对世界的热爱、对知识的热爱，进而学会用科学的头脑来思考问题、解决问题，也就是掌握一种文化——科学文化，这是科学文化教育的真正意义所在。

二、蒙台梭利科学文化教育方法

在实施蒙台梭利科学文化教育的过程中，教师利用周围的物质世界给儿童提供材料，让幼儿通过自身的活动，对周围的物质世界进行感知、观察、操作。这是一个发现问题和寻求答案的探索过程。在这一过程中，教师做不同程度的指导，使幼儿获取感性经验，培养好奇心和对科学的兴趣，学习科学知识和科学方法，培养情感和价值观。

（一）观察

观察是幼儿探索科学的基本方法。幼儿通过观察，直接与周围的世界接触，获取第一手的科学经验，逐步进入科学之门。观察的作用主要体现在：①帮助幼儿使用感官、发展感知能力；②学习观察个别物体；③学习比较观察；④学习长期系统观察；⑤学习做观察记录。

（二）科学实验

科学实验是幼儿学习科学的专门手段。它是使用一定的科学仪器设备，制造特定的条件，排除外界干扰，引起某种现象的产生，以查明现象发生的原因或检验某一理论和假设，以寻找自然界客观规律的一种

[①] 刘文，段云波. 科学的蒙台梭利教育［M］. 北京：科学技术文献出版社，2013：22.

方法。

教师要为幼儿提供必要的条件和安全保证,提出适当的问题以引导幼儿做实验。如:这样做会发生什么?你在操作中发现了什么?为什么会这样?你是怎么知道的?你还会用别的方法来解释发生的事吗?以上问题可帮助儿童提出某些设想,引导幼儿观察操作实验中遇到的现象并且分析这一现象产生的原因。

(三)种植和饲养

种植和饲养是一项实践活动,是探索生命科学的重要方法,它包括种植、管理、收获等种植活动和喂养、照料等饲养活动。在种植和饲养的过程中,幼儿可观察发现动植物的生长、发育、死亡等生命现象,人与自然物的关系,物与物的关系,理解生物科学的简单概念。

幼儿通过亲自管理和照顾会发现动植物逐渐变化和成长的过程,由此会产生愉快的情绪体验,从而对动植物产生积极的情感,进而表现出爱护、保护动植物的行为。此外,幼儿在这一过程中也学会了简单的技能,培养了爱劳动、尊重劳动人民和劳动成果的品质。

(四)科学游戏和科学玩具

科学游戏借助自然物(水、沙、石、树、动物等)和有关的玩具、图片等物,把科学道理寓于游戏中,是进行科学启蒙教育的一种有效的方法。

1. 感知游戏

幼儿通过感官感知辨别自然科学的物质属性的功能,如听声音——让幼儿听铃声、雷声、雨声等并加以辨别。

2. 排列游戏

可以按照物体的外形、大小、颜色、长短、轻重等有序排列,也可以按照自然物和事物的生长过程、历史演变有序排列。例如,我的历史——可以照片的形式排列幼儿出生—爬—走—跑—入幼儿园的过程。

3. 分类游戏

对事物的相似点和不同点进行区分的游戏，通过操作、分析、比较、观察、思考来认识事物的属性，从而加深认识、发展观察力，使幼儿从具体形象思维向抽象思维过渡。从许多物体中挑选出同一属性的物体，例如从许多树叶中挑选出银杏叶。将自然和人造物根据某一属性进行分类，如质地硬和软的分类。把同类性质的物体进行分类，如水生动物和陆地动物的分类。

4. 配对游戏

配对游戏即将同类的事物进行配对。

三、幼儿科学文化教育的重要性

现代科学实践表明，智力的开发与教育应从幼儿抓起，早期教育对于儿童品格的形成具有重要意义。具体体现在以下三个方面：

（一）引导幼儿进行自我教育

在科学文化教育中，老师引导儿童细心观察周围的环境以及和生活息息相关的生物。慢慢地，他们学会照顾这些生物，同时也能体会和感受到父母和老师对他们的照顾，从而懂得感恩。当知道种下的植物需要细心浇灌，弱小的动物需要勤快喂养，否则它们会枯萎、饿死时，儿童就会变得谨慎，开始感受到生活的使命和对生命的责任。这不同于母亲和老师要求其履行职责的声音[①]。

在照顾动植物的过程中，儿童与周围的环境和生物形成一种特殊的感应，在没有老师和父母干涉的情况下完成某些明确的行为，这种神秘感促使幼儿形成对自己的教育，即自我教育。

---

① 蒙台梭利. 蒙台梭利早期教育法 [M]. 祝东平，译. 北京：中国发展出版社，2006：143.

（二）培养幼儿对自然的情感

蒙台梭利博士认为："自然以其神奇造化之力培育着这种情感。自然赋予劳动者慷慨的回报，这种回报不是以劳动的多少为标准，不管是谁，只要为自然的发展付出了劳动，都会有收获。"[1] 最能培养幼儿对自然情感的活动是栽培植物和喂养小动物。无论是栽培植物还是喂养小动物，儿童的心灵和其精心照料下的生命之间都产生了一种共鸣。

比如，儿童种下一粒种子，之后要定期地浇水，当种子长成一株植物并且开花、结果时，儿童会无比兴奋，他们感受到这是大自然赋予他们最丰厚的礼物，小小的努力换来了如此大的回报，由此产生对大自然的感恩之情。儿童喜欢蚯蚓、毛毛虫等小动物，而我们成人却害怕某些动物，原因是我们脱离了大自然，脱离了我们原本一体的赖以生存的生态环境。蒙台梭利认为，应当发展这种对生物的信任，这种感情是爱的一种形式，是人类和宇宙融合的一种形式。

（三）培养幼儿的好奇心，开发幼儿的科学潜能

幼儿天生具有好奇心，会提出种种问题，这是他们认识世界的一种方式。幼儿开始对科学有兴趣，这时若能及时对幼儿进行科学文化教育，使幼儿在这方面得到发展，将为幼儿以后的学习奠定良好的基础。

在重视幼儿科学文化教育的同时，幼儿的科学潜能也被开发。首先，幼儿对周围的世界更加敏感，能发现别人不能发现的东西。其次，幼儿对周围事物的探索时间比年龄大的孩子长，而且更加专心。最后，幼儿不仅能发现、注意一些事物，而且能自己尝试解决一些问题。这些科学潜能若能在幼儿时期就得到发展和提高，成为科学家就不会仅仅是一个梦想[2]。

---

[1] 蒙台梭利. 蒙台梭利早期教育法 [M]. 祝东平, 译. 北京：中国发展出版社，200：143.
[2] 段云波. 蒙台梭利科学文化教育 [M]. 济南：山东教育出版社，2008：42.

（四）培养幼儿耐心、自信的美德和健康的人格品质

蒙台梭利科学文化教育能促进幼儿的耐心、自信等美德的全面发展以及人格的完善与品质的提高。幼儿具有强烈的好奇心，这使得他们对周围的环境和物质世界产生了强烈的探究欲望，从而不停地去探索、提出问题、寻找答案。经过一番努力，找到了答案他们会信心百倍，充分体验到成功的喜悦；同时为了找到答案他们会克服一定的困难，这样就磨炼了幼儿的意志力。蒙台梭利博士认为，当孩子们发现他们播下的种子有的发芽早、有的发芽晚；落叶植物长得快而果树长得慢时，他们最终获得了一种心理上的平静，他们在还保留着淳朴、天真的时候吸收了农民特有的智慧[①]。

由此可见，幼儿期的科学文化教育能丰富知识、培养自信心、锻炼意志、发展情感，使幼儿在人格品质方面得到发展。

第二节　蒙台梭利科学文化教育的基础教学

一、教学内容

（1）$\begin{cases} 有生命的 \\ 无生命的 \end{cases}$

（2）植物学（整株植物）$\begin{cases} 根 \\ 茎 \\ 叶 \\ 花 \\ 果实 \\ 种子 \end{cases}$

---

① 蒙台梭利.蒙台梭利早期教育法［M］.祝东平，译.北京：中国发展出版社，2006：45.

- (3) 动物学
  - 有无脊椎
    - 有脊椎动物　鱼类
    - 无脊椎动物　昆虫类
  - 两栖动物
    - 青蛙
    - 蛇
    - 龟
  - 爬行动物
  - 鸟类
  - 哺乳动物
    - 家畜类
    - 野生类

- (4) 地理学
  - 自然地理
    - 认识地球
    - 认识大洲
    - 认识自己的国家、省、市等的位置
  - 人文地理
    - 认识各国国旗
    - 认识各国国歌
    - 认识各国服装、民俗
    - 认识各国的动、植物
  - 地形和地貌
    - 陆地和水域的构成
    - 温度
    - 气候
    - 云

- (5) 地质学
  - 地层构造
  - 地质构造
  - 火山爆发
  - 认识各种岩石
  - 认识各种宝石
  - 古生物学

- (6) 历史学
  - 认识时间：时钟、天、星期、月、四季、年
  - 科学及文化历史：我的历史、家史、家乡史、国家史、文学

- (7) 天文学
  - 天体：太阳、月亮、星球、星座、宇宙、天体运行
  - 望远镜的使用

- (8) 科学实验
  - 物体存在的形式：固体、液体、气体
  - 空气
  - 水
  - 光
  - 色
  - 电
  - 磁铁

（9）人体生理学 $\begin{cases} 人体各个部分的构成 \\ 人体各个器官的功能 \\ 健康的生活方式及良好的饮食习惯 \end{cases}$

（10）传统文化 $\begin{cases} 国粹 \\ 民俗 \\ 民间艺术 \\ 中国文学 \end{cases}$

二、基础教具介绍

（一）植物学

蒙台梭利植物学的教学目标：

（1）培养幼儿对植物学的兴趣；

（2）了解关于植物的知识；

（3）了解植物与人的关系；

（4）了解植物与环境的关系；

（5）培养爱护植物、爱护环境的品质；

（6）培养责任心等人格品质。

植物学的教授主要从对植物进行分类开始，首先区分有生命的和无生命的，教学顺序是具体—半具体—抽象；从整体到部分；从名称到功能。先呈现整株植物，之后是植物的各个部分。比如，我们首先给孩子呈现的是自然界中的真实物品，接下来是模型，再接下来是图片。此外，在条件允许的情况下，可以将教学内容延伸到生态学领域，带领孩子研究植物是怎样成为地球上生态圈中不可或缺的一部分的。植物学涉及的教具主要是植物的嵌板和三部分卡。

（二）动物学

蒙台梭利动物学的教学目标：

（1）培养幼儿对动物学的兴趣；

（2）了解关于动物的知识；

（3）了解动物与人的关系；

（4）了解动物与环境的关系；

（5）培养儿童热爱动物、保护动物的意识和热爱生命的理念；

（6）通过照顾、保护动物，培养责任感等人格品质。

主要选取具有代表性的动物，了解其组成部分、生活习性以及喂养方法，在条件允许的情况下可以用显微镜观察生命现象，了解动物的进化历程，这样孩子会尊重并爱护生命。动物学的教学顺序为具体—半具体—抽象；整体—局部；名称—习性。此外，还可研究人类生命的时间线和生物进化的过程。动物学涉及的教具主要是一些动物的嵌板和三部分卡。

（三）地理学

蒙台梭利地理学的教学目标：

（1）培养幼儿对地理学的兴趣；

（2）帮助幼儿建立空间感、方位感；

（3）培养幼儿对整个世界的认识，了解一些国家的文化；

（4）帮助幼儿建立自我概念；

（5）进一步了解人与环境之间的关系；

（6）爱护地球环境。

蒙台梭利地理学是研究关于我们赖以生存的地球的学科，主要包括自然地理、人文地理以及世界地理三个部分。自然地理是在介绍陆地、水的构成的基础上，了解各大陆和大洋。人文地理主要是让孩子了解人类如何根据不同的生活环境来满足不同的生活需求。地理学所涉及的教具主要有世界地图嵌板、各洲地图嵌板、各国地图嵌板、陆地和水域的构成图。

（四）地质学

蒙台梭利地质学的教学目标：

（1）培养幼儿对地质学的兴趣；

（2）了解人类居住的地球，包括地球环境、地球的活动等地质现象；

（3）知道地质环境与人类的关系，从而建立环保意识。

地质学研究地球的物理构成，可引导孩子学习地球的结构层次，观察地球运动形成的地貌，观察不同类型的岩石以及它们在现实生活中的用途，还可以继续深入研究与地理学相关的海洋学和气候学。地质学几乎没有可操作的现成教具。

（五）天文学

蒙台梭利天文学的教学目标：

（1）培养幼儿对天文学的兴趣；

（2）热爱我们生存的宇宙空间，进而热爱我们的生命；

（3）了解宇宙，掌握浅显的天文学知识；

（4）培养科学探索精神，为在小学学习天文、地理打下良好的基础。

通过学习天文学，了解地球是宇宙行星家族的一员，它位于银河系中；知道银河系中的八大行星、太阳、月亮。晚上可以带孩子观察星座，有条件的幼儿园可以用天文望远镜观察星星、带孩子参观天文馆。天文学涉及的教具主要有八大行星嵌板。

（六）历史学

蒙台梭利历史学的教学目标：

（1）培养幼儿对历史学的兴趣；

（2）认识时间的概念；

（3）让幼儿感受时间的特征；

（4）让幼儿感受人与历史的关系；

（5）养成良好的守时习惯和作息习惯。

历史学的学习主要从了解自身的历史开始，让孩子了解地球围绕太阳转一圈是一年，就是一岁。再次通过日历牌介绍日、月、年，再通过教具学习四季、小时、分钟等抽象的概念。在这部分学习中，教师可以和孩子讨论一天之中发生的事情，为学习时间线做准备。历史学几乎没有可操作的现成教具，大部分要自己制作。

（七）科学实验

蒙台梭利科学实验的教学目标：

（1）培养幼儿对物理科学的兴趣；

（2）建构科学的思维方式；

（3）了解生活中的科学现象；

（4）养成用科学的方法发现问题、解决问题的习惯；

（5）培养研究、探索、创造等科学精神；

（6）树立正确的物质世界观。

帮助孩子构建物质世界观，将有益于孩子的实际生活。可给孩子提供简单的科学实验器材，可以是光、水、空气、电或生活常见品。通过亲身参与实验过程，幼儿将真正体会到科学的奥秘以及科学课之间的相关性，引发对周边物质世界的科学兴趣。科学实验没有可操作的基础教具。

（八）人体生理学

蒙台梭利人体生理学的教学目标：

（1）培养幼儿对人体生理学的兴趣；

（2）了解人类身体的组成部分；

（3）了解人类自身的生存方式；

（4）学会自我保健与自我保护。

人体生理学主要是对身体组成部分的深入学习，重点内容是骨骼系统和器官的功能，并在课程中引入保健、饮食以及情绪识别等内容，由此，孩子可以意识到健康的重要性。人体生理学无可操作的基础教具。

（九）传统文化

蒙台梭利传统文化的教学目标：

（1）培养幼儿对中国传统文化的兴趣；

（2）初步了解中国传统文化；

（3）学习中国传统文化的基础知识；

（4）萌发热爱祖国、热爱家乡的情感。

在传统文化学习中，通过对国粹、民俗、民间艺术、中国文学等多领域知识的初步了解，让孩子感受传统文化对生活的影响，从而培养孩子对祖国传统文化的兴趣，使他们了解我国文化的博大精深。传统文化无可操作的基础教具。

三、教学环境的准备

蒙台梭利博士一再强调环境对儿童成长的重要性。她在书中曾经提到，罗马的第一所"儿童之家"有一个很大的院子，像个花园，那里种了很多植物。另外，在那里有一片长方形的空地，老师带着孩子们种树，开辟可以种植植物的凹凸地。他们把凹凸部分分成很多小块，一个孩子分到一块。当孩子们在路上自由地跑来跑去或在树荫下休息时，土地的所有者正在播种或除草浇水，或检查土地表面，留意植物的萌芽。更有趣的是孩子们的土地紧挨着公寓的墙，公寓的居民习惯从窗户里向外扔各种各样的垃圾，起初花园就这样被污染着，但是渐渐地，对儿童劳动的尊重在人们心中扎下了根，再也没有人从窗户里往外扔东西了。由此可见，蒙台梭利博士非常重视环境在教育中的作用。

（一）教具的准备

对儿童而言，蒙台梭利教具是他们进入各科领域学习的媒介并且提供了进一步深入学习的框架。蒙台梭利博士认为："通过接触教具和自然界所获得的丰富的感性经验，会为儿童将来创造力的爆发和自我表现提供丰富的素材。"在蒙台梭利教室中，特别是在蒙台梭利的混龄班级中，不同年龄孩子的能力和发展水平是不同的，因此，在同一活动区域要设置满足不同层次孩子需要的不同层次的教具，以满足每个孩子的不同需求。

科学文化涉及的范围比较广，涉及生活的方方面面，原配的教具比较少，这就需要教师和孩子在日常生活中去发现、寻找、收集。总之，无论是原配的教具，还是自制的教具，都要根据孩子的不同发展水平以清晰、有序的方式来布置环境。

（二）人的准备

在蒙台梭利教育中，教师与孩子皆成为环境布置的主体，教师和孩子一起参与到环境布置中来，并且激发孩子的积极性、主动性和创造性，使孩子意识到自己是环境的主人。当孩子置身于自己参与布置的环境中时，其学习的主动性和积极性会大大提高。比如，本周要组织一次关于动物学的课。课前召开讨论会，了解每个孩子的喜好，有的孩子喜欢恐龙，有的孩子喜欢爬行动物，有的孩子喜欢动物的标本，等等。最后大家协商选择一个共同的主题，并以此来布置环境。这样孩子不仅学到了如何选择主题、如何布置环境，重要的是他们对自己参与布置环境具有浓厚的兴趣，这就为教师下一步开展教学做了很好的铺垫。在小班可采用教师为主，幼儿为辅；中、大班可视孩子的能力变为以孩子为主体来进行。

（三）具体环境的准备

按照蒙台梭利五大领域的划分，可以专设科学文化区，也可以设立区角环境，即教师在一个相对独立的角落布置科学文化环境。有条件的幼儿园可以设置专门的科学文化教室，如将整体环境布置成小型科学文化馆。总之，环境布置要平面与立体相结合，生动形象，能激发孩子的兴趣。另外，如欲对某一地区的文化做深入的了解，那么采用专项设置就很有必要。可与其他教育区域进行融合设置。例如，学习中国传统文化时，儿童在生活实践区包饺子；在感官区，他们穿着不同民族的传统服饰，品尝绿茶，吃茶饼；在语言区，他们学习日常交往中的表达方式；在数学区，儿童数着瓷碟中的洁白小石子；在地理区，他们拼着中国地图；在艺术区，他们搭建中国宫殿；在戏剧表演区，他们进行少数民族舞的表演等。

第三节 蒙台梭利科学文化教育的延伸教学内容

一、延伸教学内容

（一）植物学的延伸教学内容

植物学的延伸教学主要涉及的是植物的三部分卡；植物生长的基本需求，即阳光、空气和水；植物各个部分在生活中的用途，即根、茎、叶、花、果实、种子在各个领域的用途，比如，在日常生活领域，可以通过品尝茶叶来对其加以认识。

（二）动物学的延伸教学内容

动物学的延伸教学主要涉及动物的三部分卡；根据拼图的各个部分来画动物；饲养小动物等。

（三）地理学的延伸教学内容

地理学主要是通过认识左右手开始认识立体方位，进而认识地图上的方位。地理学的教学范围非常广泛。起初可以通过画手的轮廓认识左右手，之后可以过渡到画身体的轮廓图，从而加深对左、右、上、下方位的认识。对地球方位的认识先从院子里的东、西、南、北开始，之后过渡到认识教室里的东、西、南、北，再过渡到认识地图上的东、西、南、北。自然地理从认识陆地、空气和水开始，之后认识地球仪，再从地球仪上找陆地、水域，再到砂纸地形图以及地形的三部分卡。同时还可以在地球仪上找地形。此外，还要认识温度、气候、云。

（四）历史学的延伸教学内容

历史学的学习可以从生日庆祝会开始，通过生日庆祝会使孩子对自己有一个正确的认识。接着可介绍日历，通过讲故事的形式介绍"我的一天"。之后学习时钟，认识分针、秒针，了解小时与分钟的关系。对一天的时间有了清晰的了解和认识之后，开始学习星期、月、四季、半年、年。在学习四季时可以准备一些代表四季的物品，比如含苞待放的鲜花代表春天、泳衣和太阳镜代表夏天、金黄色的麦穗代表秋天、棉衣代表冬天等，从介绍这些代表四季的实物过渡到代表四季的图片，再过渡到代表四季的字卡。在学习年时，可以用纸板做成一个圆代表一年，半圆代表半年，四分之一圆代表一个季节等。对基本时间介绍完之后可以制作时间线，包括个人时间线、家庭时间线等。

（五）天文学的延伸教学内容

天文学的基础教具就是八大行星嵌板。延伸的教学主要涉及太阳系的游戏、太阳系的三部分卡、月亮的变化、月球相位三部分卡、认识北斗七星、认识星座、制作星座小书、学会使用望远镜。

二、延伸教具制作

蒙台梭利科学文化教学的特殊性是它没有更多的现成的可操作教具，大部分都要自己制作，还有一部分利用生活中的物品而不需要额外制作，比如科学实验部分。如果把每一个延伸的教具制作都介绍一遍的话，可能需要一本书的容量，下面我选取几个具有代表性的教具制作来介绍：

（一）陆地和水域的构成

【教具构成】10个一次性餐盘、褐色橡皮泥、装有蓝色水的杯子、小刀、字卡（湖泊、大海湾、小海湾、海角、岛屿、半岛、地峡、海峡、群岛）。

【制作过程】

（1）把橡皮泥放在一个餐盘底部并摊平，用小刀在橡皮泥的底部挖出一个不规则的圆形；

（2）把挖出的部分放到第二个餐盘中；

（3）将蓝色的水注入第一个托盘，观察是否出现以前学过的地形；

（4）将蓝色水注入第二个托盘，观察地形；

（5）如果孩子会阅读，发给他们相对应的字卡进行配对练习。

（二）火山爆发实验

【教具构成】 小苏打、白醋、红色水、杯子、托盘、潮湿的沙子、直径1厘米的管子（底部封口）。

【实验过程】

（1）在托盘里用沙土堆成小山，把管子插在小山中，只露一个小口；

（2）把小苏打粉注入管子里，到大约三分之二的位置；

（3）将白醋和红色水在杯子里摇匀，慢慢倒入管中，就会喷发出红色泡沫液体；

（4）让孩子观看火山爆发的情景。

（三）星座小书的制作

【教具构成】 有孔的星座图片、垫板、白纸、彩笔、订书钉、托盘。

【制作过程】

（1）把白纸放到垫板上用夹子夹好；

（2）取出星座图片，左手按住，右手将一个个洞用彩笔点下来；

（3）拿开星座图片，将点连成线，画成星座；

（4）将星座画好后，加封面，写上日期。

（四）我的一天

【教具构成】 关于孩子一天生活的图画书、长条卷纸、彩色铅笔、时钟印章。

【制作过程】

（1）把长条卷纸打开横放，按一天活动的时间依次盖时钟印章。

（2）在第一个时钟上画出7点的指针，在下面画上相应的图画并制作相对应的字卡"起床"；在第二个时钟上画8点的指针，在下面画上幼儿园的图画并配上相应的字卡"上幼儿园"……直到晚上9点"睡觉"。把孩子一天的活动用这种方式表现出来。

（3）在卷纸边写上日期、姓名。

（五）个人时间线

【教具构成】20厘米长的长条卷纸、孩子各个年龄段的照片、铅笔、字卡（过去、现在、将来）、1张成人的图片。

【制作过程】

（1）将长条卷纸打开，请幼儿将自己从出生到现在的照片依次排列在卷纸上面，最后一张是成人图片，每张图片下面留有写字的位置；

（2）在每张照片下面写上文字说明；

（3）将字卡"过去"放在婴儿时期的照片上，"现在"放到现在的照片上面，"将来"放到成人的图片上面；

（4）讲解过去、现在、将来。

三、与其他领域结合的教学方法

（一）与日常生活教学相结合

科学文化与其他领域教学的结合主要体现在植物学的教学中。在幼儿园间食和用餐期间，孩子可以品尝多种可以食用的根（红萝卜、白萝卜等）、茎（芹菜、莴笋等）、叶（生菜、菠菜等）、花（花菜、花茶等）、果实（苹果、橘子等）和种子（黄豆、红豆、瓜子等）。此外，在春夏季节可以组织孩子参加采摘活动，比如在大连5月份可以摘草莓，6月份可以摘樱桃，7月份可以摘蓝莓。此外，可以在日常生活课上让孩子尝试自己清洗水果、切水果，也可以把水果用榨汁机榨成果汁，给小朋友分享，还可以制作水果沙拉大家一起吃。

（二）与感官教育的结合

在视觉上，可以将不同颜色的植物或水果蔬菜进行比较；在触觉上，可以请孩子用手触摸不同的植物，体会不同的感觉；在味觉上，可以请孩子品尝不同味道的食物，如酸的、甜的、苦的、辣的、涩的，等等。

(三) 与数学教育的结合

科学文化与数学的结合主要体现在根据形状、颜色、大小、味道、触感对食物进行分类;此外,还可以通过果实、种子、花瓣等的点数来计数。

(四) 与语言艺术教育的结合

科学文化与语言艺术教育的结合主要体现在用活动字母拼出所学食物的名称,此外,还可以画出所学的食物等。

第四节 蒙台梭利科学文化教育中的问题与解决

随着我国学前教育事业的发展以及社会对学前儿童教育事业的广泛肯定,蒙台梭利教育理念以及其灵活的教学方法,得到了教育界的广泛肯定。然而由于时代的变化以及社会文化背景的差异,蒙台梭利教学法在实施的过程中不可避免地会出现这样那样的问题,在这种情况下我们就不得不思考,怎样才能将蒙台梭利的科学的教育理念运用到我国的学前教育中来。

一、教师存在的问题与解决方法

(一) 教师存在的问题

1. 对蒙台梭利科学文化教育思想的把握不足

一个合格的蒙台梭利教师必须从思想上完全领会蒙台梭利的教育理念,进而将蒙台梭利的教育思想贯穿于教育过程的始终,而不是仅仅掌握蒙台梭利的教具操作,单纯通过操作教具来授课。蒙台梭利教师被誉为"导师",只有真正掌握方法和原理,并将其恰当运用到教学中的导师,才能有效地实施教学。

科学文化的可操作教具非常少,需要自己制作,这就对教师提出了挑战,无形中增加了教师的工作量。此外,蒙台梭利科学文化涵盖的内容非常广泛，这就要求教师必须了解各种科学文化知识，若教师的水平处在知其然而不知其所以然的阶段，就不能回答孩子提出的一个又一个"为什么"，进而抹杀了孩子对科学知识探索的积极性。

2. 教学过程形式化

蒙台梭利科学文化教学也遵循从具体到半抽象到抽象的过程，然而在很多时候我们很难坚持做到从具体开始，往往是按从半具体再到抽象这一顺序来进行的。

（二）解决方法

1. 教师要不断地充实自己，用丰富的知识武装自己

教师必须改变传统的教学思维。每堂课之前要做充分的准备，了解所教授自然现象的形成原理，事先预想孩子可能会提出的问题，并提前把答案想出来。

2. 努力做好家园共育

教师不仅要丰富自己的知识，也要调动家长，教育单靠幼儿园、单纯依靠教师的微薄力量是不够的，必须将家长的积极性也调动起来，在家园合作的基础上使蒙台梭利科学文化教育最大限度地发挥作用。

二、幼儿遇到的问题与解决方法

（一）幼儿遇到的问题

1. 与大自然脱离，认知受限

幼儿的思维特点是具体形象思维，即使到了幼儿晚期，虽然已经具有初步的抽象逻辑思维能力，但仍然是具体形象思维占主导并支配着幼儿的活动。科学文化教学正如前面章节提到的，教学遵循具体—半具体—抽象的原则。然而在实际教学中，要真正做到这一点并不容易。比如，在动物学的教学过程中，原则上是先认识具体的活生生的动物，之后再过渡到动物嵌板，最后是动物字卡。然而，生活在大城市中的幼儿每天被现代化的高楼大厦包围，接触大自然的机会少得可怜，

对动物的认识往往是通过动画片和图画书,这就产生了很多问题,比如幼儿会有大象和兔子一样大、大灰狼可以和小绵羊做朋友等错误的认识。

2. 幼儿学习的兴趣慢慢变淡

刚刚接触蒙台梭利科学文化现象和知识的幼儿对科学文化这门课有浓厚的兴趣,但是由于这门课的特殊性,比如可直接操作的教具非常少、教学课程的设置烦琐、涉及的知识面比较广、对教师的挑战比较大等,使得教师可能没有更多的精力去充分地准备课程,久而久之,结果就是幼儿的"为什么"越来越少,幼儿从老师那里得到的满意答复越来越少,进而潜在地抹杀了幼儿学习科学文化这门课的积极性,最终使孩子丧失了学习的兴趣,从而使这门课的教授仅仅停留在最初级的阶段。

(二)解决方法

1. 为幼儿提供接触大自然的机会

幼儿教师,尤其是蒙台梭利教师应该充分认识到第一经验的重要性。为了使教学活动达到最好的效果,要多多为幼儿提供接触自然环境的机会。在与自然近距离接触的过程中,幼儿会产生热爱大自然,热爱我们赖以生存的地球,进而热爱生活的意识。比如,除了在幼儿园饲养小动物和花花草草外,还可以在幼儿园附近开辟一块自留地,教师带领幼儿一起播种希望的种子,并组织幼儿定期观察植物的生长情况;定期组织户外社会实践课;经常组织幼儿去动物园观察动物,等等。

2. 充分准备每一节课

科学文化课和其他课程不同,它涵盖的内容特别广泛,上到天文,下到地理。对于一名幼儿教师来说,上好这门课具有很大的挑战性。因为科学文化教学的最终目的是培养幼儿的科学探索精神,当幼儿了解某一自然现象并对其产生浓厚兴趣的时候就会产生一连串甚至几十个"为什么",如果教师无法给幼儿一个满意的答复,就会抹杀幼儿学习的积极性。由此可见,做好课前准备是非常重要的。这要求教师不仅要准备上课要用的教具,还要准备幼儿可能会问到的问题,只有这样才能使科学文化课持续地发展下去。

第五节 蒙台梭利科学文化教学过程中教师的观察与记录

一、教师的观察[①]

实施教育,观察先行。蒙台梭利博士所说的观察,不仅仅是注意幼儿外在的成长和活动,还包括洞察幼儿的内在需要。

在蒙台梭利教室里,工作是幼儿活动的主要形式,是幼儿在内在动机的指引下自发开展的活动。教师只有细心观察幼儿工作时的各种行为表现,才能真正了解幼儿的内在需要。例如,观察幼儿当前感兴趣的工作是什么,是否专注,专注的时间是长还是短;观察幼儿是怎样操作材料的,操作时有什么困难,遇到困难时是如何表现的,能否依靠自己的力量解决困难,同伴的干扰对其是否产生影响,等等。幼儿的一言一行甚至面部表情和眼神的变化都可能包含有意义的信息,能帮助教师了解幼儿内心的"秘密"。

观察并不意味着只用眼睛看,教师还要用心去聆听、去思考,站在幼儿的角度去体验他们的内心感受,敏锐地觉察幼儿此时此刻的关注点,只有这样才能准确判断幼儿是否需要指导以及需要怎样的指导。

关注每一个幼儿在发展中的需要和兴趣并不是一件容易的事。教师在观察前要努力将自己的情绪调整到最佳状态,客观地对待每一个幼儿,不提前给幼儿"贴标签"。在幼儿活动时,教师可以在一段时间里集中观察一名幼儿。此时,教师不是活动的主角,只需站在角落里默默地观察,哪怕是看到幼儿操作错误或是遇到难题也不轻易插手。这不但

---

① 魏玉枝,杨莹. 做幼儿活动的观察者[J]. 幼儿教育,2008(3):13-14.

体现了对幼儿自主性的尊重，也给了幼儿尝试自己克服困难的机会。观察之余，教师还要做必要的记录，以便进行反思并更好地制定今后的教学策略。教师可以携带纸笔用简单的文字或符号随时记录自己的思考，并在事后及时整理。观察的目的是了解幼儿的能力水平和发展需要，根据每个幼儿的个体差异确定发展目标和教学策略，使幼儿在自主学习中体验成功，获得发展。

二、教师的记录

正如前面提到的，蒙台梭利教师是儿童自由活动的观察者。而观察最终要落实到记录上来。没有记录的观察是徒劳的，只有通过记录才能了解一个幼儿最直观、最完整的信息。蒙台梭利科学文化教师的观察记录可以通过以下几个方面来进行：在科学文化活动中孩子的专注性、探索性、好奇心、合作性、坚持性等。通过这几个方面的观察来了解孩子是否表现出初步的科学探索精神，进而为下一步制订个性化的培养方案提供科学的依据。

记录要做到：①连续性，即五日观察；②客观性，记录的内容必须是当时观察到的，而不是教师根据对孩子的了解及孩子的印象推测出来的；③及时性，观察到的要马上记录下来，由于时间的限制可先简短记录，过后再整理，只有这样才能获得第一手完整的资料；④观察后要总结，每天一次小总结，每周一次大总结，这是非常重要的一点。根据总结可发现孩子的进步以及需要改进的方面，为下一步的因材施教做铺垫。

蒙台梭利科学文化教师观察记录表如表 10-1 所示：

表 10-1　大连儿童之家蒙台梭利科学文化课教师观察记录表

观察教师：_____　　　　　　　　　　观察日期：_____

基本信息 观察记录	姓名	出生日期	性别	班级
专注性				
探索性				
好奇心				
合作性				
坚持性				
总评				

在幼儿园阶段，科学文化教育非常重要。教师有责任培养幼儿的科学思想、科学方法和科学精神，使他们用无与伦比的吸收性心智，吸收人类最崇高的精神与文化，成为人类科学与文明未来的发展者与开拓者。

第十一章 蒙台梭利艺术教具与教学

- 第一节 蒙台梭利艺术教育的概况
- 第二节 蒙台梭利艺术教育的基础教学
- 第三节 蒙台梭利艺术教育的延伸教学内容
- 第四节 蒙台梭利艺术教学中的问题与解决
- 第五节 蒙台梭利艺术教学过程中教师的观察与记录

蒙台梭利博士认为，儿童对于特殊的环境刺激有一定的敏感期，她指出0—6岁是幼儿的感官敏感期，艺术活动的多感官参与有利于促进幼儿的感官发展，同时为幼儿建立良好的心理状态打下基础。她还认为："这一时期孩子的心智就像一块肥沃的土地，准备接受大量的文化播种。"不是让儿童来适应教育，而是教育要努力去适应儿童、了解儿童，尊重他们内在的节奏和认识事物的顺序。传统的艺术教育以知识的内在逻辑联系把艺术课程人为地分割成音乐、美术等多学科，无疑是"以知识为本"的。蒙台梭利艺术课程打破了学科限制，顺应儿童认识事物的心理顺序，将相关艺术课程进行了整合。

第一节 蒙台梭利艺术教育的概况

一、蒙台梭利艺术教育理论

（一）蒙台梭利艺术教育的核心

艺术是人类情感的化身。艺术是人的知识、情感、理想、意念等综合心理活动的有机产物，是人们的现实生活和精神世界的形象表现。蒙台梭利艺术教育是遵循幼儿敏感期的教育，以儿童的自然发展为基础，给儿童提供一个有准备的、自由的、可以进行自我教育的艺术环境。宽松、自由、和谐的环境氛围有利于发展儿童的创造力和想象力。蒙台梭利艺术教育主要包括美术教育和音乐教育两大教育内容。

（二）蒙台梭利艺术教育的特色

蒙台梭利博士认为：儿童的想象世界与成人的不同，成人看世界带有理性分析而且是全面的；儿童则不然，其世界是感性、直接和片段的。

蒙台梭利艺术教育与传统的艺术教育不同，其特色可以归纳为以下几点：

（1）在蒙台梭利艺术教育中始终贯穿着蒙台梭利教学法及教学模式。配对、序列、分类三大重要的教学原则在艺术教育中是必不可少的，三段式教学法的应用使蒙台梭利艺术教育更加丰富。

（2）蒙台梭利艺术教育是将抽象的形象具体化，调动所有感觉器官参与，在游戏中进行创作，通过视觉、听觉、触觉、味觉、嗅觉，让儿童在艺术教学中更加真实地感受生活中的美。

（3）蒙台梭利艺术教育采用团体展示、小组展示和个别指导的教学方式，关注幼儿综合素养的提升、团体合作能力与个性化的发展。

（4）蒙台梭利艺术教育注重与其他教学领域的融合。艺术课程所用教具和教学用品的拿取及归位，感官教具中图形教具与艺术课程的结合使用，艺术教学中线条数量的认知，节日、风俗、自然与艺术课程的整合，通过朗诵儿歌及有想象力的表述进行创作，充分体现了艺术课程与其他教学领域的融合。

（5）蒙台梭利艺术教育中选用的教具及教学材料遵循"可操作性"的设计原则。

二、蒙台梭利艺术教育方法

（一）蒙台梭利美术课程教学方法

1. 教学内容主题化

主题化首先体现了美术课程的目的性，其次是针对性，蒙台梭利教育中把孩子的操作称为"工作"而不单纯是玩，工作是有目的性的，而玩是漫无目的的，因此每次的蒙台梭利美术课程都应该有明确的主题，一切教学活动围绕主题开展，教学效果根据主题进行评价。

2. 教学形式游戏化

传统美术课程大多是教师主导、儿童模仿的教学方式。在实施蒙台梭利美术课程时，教师需根据教学主题设置环境，以游戏、互动的形式开展教学活动。

3. 教学教具实物化

儿童是感觉学习者，也是皮肤记忆学习者，而不同于成人主要凭视觉、听觉来学习。玩具、教具、设施、物品等一切有形的物体都是儿童教育中必不可少的实物教具，人们说"玩具是儿童的天使"，其实教具的作用更大，自然界、生活中的物品都可以根据教育目的，用来随机对儿童实施教育，这也体现了"生活即教育"的理念。因此，在实施蒙台梭利美术课程时，实物的选取更加有利于开展教学活动。

4. 教学过程操作化

操作化是和实物化紧密结合的，儿童不仅是感觉学习者，还是动作学习者，传统的艺术教育中儿童的动手操作性存在不足，而蒙台梭利美术课程则更多地强调动手操作能力的提升。操作贯穿于整个教育之中，以达到"手巧"并促进"心灵"的目的。

5. 教学引导情境化

儿童具有模仿的天性及表演天赋，蒙台梭利美术课程注重课程与情境相结合，让儿童在情境中感知和体验，既丰富了儿童的情感体验，又能让儿童在快乐中学习。

（二）蒙台梭利音乐课程教学方法

蒙台梭利博士说过："幼儿只能接受音乐的启蒙教育，等他们再大一点儿，才可能培养真正的兴趣。"蒙台梭利音乐教育的特色是提供给儿童"一个能够引发其音乐感受力和理解力的环境"。在蒙台梭利教室，随处都可以感受到音乐的气氛：有些孩子正配合着优美的旋律，在走线上和着音乐节拍走动；有些孩子则随着加餐时间的背景音乐，主动且有秩序地排好队；教室的一角可看到小朋友在练习五线谱板；音感钟桌前常可看到孩子手执钟槌，专心地聆听自己敲出的声音……

蒙台梭利音乐教育是通过听、唱、语言节奏、线上运动、音乐欣赏等各项活动，与日常生活、感官、数学、科学教育结合在一起。教师可以通过以下方式来对幼儿进行音乐教育：

1. 静寂游戏

蒙台梭利博士认为能感受安静是学习聆听的第一步。儿童在静寂游戏中学会聆听，感知声音的种类、大小、方向，从而增强听觉的敏感度。

2. 说白

在实际教学中常把所学歌词以说白的形式教给学生，并配以音韵、节奏、速度、力度和情绪等。

3. 发音练习（歌唱）

配合音感钟的敲击做发音练习。由一个音、两个音，慢慢地加到五色音阶，这些音一个个地配合音感钟的伴奏，加入游戏、乐器演奏、儿歌练唱、律动等。

4. 韵律活动

走线是韵律活动的准备，当儿童可以在线上保持平衡后，教师可以加入不同的高低音、强弱音以及缓慢与急促的节奏，让孩子从对比节奏中分出慢步走与快步走的不同，也可做足尖走、滑步走等不同的肢体探索。日积月累，幼儿就能丰富自己的肢体语言，达到身体的自我控制与音乐素养的提升。

5. 感知节奏

节奏在音乐中代表一种"秩序"，这种秩序是指能在固定的时间里有规则地重复可自由变化的快慢和强弱。教师需设计生动有趣的教学，让孩子在说唱、拍手、跑跳、敲击乐器等活动中感受乐曲中的节奏，享受其中的律动感。节奏教学的常用方式有肢体节奏、语言节奏和乐器节奏。

6. 辨音练习

教师通过操作感官教具中的音筒，训练孩子辨认声音的种类和强弱。

7. 音感训练

学习使用音感钟（操作详见本章第二节基础教具介绍）。

8. 识谱与写谱

经过蒙台梭利音乐教学中的识谱练习，孩子可以识谱并进行简单的写谱和创作。（操作详见本章第二节基础教具介绍）。

9. 乐器演奏

没有过多的弹奏技巧，儿童通过对声音的掌控满足敲击的欲望，增加快乐的学习经验，也能促进幼儿手指肌肉的发展及手眼协调能力和专注能力的发展。

10. 音乐欣赏

音乐欣赏的原则是让儿童通过自身的活动直接去感受音乐，主动地欣赏而不是被动地听。蒙台梭利博士说："音乐启蒙教育的成功与否，主要取决于我们让幼儿听了多少音乐。"如果能让幼儿高兴地欣赏音乐，自然有助于其音乐理解力和创作力的培养。适合儿童聆听的音乐以旋律优美的古典音乐为佳，应避免选用强弱变化大的交响曲和协奏曲。

11. 音乐游戏

音乐游戏即通过游戏来学习音乐知识。教师设计的游戏都是具有音乐性的，都和音乐知识有机地结合在一起。

12. 音乐舞蹈剧

把民谣、童话、民间故事等编成音乐舞蹈剧，儿童的创造精神在欢乐和愉悦的课堂气氛中得到发展。

三、蒙台梭利艺术教育的重要性

蒙台梭利艺术课程打破了学科限制，顺应儿童认识事物的心理顺序而将相关艺术课程进行了整合，蒙台梭利博士倡导的"给孩子自由，激发孩子的创造性"的教育理念与艺术课程理念不谋而合，蒙台梭利艺术教育对儿童的心智发展具有非常重要的作用：

（1）蒙台梭利艺术教育可以培养儿童对艺术的兴趣和对美的敏锐感知能力。

（2）蒙台梭利艺术教育可以培养儿童积极向上的情感、健全的人格和良好的品格。

（3）蒙台梭利艺术教育可以开发儿童的创造力，使其能运用多种材料、工具，大胆表现自己的内心感受和认识。

（4）蒙台梭利艺术教育可以让儿童欣赏古今中外名家名作以及优秀的儿童作品，培养其鉴赏能力。

（5）蒙台梭利艺术教育可以发展儿童的手眼协调能力和小肌肉的精细动作能力。

（6）蒙台梭利艺术教育可以让儿童体验发现的乐趣，养成良好的行为习惯。

（7）蒙台梭利艺术教育给儿童创设充足的物质环境，培养儿童自主学习的习惯，为儿童的个性化发展提供展示的平台。

第二节　蒙台梭利艺术教育的基础教学

一、教学内容

（一）蒙台梭利美术教育教学内容

蒙台梭利博士认为，美术教育应当是"间接的教育"，应将活动对象（如绘画）的难点分解（如造型、色彩、构图），同时将手的相关动作分解，设计系列的学具。孩子们通过操作练习一个个动作，攻破一个个难点，幼儿会将这些整合起来，在自由创作中达成天赋所趋的目标。蒙台梭利美术教育教学内容主要包括：

1. 颜色的练习

主要培养儿童对各种颜色的敏感性，使儿童能够熟练地认知生活中常见的各种颜色，学会调色和混搭，达到对颜色更高层次的把握。

在蒙台梭利美术教育中，儿童首先要认识各种颜色，教师可利用感官教具中的色板进行各种有关颜色的教学。如认识三原色、颜色的调配、颜色的渐变、明暗的不同等。为了加强儿童的动手能力，教师可引导儿童动手调色，制作三原色配色小书。

2. 运笔练习

熟练掌握水粉笔、彩铅、油画棒等的握笔姿势。

在这一教学阶段，教师可以借助日常生活区及感官区中的三指、二指操作教具，首先让儿童做好握笔前的准备工作，再进行用笔拓画教具的工作，如彩色圆柱体的平面描画、构成三角形盒中的各种几何图形的描画、各种嵌板的描画等。

3. 构图

使儿童能够对美有一个基本的认识，能够用不同的构图与设计表达出自己内心的想法以及对美的不同层次的欣赏水平。

当儿童掌握基本图形后，就可以利用教具进行构图了。教师可以引导儿童将蒙台梭利教具组合成想象中的图形，比如可以利用几何图形嵌板橱中的圆形、正方形、三角形、梯形，画出一座房子；可以用叶形嵌板画出各种花；可以用粉红塔的平面画出一座高塔等。

4. 造型

锻炼儿童的观察能力、思考能力、手眼协调及运笔能力、空间感知能力（立体与平面、大小、前后、上下、左右、遮挡等关系），为想象与创作做准备。

教师可以引导儿童脱离教具，根据自己想象中的情境造型画图。每四节美术活动课中至少应该有一节"造型"活动课。

5. 绘画的基本技能

提升儿童对基本线段、几何图形的掌控能力，加强对构图能力、观察力的训练，提高儿童的绘画记忆水平，丰富儿童的感受力并充分发挥儿童的想象力。

绘画分为东方绘画和西方绘画两大体系；从材料、技术上又可分为素描、彩墨、油画、版画等；从内容上又可分为人物画、风景画、静物画、动物画等。幼儿园一般以儿童画为主，儿童画又包含水彩画、蜡笔画、线描画、水粉画、国画、特殊技能画（油水分离画、刮刻画、电脑绘画、拓印……）等。

6. 美工

主要是粘贴、泥工、折纸、布艺、手工制作等。

粘贴的教学活动包括彩纸粘贴、报纸粘贴、毛线粘贴、棉花粘贴、纸团粘贴等；泥工的主要材料有橡皮泥、彩泥、彩面等，通过团、搓、压、捏等动作来进行造型；折纸深受儿童喜爱，它造型简洁夸张，富有情趣，是启迪幼儿智慧的一项有意义的活动；布艺，即布上的艺术，是中国民间工艺中一朵瑰丽的奇葩；手工制作是指利用纸、纸盒、塑料瓶等材料进行的立体创作。

7. 审美与欣赏

主要包括美术与语言文学欣赏，美术与音乐，名画欣赏，建筑欣赏、工艺欣赏等。

8. 美术与游戏

儿童的天性是爱玩、爱动，而且注意力集中不持久。在教学过程中，把游戏引入课堂，寓教学于游戏中，可以使幼儿在轻松愉快的学习活动中掌握美术知识，如涂鸦墙、百米长卷、泥塑、做月饼、做饼干等。

9. 美术与情感

只有在情感智慧的带动下，才能深入地感受心灵的呼唤，激发幼儿绘画创作的欲望。教师可以引导幼儿用色彩表现心情，带领幼儿到大自然中写生，装饰、设计衣服、书包，以环保为主题组织绘画活动等。

10. 摄影

这是指用相机记录美好的瞬间。

（二）蒙台梭利音乐教育教学内容

幼儿时期是音乐学习的关键期，在游戏中感知音乐，不但能够提高儿童对音乐的兴趣和音乐感受力，还能陶冶儿童的情操，促进儿童的身心健康、和谐地发展。蒙台梭利音乐教育根据儿童好动、好奇心强、善于模仿、喜欢表现与创造的年龄特点，采用"游戏化"的方式组织儿童进行音乐游戏活动，不仅能激发儿童的兴趣，还能让儿童体验在音乐中"玩"的快乐。

孩子们有机会进入丰富的艺术世界，音乐不再仅仅是旋律和节奏，而是与儿歌说白、律动、舞蹈、戏剧表演甚至绘画、雕塑等视觉艺术相联系。他们可能在老师的引导下去关注特定的一个声源，去倾听、辨别、想象来自生活和自然界的不同的声音，如小鸟的呢喃、和风的呼吸、汽车的抱怨，然后试着用自己的嗓音去模拟，用自己的肢体去表现，用生活中一切可以发声的物品去表达，并用戏剧的形式来综合，最后还可能用画笔将发生在他生活周围的经由他的想象而产生的故事视觉化……蒙台梭利音乐教育不仅让孩子们体验音乐，同时也训练他们的合作、服从意识。

蒙台梭利音乐教育教学内容主要包括以下几个方面：

（1）听力训练。

（2）节奏训练：打击乐器演奏法及应用。

（3）律动训练：声势、形体、游戏等训练及应用。

（4）语言学习：音乐语言教学训练及应用。

（5）创造性能力培养。

二、基础教具介绍

（一）音感钟[①]

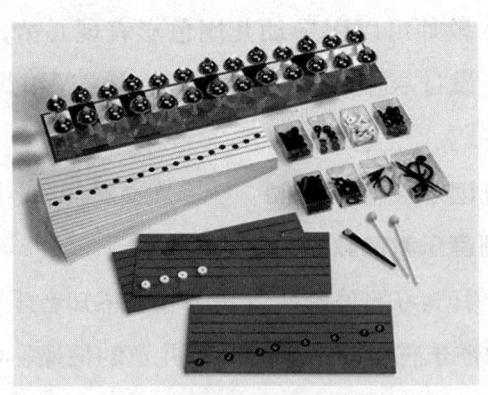

[①] 刘文. 蒙台梭利幼儿感官教育［M］. 上海：第二军医大学出版社，2004：103.

【适合年龄】 3—5 岁（有音筒学习经验）。

【准备材料】

音感钟：金属质地的钟两组，其音域包括一个八度音的全音和半音。两组钟体在外观上完全相同，只以小型底座的颜色加以区分，用木槌敲击，可发出高低不同的声音。

其规格如下：

第一组：白色底座的钟 8 个（音名——C、D、E、F、G、A、B、C；音阶名——Do、Re、Mi、Fa、Sol、La、Si、Do）；黑色底座的钟 5 个（音名——#C、#D、#F、#G、#A；音阶名——#Do、#Re、#Fa、#Sol、#La）。黑白色与钢琴键相对应，音程以 C 大调的音阶为准。

第二组：自然色底座的钟 13 个，音名与第一组相同。

附带教具：木槌、止音棒、排列音感钟的长键板台（台面漆有排列方式与琴键相同的黑白两色，各色块大小与钟底座的面积相合）。

（二）音符盒

盒内装有各种记号和音符，教师可自制名称三步卡或砂纸卡，配合音符盒中的音符记号进行教学活动，也可以从乐谱中找出已学过的符号，并解说这些符号所代表的意义。

（三）五线谱板

蒙台梭利教室的五线谱板有三种。

第一种五线谱板是在木板上的间、线中各挖出一个洞，这些圆洞可以分别放进一个正面标有音名的符棋，而符棋的下方和每个洞底都分别标有 1、2、3、4、5、6、7、8。如此，孩子可以根据号码将符棋放入洞里，学习五线谱上的音阶位置。

第二种五线谱板是较长的绿色五线谱板，没有圆洞，没有记号。符棋则是上方标有音名，下方不标号码。幼儿在练习时可随意拿起一个符棋，放在五线谱板上，音名朝下放置。等到全部放上去之后，再将符棋翻转过来。这时，音名朝上，就可以看出是否放错了位置。

第三种五线谱板是两块分别标着上行音阶和下行音阶的木板。合起来看，音符正好呈菱形排列；若两块分开，则分别成为高音谱和低音谱的音阶。

（四）练习板

孩子认识了各种音符在五线谱板上的位置后，就可以在音谱、音符的练习纸上画上乐谱，培养写谱的能力。

（五）打击乐器

这里所指的打击乐器包括两种，即：无固定音高的打击乐器，如沙球、三角铁、双响筒、手鼓、西斯特等；有固定音高的打击乐器，如音条乐器（钟琴、钢板琴、木琴等）、定音鼓等。

三、教学环境的准备

蒙台梭利教育的教学环境是指幼儿需要的真实的环境，是供给幼儿身心发展所需的练习环境，如蒙台梭利教室就是这样的环境。虽然蒙台梭利一直强调环境的重要性，但有三点我们必须要记住：

第一，蒙台梭利认为环境的重要性仅次于生活本身，环境对人的发展有改变的力量，因为它可以带来助益，也可以带来阻力，可是环境本身绝对无法单独创造，幼儿并不是因为偶尔被放在丰富的环境中而长大的，而是因为其内在的生命潜能发挥而成长。

第二，幼儿成长的环境必须由一个具备相当知识而且敏锐的教师细心筹划。

第三，教师必须参与幼儿生活与成长的环境。

（一）环境要求

预备好的环境应该具备以下要求：

（1）充分展示孩子的节奏与步调的场所。

（2）以孩子为中心设置的场所。

（3）美的空间，以孩子的眼光来评判美，环境的设计都要以孩子的作品来呈现，光线、色彩、图案都要给孩子美的感受。

（4）艺术环境的创设同样要呈现秩序，不随便改变环境的位置和装扮。

（5）艺术环境也要与整体文化有连贯性，要与本土化生活相结合，善用周围的环境资源。

（二）教师的准备

环境包括教师，教师的准备也很关键，教师是一个观察者、示范者、与孩子沟通者、环境的协调者，而且在教学环境中也要不断地反省和改进。教师所谓的精神准备包括三个方面：

第一，对于人性的兴趣，以观察者和被观察者之间的亲密关系为基础。

第二，教师必须把孩子当成独立不相同的个体。

第三，通过活动孩子会表现出真实的一面，而且经由孩子的表现，教师能了解到自己扮演的角色。

第三节 蒙台梭利艺术教育的延伸教学内容

一、延伸教学内容

随着时间的发展，展现音乐的形式不断被研究创新，幼儿的音乐教学不再局限于传统的唱歌、跳舞。延伸内容包括：①歌唱训练；②韵律活动；③节奏感的培养；④音感的训练；⑤乐器的认识和使用；⑥音乐欣赏；⑦曲式；⑧视谱；⑨创作。把握幼儿的音乐敏感期，不仅能使儿童听觉敏锐、增加词汇、激发想象，也能提升其智力，强化其运动技能。总而言之，音乐启蒙教育并非单纯的教学课程，而是以音乐来启发并增强幼儿的各种才能，并借此培养专注力、耐心、自信、合群的好习性，使儿童从音乐中感受生命的喜乐，成为快乐的孩子。

延伸教育教案

1. 水粉画：炫彩烟花

【教学目标】

（1）尝试用苍蝇拍拍打蘸色的海绵，创作绽放的烟花。

（2）通过倾听声音、观看视频、模仿动作，积累烟花在空中四散绽放的经验。

（3）体验使用新材料进行创作的愉悦情绪，并进而对不同形式的美术活动产生兴趣。

【材料准备】烟花的声音和视频。苍蝇拍、宝石蓝色卡纸。白色、红色、黄色、紫色水粉颜料。各种形状的小海绵块等。

【制作提示】把水粉放入调色盘里调试好，把海绵放入盘里吸入水粉，再把海绵放在画纸上，用苍蝇拍拍打，越随意越好。

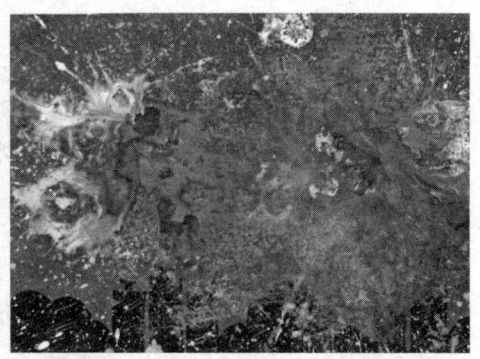

2. 诗画练习

例1：《破阵子·燕子来时新社》（晏殊）

【教学目标】

（1）通过古诗欣赏熏陶幼儿的艺术细胞。

（2）通过对古诗的理解培养幼儿的想象力和创造力，为学习书写做准备。

【材料准备】水彩笔、画纸、古诗和关于这首诗的画面。

【制作提示】教师先给幼儿讲解古诗词及欣赏古诗词的图画,再让每个孩子说说自己的想法并进行创作。

例2:棉签画——蜘蛛

【教学目标】

(1)让孩子养成作画的好习惯。

(2)激发孩子们的作画欲望。

【材料准备】色卡纸、粘胶、水粉、棉签、水彩笔。

【制作提示】教师先给幼儿讲关于蜘蛛的故事,然后出示图片,让幼儿认识蜘蛛,了解蜘蛛的作用和身体特征,再用色卡纸剪出蜘蛛的样子进行拼摆粘贴,最后拿棉签画蜘蛛网。

 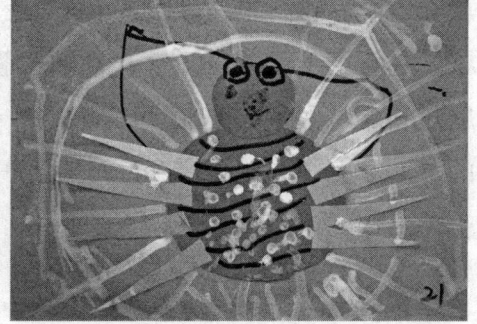

二、延伸教具制作

延伸教具的制作要做到精美、实用、具有操作性。在制作教具前，首先要确定教具使用的领域，确定制作教具的目的，选定材料并制作，制作后生成教案，在班级内投放使用，并及时观察教具的使用情况，做出有效评估。每一种蒙台梭利教具都是感官导向的教具，它们均遵循同一个设计原则，带领孩子不自觉地从简到繁，从具体到抽象地学习。所有教具的设计能让孩子在操作中自我检查错误，因此，当出现错误时，孩子不仅可以自己察觉到，还可以完全不需要他人帮助，自己改正过来。这种系统化的学习方法可确保孩子在学习中取得极大的成功，这种"能力产生信心，信心再产生能力"的循环将会推动孩子不断地产生求知欲及工作愿望。

三、与其他领域结合的教学方法

蒙台梭利博士设置了各种动手操作的教具，以便幼儿进行手工、绘画、泥塑，比如蒙台梭利博士准备了木质的、金属的或者是纸做的感官教具、几何图形，让儿童通过手触摸图形，再将形体放在图形上，把轮廓勾画出来，然后按照形体的轮廓用笔涂色。艺术领域的课程可以和五大领域完全结合起来：在日常生活教育中，幼儿可以把做好的美术作品放在娃娃家进行情境教学；在感官教育中，孩子可以认识更多不同的形状并进行图形的创意设计；在数学教育中，孩子可以根据艺术教育的主题进行数学的练习；在语言教育中可以通过情境教学的形式体现艺术的教育；科学文化教育可以通过户外的课程让孩子和大自然接触，感受美。

第四节　蒙台梭利艺术教学中的问题与解决

一、教师教学问题与解决方法

蒙台梭利博士在艺术教学中遇到的最大问题就是混龄教育的艺术开展如何进行。

由于蒙台梭利教学是混龄教育，在开展艺术教育时，教师需要把握难易程度，所以开展起来有些难度。这类问题的解决方法如下：

（1）教师需要深入了解孩子的敏感期，根据孩子的敏感期进行课程设计，合理把握难易程度。

（2）教师可以根据分组形式实施课程，教师教大组的孩子活动，小组和中组由大组的孩子带领学习并复习，这样对教学内容的掌握会更加牢固。

（3）教师每个月研讨设计的课程，找到设计中的不足之处及解决办法。

对于幼儿迷恋游戏问题，可通过艺术教学——绘画来解决。

请看下面的案例：

杨子美是"儿童之家"大组的一名男生。2012年10月，子美喜欢上了一种网络游戏《植物大战僵尸》，也可以说是"迷恋"上了它。

老师通过观察，发现他在上课时注意力越来越不集中了，并且每次与他妈妈沟通时，他妈妈都会说："现在子美每天都要玩游戏，不玩不行。"

老师问子美："你有没有玩过《植物大战僵尸》的游戏？"

子美听到后兴奋地说："当然玩过，爸爸妈妈的手机上都有，我每天都玩。"

老师又接着问："那你知道里面都有哪些角色吗？"

子美不假思索地回答道："有向日葵、豌豆射手、铁桶僵尸、伴舞僵尸……"

老师："老师上次看一个报道讲'经常玩游戏的人，会注意力不集中，工作也做不好'，你觉得呢？"

子美不好意思地想了想："我也觉得不好，不过游戏真的挺好玩的。"

老师听后想到之前子美送过自己一份有关"植物大战僵尸"的绘画作品，就跟子美一起想了个办法。

老师："我也觉得这个游戏很有意思，不过，这个游戏的内容很多都是固定的，我想让它出现什么，它有时却没有什么。你玩的时候是不是也有这样的感觉？"

子美想了想："是啊！有一次僵尸出现时因为一直没有出现豌豆射手，然后就被吃掉了……"

老师："那我们一起想一个办法让它能和我们想的一样好不好？"

子美开心地回答道："好啊！有什么办法？"

老师："我记得之前你送我一份绘画作品，上面有你画的植物大战僵尸，我觉得你画得很不错，如果我们把游戏画下来，并且能想画什么就画什么，这样是不是更好玩呢？"

子美认真地想了想："嗯，这样更好玩。"

于是子美就跟老师约定，以后再也不玩手机上的游戏了，想玩了就画下来。"子美现在每天都特别乖，也不玩游戏了，还喜欢上了画画。"妈妈跟老师分享道，"每天他在家拿纸乱画一通，都是关于植物大战僵尸什么的。他几乎没再玩过爸爸妈妈的手机。"

老师与妈妈分享了和子美之间的约定，妈妈恍然大悟。之后，爸爸妈妈一直很配合子美画画的喜好，并且按照老师说的，在子美每次画完之后引导他讲一讲画的是什么。

三个月以后，一天早上子美来"儿童之家"上学时，从书包里拿出一幅画给老师看。老师看到后非常吃惊，子美竟然根据《植物大战僵尸》画了一幅连环画，画得非常精彩。

子美还与老师和小朋友们分享了连环画里的内容。

他说道："老师，我最喜欢豌豆射手，因为不论出现哪种僵尸，我都可以画豌豆射手射击。"

二、幼儿遇到的问题与解决方法

在艺术教育过程中，幼儿是否能够产生兴趣是教师必须面对的最大问题。如何吸引幼儿并让幼儿在艺术教育中能够充分地融入呢？

（1）以幼儿为中心。教师要尊重幼儿的想象力和创造力。

（2）营造宽松的氛围。教师要从心理上、物质上为孩子创设一个良好的环境，从一个微笑到一个拥抱，都是对孩子最好的肯定与评价。要使幼儿在无拘无束、毫无心理压力的氛围中愉快地学习，满足他们对美的渴望和需要。

（3）材料准备要充足。在艺术课程中，教师要善于用各种可利用的资源，如废旧物品、常见生活物品等。

第五节 蒙台梭利艺术教学过程中教师的观察与记录

一、教师的观察

学习音乐和培养其他素质一样，一定要从小培养，越小越容易学，这和儿童教育的敏感期有紧密关系。准确来讲，胎儿在母腹中已对声音有感觉，0—6岁是儿童的音乐敏感最佳时期。许多懂得儿童教育规律的人，在母亲初怀孕时就让胎儿听一些轻柔、明快的音乐。孩子出生后，在一天不同的时段让孩子听不同的音乐，起床、吃饭、睡觉前都播放特定的音乐，这样的孩子长大后不仅对音乐的感觉非常好，而且普遍都很聪明，最为重要的是这些孩子的性格非常完善，生活很快乐。孩子在家中听什么样的音乐是有科学要求的，家长可以到权威幼教机构咨询。

就像其他幼儿教育内容一样，幼儿音乐教育仅靠家庭是不够的，因为家长毕竟不够专业，且不说大多数家长并不是真正懂音乐。即使家长会唱歌、弹奏乐器，但不一定懂音乐教育，尤其是对幼儿进行音乐教育。我们建议幼儿3岁以后适当参加权威机构举办的幼儿音乐班，3岁前可以在家中进行音乐熏陶，极个别有音乐天赋的孩子例外。3岁后仅靠家庭熏陶就显得不够了。3—6岁是孩子音乐敏感期的关键时期，应主要培养孩子对音乐的感觉，这也符合幼儿教育中的感官教育的内容，亲子教育中称为音乐智能，这是为孩子将来的音乐素质打基础。（孩子不是特别有音乐天赋的话，在这一时期不宜专学一门乐器，此说为一家之言，仅供参考。）

二、教师的记录

教师在着手观察与记录工作之前，首先要了解幼儿。了解幼儿要通过以下途径：

（1）要喜欢幼儿，与他们建立和谐的关系，详细了解幼儿的个人资料、背景介绍和孩子的兴趣、爱好，并进行详细的记录。

（2）观察与记录的时候应该注意先对孩子有基本的了解，再借由观察给孩子适时、适当的协助。

教师在观察记录时应该注意：

在观察孩子之前，必须调整自己的状态，不能受到任何负面情绪的影响，并保持客观的态度，任何时候都不可提前给孩子贴上标签，不仅要观察孩子外在的活动状态，更应观察幼儿内在的协调情形。观察孩子活动时，不能干涉孩子活动，也不能随时夸赞，记录的文字必须客观、真实，不能使用主观的判断字眼，由于记录的工作必须速度快和正确，建议可以随身带着小本和照相工具，待幼儿离园时再认真记录。

请看下面的案例：

2013年7月3日晚上,对于我们"儿童之家"的八个孩子来说是不平凡的一夜,因为今天我们要面临自己人生中第一次离开父母在学校过夜的考验。下午放学后,别的小朋友都被接走了,就剩我们八个小朋友。我们非常激动、兴奋,还给自己的这次活动拟了一个口号:"勇敢之夜,向前冲!"小朋友们都信心满满。首先,我们下楼去经纬广场寻找一些好看的叶子,回来后做成一幅漂亮的画。我们分成三组,一个队长拉着一个队员排成三排,出发啦!走在路上,李老师不时让我们观察:我们走的是什么路,路过了什么地方。在等绿灯时,我们还摆出不同的姿势合影。到了经纬广场,我们迫不及待地去寻找最漂亮的叶子。回来的路上,我们唱起了歌:《幸福的孩子爱唱歌》和《再见了我的幼儿园》。优美的歌声加上整齐的队伍,组成了一道美丽的风景线,吸引了无数的目光。回到"儿童之家"后,我把自己拾的叶子倒出来,设计自己的作品。我把叶子剪成一排排的,组成一所漂亮的房子。有的小朋友拿印花机把树叶压出小花,贴在纸上;有的小朋友压出几个桃心,当作桃心船;有的小朋友压出了"萤火虫"……下一个环节是讲故事,我们投票选出想听的故事,然后由硕硕给小朋友们讲,我们都听得聚精会神。接下来,夜宵时间到,我确实有点饿了。在吃蛋糕时,我想到一个好办法,把吸管拆成两半,当作筷子,这样就不怕蛋糕掉出来了。洗漱时间到了,我们拿着自己的牙刷、牙膏去洗漱。我拿着自己的电动牙刷,看着时间,我要刷够3分钟。洗澡的时候,我们都很害羞,把门关好,不让拍照,小男生跟小女生分开,小男生还要自己洗澡,不让老师看。洗完澡上床睡觉了,我还沉浸在兴奋中。芳宁说,原来在幼儿园过夜这么舒服呀!我也觉得大家在一起真好!可是,真正躺下之后,我还真想妈妈,平常都是妈妈抱着我睡觉的。不过没关系,我已经长大了,可以自己睡觉了,我不害怕,可是,妈妈现在在干什么,她在想我吗?带着纠结,我进入了梦乡。

第十二章　蒙台梭利幼儿园管理

- 第一节　蒙台梭利幼儿园招生
- 第二节　蒙台梭利幼儿园教职工的聘任
- 第三节　蒙台梭利幼儿园园长的职责
- 第四节　蒙台梭利幼儿园的规范化管理

第一节　蒙台梭利幼儿园招生

一、蒙台梭利幼儿园的基本招生步骤

对于小型的蒙台梭利幼儿园，招生办主任可由园长兼任，大一些的蒙台梭利幼儿园也可单独设立这一职位。招生办主任可负责管理招生项目的各个环节，包括：签订相关文件、接待幼儿园学位申请人、确定幼儿是否适合入园等。

（一）电话咨询

一般来说，大多数家长会在初期打电话到幼儿园询问幼儿园的情况，幼儿园应及时整理电话咨询的资料，并定期跟进各个家庭的需求。

（二）访问和参观

为使家长能更深入直观地了解幼儿园的情况，在招生阶段，应组织家长招待会等活动，向家长介绍蒙台梭利幼儿园的理念、特点、软硬件设施等方面的信息，并带领家长参观幼儿园的教室，或举办公开课邀请家长观看。活动安排应力求周到全面，活动前通过网络、电话等做好宣传工作，通知已经有报名意向的家长来参加，并在环境布置、教室安排等方面做好准备。

参观结束后，应安排时间邀请家长对蒙台梭利幼儿园的印象、建议等方面展开讨论，条件许可的话，应尽量邀请在读学员的家长参与进来，通过新老家长之间的互动以及家长和教师之间的互动，使家长们尽可能充分地了解幼儿园的各个方面。

（三）入园申请及面试

在经过充分沟通后，若家长了解并赞成幼儿园的教育方式，可以请家长提交一份入园申请，填写幼儿的各项基本资料，表达入园的愿望，由园方面试通过后幼儿即可入园。

（四）录取新生

根据生源调查的结果和教室、师资资源的数据确定幼儿园的招生计划，如果符合条件的生源人数超过招生计划，则可按报名的先后顺序进行取舍。

一般来说，每个学期的开始时段可以接收新学员，但如果学位有空余，也可在学期中间接收转园学员。新学员入学时，应考虑到对班级原有学员的影响和新学员的入学困难，采用每周1～2名学员入学等方法，尽量避免学员集中入学。

幼儿入园名单最终要由园长或董事会授权机构来确定，名单敲定后，应及早向家长发放录取通知书。录取通知书建议采用书面形式，并辅以电话沟通，务必使家长尽早获得明确的录取信息。为保障生源不流失，幼儿园可要求被录取的家庭尽早支付一定数额的保证金，并承诺该保证金可在正式入园时转为学费的一部分，以保护双方的利益。对由于学位紧张等原因而无法入园的幼儿，幼儿园应向家长明确表达无法录取的信息，并用尊重的态度和温和的语言说明不能录取的原因。对由于年龄太小而暂时无法入园的幼儿，幼儿园可建议家长延迟报名，并说明优先入学的政策。

二、蒙台梭利幼儿园招生的特点

（一）招生宣传时的特点

蒙台梭利教育方式重视幼儿潜能的发展，但是由于国内环境、家长的教育理念以及幼儿自身特点的不同，这种教学法不一定适合所有的幼儿。只有在家长的教育理念和教育目标与幼儿园基本达成一致的情况下，才能取得较好的教学效果。由于目前国内蒙台梭利教育法还没有大面积地深入推广，一些家长对这一教育理念的理解还不深刻甚至存在较大的误解，如：一些家长认为蒙台梭利教育就是"放养"，是绝对的"自由"；还有一些家长对蒙台梭利教育的认识则仅仅流于对教具的认识，如果在幼儿园招生的时候，没有与家长进行较为深入的沟通，幼儿入园后，就很容易导致家长的不满与失望，甚至造成幼儿提早离开幼儿园。因此，招生办主任在招生时，要通过讲座、说明会等方式全面地向家长诠释蒙台梭利教育理念的内涵，同时也要仔细倾听家长的心声，了解他们对幼儿教育的期待，对于认识差距较大的家庭，应建议其另择他园，并说明理由[①]。

（二）招生面试时的特点

　　蒙台梭利幼儿园的面试方法和面试目的都与其他幼儿园不同。面试的目的并不是所谓的"择优录取"，选择智商较高或者家庭条件较好的幼儿入园，而是要选择更适合蒙台梭利教育法的家庭及幼儿。由于蒙台梭利幼儿园的教育模式中，家庭教育及家园共育有着重要的作用，家长对幼儿园的参与度相对较高，家长对幼儿园教学理念、活动安排等各方面的态度和匹配度都将影响幼儿园及幼儿的发展前景，因此蒙台梭利幼儿园的面试环节应着重体现以下几个方面的内容：

　　（1）家长对蒙台梭利教学方式的了解途径及程度。

　　（2）家长对幼儿在园学习有什么期待。

　　（3）幼儿在日常生活、自理能力、喜爱的活动等各方面的特点。

　　（4）幼儿是否曾经参与过蒙台梭利的早期教育课程。

　　（5）家长对参与幼儿园活动的态度以及活动频率的期待。

　　对家长的面试应由有经验的园长或招生办主任负责。在面试过程中，要注意营造轻松愉快的气氛，鼓励家长提问、讨论，可同时向家长介绍幼儿园的教学理念和教学计划，并说明招生程序。

　　对幼儿的面试，应考虑幼儿的年龄特点，由于2.5岁以下的幼儿沟通比较困难，面试老师应更多地从家长处获得信息，或者与幼儿进行简单的肢体、语言沟通，并仔细观察幼儿的身体、眼神等方面的反应来做

---

① 段云波.蒙特梭利双语幼儿园的运营与管理［M］.青岛：中国海洋大学出版社，2004：140.

出判断。由于蒙台梭利幼儿园注重幼儿的年龄和性别数量的平衡，同时也要考虑教师人数的限制，对于年龄太小的幼儿，建议延迟入学。对于 2.5 岁以上的幼儿，可以根据幼儿年龄的大小，适当调整言语沟通的比例和内容。同时，应尽量邀请幼儿参加课堂活动，参与实际工作，以便更全面地对幼儿做出评估。面试完成后，面试老师应根据面试情况出具观察报告，对幼儿的各个方面做出初步判断，作为幼儿入园后发展成长的基础资料。

（三）入学分班时的特点

混龄教育是蒙台梭利教育的重要特征之一，然而，混龄不代表毫无章法地混合年龄。实际上，蒙台梭利教育法对混龄班级中各个年龄段的配比及性别配比都有较为科学的指导数据。一般来说，一个班以 25 人左右为佳，最多不超过 35 人。不过，由于需要同时考虑实际生源的申请比例，幼儿园也可根据具体情况加以调整，只需在总体思路上大致保持这样的比例就可以了。

分班的时候还要考虑各个方面的因素，例如教室数量、招生总数、政府规章、教师数量、家长要求，等等。一般而言，一个蒙台梭利班级需要安排一名主导老师和一名辅导老师，还需要考虑各项专门课程的老师和清洁卫生老师的安排。

如果班级里有特殊儿童，班级的人数和组成就需要经过更加慎重的考虑，应保证教师能够对特殊儿童有更加全面的关注。对于有特殊攻击行为的幼儿，应考虑到对其他幼儿可能造成的伤害，班级中幼儿年龄的分布和教师的数量应为预防和制止伤害的发生提供基本保障。

第二节　蒙台梭利幼儿园教职工的聘任

教师是蒙台梭利幼儿园的核心资源，教师的诚信品行、职业道德、专业水平等都会对幼儿园的发展产生重要影响。从某种程度上说，教师的选择对幼儿园的生存与发展都起着至关重要的作用。

一、蒙台梭利幼儿园的招聘流程

（一）应聘条件

幼儿园对应聘者应设立基本的准入门槛，兼顾法律、行业、董事会等各方面的要求，考虑的内容应包括：

（1）应聘者的基本品行和道德素养。

（2）应聘者的身体条件，是否有会对幼儿健康造成影响的传染性疾病。

（3）应聘者的身份证明和工作经历。

（4）应聘者的学历学位、教师资格、蒙台梭利培训经历和考核证件。

（5）应聘者的其他特长和培训经历。

（6）其他应聘条件。

（二）宣传招聘信息

在对外宣传招聘信息之前，幼儿园应先将空缺岗位的信息向本园员工通报，为本园员工提供选择的机会。如果一项招聘广告，本园员工是在报纸上第一次知道的，则可能会导致员工的困惑与不满，为今后的员工互动留下隐患。

对外公布的招聘信息可以通过多个渠道予以展示。除一般的报纸、网络渠道外，幼儿教师可能关注较多的教育杂志、高校专栏、职业交流会等领域都可以成为宣传信息的有效载体。

招聘广告的内容应清晰明确，列举的条件应尽可能地贴近园方的实际需求：一方面要减少不合格应聘者的数量，提高招聘工作的效率；另一方面要吸引更多合适的应聘者前来应聘，为园方选择员工留有选择空间。每一则广告都应包括招聘职位、基本条件、应聘办法、联系方式、工作时间、工资福利等信息，并说明可商谈的条目，以吸引更多样的应聘者。例如，"有幼儿园工作经历"与"必须有幼儿园工作经历"相比较，能吸引更多领域的应聘者。

（三）收集简历及面试

面试前要求应聘者提供个人简历，以供初步筛选。简历可以由应聘者根据自己的情况自己设计填写，也可由幼儿园提供标准版本统一填写。由幼儿园提供的标准简历表格应细致列出各项与幼儿园工作有关的项目，以便应聘者提供更全面的信息。

面试者应在面试前做好准备，对本次招聘的计划、职位、要求以及应聘者的简历等信息有比较细致的了解。幼儿园事先设计好面试的问题，准备好面试的环境。既可以选择同一问题要求所有应聘者作答，也可以根据应聘者的背景和经历提出不同的问题，并根据面试的情况予以追问或发散提问。面试的气氛应尽量保持轻松愉快，也可适时说明幼儿园的优势及相关人事政策，以增强对应聘者的吸引力。

面试后要及时对面试内容进行整理，面试小组可就应聘者进行讨论，汇总面试报告，确定入选人员。

二、蒙台梭利幼儿园园长的聘任

除了由幼儿园法人或投资人兼任园长的情况外，蒙台梭利幼儿园需要另外聘用园长。幼儿园园长一般主管整个幼儿园的行政事务，监督幼儿园的财务、人事和设备物资的使用。同时，蒙台梭利幼儿园的园长应具备较专业的蒙台梭利教学经验，且对蒙台梭利教育理念有比较深刻的认识。园长是幼儿园教职工的行为楷模，对整个幼儿园的发展方向有至关重要的影响，应具备自信、成熟、有远见、善沟通、有品德、心胸宽广等特点。

由董事会代表或投资方组成的面试委员会对园长候选人进行面试，面试涉及的经典问题包括：

（一）候选人的个人特质

例如：你对自己的职业发展有什么样的规划与目标？你个人的优点和缺点是什么？你的职业理想是什么？

（二）候选人在行政管理中的工作作风

例如：你怎么看待幼儿园董事会与园长的关系？如果你的观点和董事会决议发生冲突，你会怎么做？你如何处理预算不足、招生困难、教师工作负荷过重等问题？

（三）候选人的教学管理水平

例如：如何帮助教师提高教学水平？如何处理教师之间及教师与园长之间在教学观点上的冲突？你对蒙台梭利教育法核心思想的理解是什么？

面试园长时，也可邀请候选人对幼儿园进行全面的参观了解，以幼儿园目前遇到的实际问题作为面试的题目，使面试活动更好地融入幼儿园的管理工作。

三、蒙台梭利幼儿园教师的聘任

教师是蒙台梭利幼儿园教育理念的集中体现，教师的一言一行甚至从内心散发出来的喜怒哀乐都会对幼儿产生潜移默化的影响，相对于普通幼儿园，蒙台梭利幼儿园对教师的要求更为苛刻。教师本身的性格特点、兴趣爱好、生活习惯、沟通能力、培训背景、工作经历等都是招聘者需要考虑的内容。

教师的面试可以采用情境测试与提问相结合的方法，一般由园长负责面试。情境测试时可安排一天时间让应聘者参与一个班级的日常教学活动，最好能安排应聘者单独担任一节课的教学，或者由应聘者组织幼儿进行一项活动，在教学活动中观察应聘者与幼儿的互动方式、情绪反应和现场机智，以及应聘者对蒙台梭利教学法的理解体验。在提问面试的环节，面试者可重点让应聘者回答以下几个方面的问题：

（一）个性特点

可采用人才选拔的测验，也可以面谈，例如：能说说你的性格特点吗？你为什么想成为一个蒙台梭利教师？你的工作目标是什么？

（二）教学经验

可以采用实地讲课与谈话相结合。例如：如果一个 3 岁的孩子吃饭时总是洒饭，你会怎么做？一个家长向你抱怨孩子在幼儿园没有学到东西，你会怎么回答她？

（三）综合能力

可以采用人才选拔的科学测验，也可以谈话。例如：你为什么离开原来的幼儿园？和园长的观念发生冲突时，你会怎么做？

面试时面试者应面带微笑，对被面试者的回答做出积极的反应，也可适当谈及薪酬福利等应聘者关心的具体问题。

四、蒙台梭利幼儿园其他教职工的聘任

除园长和教师外，蒙台梭利幼儿园还需要招聘教师助理、财务人员、办公室秘书、清洁人员、保安人员等教职工。招聘之前应制订计划，为每个岗位拟定职责说明书，并据此准备招聘广告和面试计划。教职工也会与幼儿进行沟通互动，招聘时也应对他们的职业素养、性格特点、道德品格等方面进行观察评估。

五、其他问题

一般来说，到 7 月底左右幼儿园就应对下个学期的人事变动做出决定。如果到了六七月份还没有找到合适的教师，则可在幼儿园内部选择合适的人选提前做好安排，具体方案可参考如下：

（1）由曾经担任过蒙台梭利教师或接受过专业的蒙台梭利教育训练的园长等正在担任行政职务的领导兼任班级教师。

（2）临时聘请外部机构教师教授非蒙氏的课程，让蒙台梭利教师兼任几个班级的教师。

（3）如果有正在接受蒙台梭利教育培训或处于实习期的教师，可在经培训教师同意的前提下，在同班教师的辅助下担任教师工作。

这些都不是长久的办法，幼儿园应尽快招聘合适的蒙台梭利教师或者与教师培训机构合作，预聘优秀的蒙台梭利教师。

第三节　蒙台梭利幼儿园园长的职责

一、建设良好的内外部环境

与传统的幼儿园相比，蒙台梭利幼儿园的园长应具有独特的管理理念[①]。幼儿园园长是蒙台梭利幼儿园的精神核心，园长每天要面对的事情繁多而芜杂，如果整个幼儿园的组织体系比较混乱，园长在工作时间就只能处理各种各样的问题，而无法思考更长远的发展方向。相反，如果这个体系基于制度、理念等规则，可以比较独立顺畅地运转，园长就能够自如地处理其他更复杂的问题。对蒙台梭利幼儿园来说，园长应重点建设以基本的管理制度为骨，以蒙台梭利教育理念为魂的教学体系，使幼儿园稳定地向前发展。

同时，幼儿园本身既是经济载体，也是社会载体。当今社会，人们对幼儿园的看法和期待越来越多，幼儿园园长既需要与投资方沟通探讨双方在核心理念上的差异并逐步取得一致；又要使幼儿园符合周围社区对幼儿园的期待，在社会活动中扮演教育专家、蒙台梭利幼儿教育倡导者、儿童权利保护者等各种角色；更要做好与家长的沟通联系工作，处理好家长、孩子、教师之间的关系。有些时候，园长可能会面临多个角色之间的冲突，甚至有可能将这些冲突带到下班之后的个人空间里，这将对园长的身体和心理造成较大的负担，需要园长充分发挥自己的优势，保持各方需求的平衡与和谐。

[①] 段云波. 蒙特梭利双语幼儿园的运营与管理［M］. 青岛：中国海洋大学出版社，2004：193.

二、创建和谐的工作氛围

工作环境中和谐的气氛对工作效率有着重要的影响，这一点在蒙台梭利幼儿园里表现得尤为明显。由于蒙台梭利幼儿园中，教师必须由内而外地散发出对孩子的爱，所以他们心中的幸福、快乐、痛苦、悲伤都会潜移默化地对孩子产生影响。情绪本身就具有强烈的传染效应，对于情绪敏感的孩子来说更是如此。因而，创建和谐、快乐的工作氛围对幼儿园来说非常重要。

在这方面，园长起着很重要的作用。园长在行使管理职权的时候，一定要注意自己的语气语态，要关心教师的心理状况，定期组织教师参加出游活动，强调以家人的心态看待同事和领导，避免冷漠、权威的压制态度。

同时，园长对教师的关心要落到实处，例如：当教师身体不舒服的时候建议她休息，自己临时代替她的工作；当教师的家庭发生了事情的时候，抽出时间来多陪陪教师，跟她聊聊天。对于孩子来说，教师就是他们的呵护者；而对于教师来说，园长就是他们的呵护者。

当然，对于已经承担了诸多工作的园长来说，这样的要求有些高，但蒙台梭利幼儿园的园长又必须面对这些困难。因此，一个聪明的园长应该学会在消耗爱心的同时为自己补充能量。要多跟家人聊聊工作上的困扰，与其他幼儿园的园长建立园长网络，讨论遇到的问题，或者与园里的同事适当分享自己的故事。

总之，园长应学会处理自己的情绪和教师们的情绪，为幼儿园创建和谐的工作氛围。

三、学习人事管理的技能

作为蒙台梭利幼儿园的管理者，园长一方面要用爱心来浇灌幼儿园这个大花园，另一方面要学习运用人事管理技能对幼儿教师的岗位、薪酬进行管理。

人是情感的人，也是利益的人，员工利益的分配是否合理对员工的工作积极性起着至关重要的作用。一般而言，相同岗位的员工应领取大体相当的工作薪酬，这样才能避免员工对分配不公平的不满；但是，太过稳定的薪酬体系又无法激发员工的工作热情。一个好的薪酬管理制度应兼顾这两方面的需求，以基本薪酬为基础，以奖励薪酬为辅助，在激发员工积极性的同时保持员工的心态平衡。

同时，岗位的变动也是人事管理中的重要环节。一个好的蒙台梭利幼儿园园长，应在日常工作中促使教师更多地参与到管理的工作中来，为将来的岗位提升准备人才。例如，在制定各项管理制度的过程中，更多地征求、听取教职工的建议，尽量不对教职工的意见做出否定评价，让教职工讨论各项条款的适用性和可行性，争取以和谐探讨的方式取得最后的一致意见。

四、建立健全完善的管理规章制度

任何一个经济组织都需要有一套完善的管理制度，没有制度的幼儿园不论同事间的关系再怎么好，也会出问题。相反，制度的建立为每个人划清了边界，避免了很多因为界线不清而造成的矛盾。一个好的蒙台梭利幼儿园园长应该重视管理制度的建设，就像是为一台机器设定程序，指令编制完成之后，每个零件才能遵循指令的规定按照自己的轨道前进。幼儿园应重点关注以下几个方面的制度建设：

（一）各岗位职责范围和工作流程的制度

蒙台梭利幼儿园中有班级主导教师、辅导教师、清洁教师、医生、办公室主任等职位，每个职位都有其工作范围。幼儿园可在比较显眼的位置张贴各职位的工作内容和要求，使各个岗位的员工能够清晰地知道自己应该做哪些事和能够做哪些事。

(二)财务管理制度

财务管理制度是与幼儿园中每个员工都有关系的规章制度。蒙台梭利幼儿园里主导教师、辅导教师、医生、办公室主任等都有可能与财务制度发生联系，为幼儿园买了什么东西或者向小朋友收取什么费用，每一分钱的收支都应严格按照程序流转。财务制度的漏洞迟早会导致大的问题。

(三)行政及人事管理制度

不论同事之间的私交如何，人事管理层级和行政管理层级都是必需的。层级之间的工作交流应本着公私分明的原则，对于重大事项应逐级汇报。

五、采取方法提高教职工的工作效率

由于蒙台梭利教育法本身较普通幼儿园的育儿方法要复杂一些，教师在活动安排、课程设计等方面要花费更多的时间。同时该教育法要求教师每天都要对每个幼儿的活动进行观察记录，每周都要对每个家长进行电话回访，还要定期组织家长之间的话题讨论活动，这些都要占用教师大量的私人时间，使教师疲惫不堪。因此，提高教师的工作效率也是幼儿园园长需要考虑的重要内容。

首先，园长应该善于制定和使用规章制度。在制定制度的时候就应该考虑到流程的复杂性和必要性，在尽量减少不必要环节的前提下，发挥制度的流畅性，以"法治"代替"人治"，提高员工的工作效率。

其次，园长应定期召开会议讨论各项活动和课程的设计方案，集思广益，为各位教师的"难题"出谋划策。

最后，园长应与教师一起讨论各种观察记录表格的内容形式，尽量减少教师的书写字数。如在可以使用"√"、"×"说明的地方尽量将可能出现的情况打印出来，让教师直接勾选；或者将幼儿各方面的表现内容分开列示，使教师能够更快地找到需要填写的地方，等等。

幼儿园是孩子们心灵的家园，园长则是这个家园的守护者，蒙台梭利幼儿园的园长应尽心浇灌这个花园里的每一个生命，让他们更加美丽、阳光。

第四节　蒙台梭利幼儿园的规范化管理

一、蒙台梭利幼儿园幼儿资料的管理

蒙台梭利幼儿园要求对每个幼儿因材施教，因此更需要对幼儿各方面的资料做好全面的记录和整理。幼儿刚刚入园的时候就要填写完整的档案资料，内容主要包括：

（一）基本家庭情况

包括：

（1）幼儿基本信息：幼儿姓名、出生日期、性别、血型、入院前的照顾者、是否曾经入园、幼儿母语、地址、家庭电话。

（2）父母基本信息：父母姓名、年龄、生育年龄、健康情况、教育程度、服务机构、职业、宗教信仰、电话。

（3）兄弟姐妹基本信息：姓名、年龄、性别、教育程度。

（二）幼儿健康情况

包括：幼儿的身高、体重、营养状况、视力情况、听力水平、牙齿生长状况、智力发展水平、疫苗接种记录、过敏史、经常就诊的医院等。

二、蒙台梭利幼儿园幼儿日常活动秩序的建立

培养幼儿建立良好的规则意识是蒙台梭利幼儿园的教育主旨之一，幼儿园的日常教学活动要全面贯彻这一教育思想，为幼儿建立良好的生活秩序。培养幼儿的秩序感，应从以下几个方面入手：

（一）就餐时间

（1）吃饭之前要排队洗手。

（2）幼儿自行排队取食物，为避免浪费，应以适量为宜，不应多取。

（3）领取食物时应使用公共餐具。

（4）用餐时不大声喧哗，以免影响别人进餐。

（5）不随意从他人餐具中拿取食物，也不主动将自己碗内的食物夹给别人。

（6）苍蝇等叮食过的或者掉到桌面、地面的被污染了的食物不能食用。

（7）就餐前跟教师一起准备餐桌餐椅，用完餐后一起清理桌面、收拾桌椅。

（二）生活自理

（1）自己穿衣服、脱衣服。

（2）自己折叠衣服、整理衣服。

（3）自己洗脸、洗手、刷牙。

（4）自己梳头发，会照镜子、整理形象。

（5）自己整理床铺、被褥。

（三）活动规则

（1）穿室内鞋在室内活动且不大喊大叫影响他人。

（2）轻开、关门。

（3）离开座位前摆放好桌椅。

（4）参加活动时按顺序排队、轮流开始，不插队、不争抢。

（5）请别人帮忙时会说"请"、"谢谢"，见到老师、同学会问好。

（6）不用身体、器物、语言攻击他人。

（7）不随地乱丢垃圾。

（四）工作学习规则

（1）领取使用教具的时候动作要轻柔。

（2）当别人已经领取了教具正在使用的时候，要等待他用完后再领取。

（3）使用完教具后要全部清点整理好并放回原位。

（4）不要同时用两件以上的教具。

（5）使用别人的东西之前要先征求别人的同意。

（6）自己的事情尽量自己做，看到别人需要帮助应及时给予帮助。

三、蒙台梭利幼儿园的健康管理

幼儿的身体健康是家长、老师们都非常关注的，使幼儿拥有健康的身体是家长、社会对幼儿园的基本要求。蒙台梭利幼儿园在幼儿保健方面的工作应从身、心两大方面入手考虑，具体包括以下几点：

（一）日常卫生习惯

如：提醒幼儿根据身体的冷暖反应增减衣物；饭前便后及时洗手；定时定点补充水分，运动完了或者感觉口渴了要及时喝水；只使用自己的毛巾、牙刷等个人清洁卫生用具；及时排尿排便；不用脏手乱摸眼睛和身体；外出活动时遵守纪律不乱跑；活动过后及时擦汗、换衣服等。

（二）做好健康检查

健康检查包括定期检查和日常检查。定期检查是指由地方医疗机构或幼儿园里的医生定期对幼儿进行的比较全面的身体检查。日常检查是指每天幼儿到园后，由校医或教师负责检查的项目，包括早晨幼儿刚入园时的口部、手部、体温等的基本检查，和幼儿日常活动期间需要教师观察的各种感冒、疲倦、腹泻、便秘、呕吐等疾病的症状。如果在检查的过程中发现了可疑病例，要及时告知家长，并要求家长带领幼儿就医。

（三）预防接种和健康记录

6岁之前的幼儿都要定期接受预防接种，入园前幼儿园应要求家长出示预防接种卡并及时跟进幼儿的预防接种情况。同时，应给每个幼儿建立健康档案，记录幼儿的身体发育情况和疾病、用药、过敏等方面的情况。

（四）心理健康状况

一般来说，幼儿的情绪是比较外放的，他们较少将情绪藏在心底，通常都是想哭就哭、想笑就笑，这对教师了解孩子的心理状况其实很有帮助。但也有少数幼儿由于家庭环境、身体缺陷等方面的原因，会用歪曲的方式表达情绪，例如过度攻击行为、经常大哭大闹、频发性地做一些怪动作，等等。面对这种情况，教师要及时跟家长沟通，咨询幼儿心理专家，谨慎处理。

四、蒙台梭利幼儿园的安全管理

蒙台梭利幼儿园的安全管理工作是幼儿园内一项十分重要的工作，这不仅关系到每个孩子的生命安全，关系到每个幼儿家庭的幸福和谐，也关系到幼儿园的生存发展和可能面对的经济、社会风险。幼儿园里的每个成员都应深刻了解幼儿安全的重要性，全方位地为幼儿的安全保驾护航。

（一）培养幼儿的安全意识

教师要告诉幼儿：

（1）只玩适合自己玩的玩具，不玩对自己而言比较危险的玩具。

（2）不在没有老师陪伴的情况下离开幼儿园或者到比较危险的区域玩耍。

（3）当自己处于危险中时要及时向老师呼救。

（4）不接受外来陌生人员的食物，不跟随陌生人离开。

（5）不能触摸诸如电插座、开水、火、刀等危险物品。

（6）开关门时要注意不夹到手。

（二）定期检查建筑、设备安全

包括：

（1）检查门板是否有破损，活页是否有脱落，门锁是否损坏。

（2）检查窗框是否有损坏，玻璃是否有裂缝，铁窗是否有锈色、断开。

（3）检查墙体及天花板是否有裂缝、倾斜、剥落、渗水等现象。

（4）检查楼梯及阳台、过道栏杆是否有断裂、生锈、摇晃、腐烂、倾斜等情况。

（5）检查厕所是否干净、无异味，排水是否通畅。

（6）检查水电设备是否运行良好，饮水机是否定时清洗，电器、电线是否有老化的迹象。

（7）检查教具是否有尖角、破损，是否定期进行清洗。

（8）检查户外器械是否有变形、零件松动、设计漏洞等情况。

（9）健全幼儿接送管理制度，如：①幼儿入园时，要求家长提供接送人员的照片资料，或者为每个孩子准备接送卡，家长凭卡接送幼儿。②建立安全保卫机制，除孩子接送时间外，其他时间一律关闭园门。③如有外来人员参观园区，应尽量减少其与孩子的接触。④乘坐校车的幼儿应在固定地点上下车，遇到没有家长接送的情况要及时与家长取得联系，不能将孩子单独一人放下。⑤错过接园时间，在家长仍然没来接孩子的情况下，应与家长电话联系，问清缘由后妥善处理。

（三）其他安全管理措施

（1）在走廊、楼梯增加安全防护网。

（2）非可食用的药品、药剂应放置到幼儿无法够到的地方。

（3）物品摆放不宜过密，以防止火灾发生。

（4）不让幼儿接近厨房炉具等。

（5）户外活动时要妥善安排活动场所，避免出现危险等。

总之，蒙台梭利幼儿园的管理是非常细致又庞杂的工作，需要有经验的园长在国家规范、教育理念、家长要求、教师建议的基础上统筹考虑，全面思考，做出既符合幼儿园的实际情况，又合乎教育理念以及董事会、家长、社区、政策要求的决策。

第十三章　蒙台梭利教师培训

- 第一节　蒙台梭利教师培训历史及发展
- 第二节　蒙台梭利教师本土培训的创新性研究

第一节　蒙台梭利教师培训历史及发展

一、蒙台梭利教师培训的历史进程[①]

1909年由巴隆·弗兰彻提（意大利出版家、政治家）在"卡斯特洛市蒙提斯卡山庄"辟出一栋别墅，用于首次开办蒙台梭利课程培训班。即将开设培训课程班的消息很快传遍了整个意大利，并吸引了数名来自德国和瑞士的学员，首班学员人数达到了近100人。

1912年安妮·埃弗雷特·乔治（《蒙台梭利方法》的首版英文译者）、塞缪尔·西德尼·麦克卢尔以及亚历山大·格拉姆·贝尔（电话机的发明者）夫妇等成立美国蒙台梭利委员会（Montessori American Committee）。

1913年1月15日，在萨沃伊的玛莎·玛格丽塔王后的捐助下和意大利国家蒙台梭利委员会的赞助下，蒙台梭利博士在罗马举办了她的首期国际培训课程班，90多位学员都是外国人，其中美国人占了四分之三。据1913年1月的英语周报《罗马先驱报》称，这些注册参加课程学习的学员有着不同的职业背景，有公立或私立学校的校长、教育监察员、幼儿园教师、生理学家、心理学家等，他们来自阿根廷、巴西、加拿大、智利、中国、法国、德国、印度、日本、墨西哥、挪威、葡萄牙、西班牙、瑞典、瑞士、英国和美国。

1914年第二届国际培训课程班在罗马举办。

1915年蒙台梭利博士携儿子马里奥·蒙台梭利在美国开设了第三届国际培训课程班。

1916年蒙台梭利博士应西班牙巴塞罗那市政府邀请，在那里开办了第四届国际培训课程班。

此后蒙台梭利博士轮流在世界各地，包括美国、西班牙、英国、澳

[①] 刘华. 蒙台梭利［M］. 北京：科学出版社，2009：35-102.

大利亚、德国、荷兰、意大利、印度开设了培训课程班。

1929年，蒙台梭利博士在德国柏林成立国际蒙台梭利协会（Association Montessori Internationale，缩写为AMI），1935年AMI总部迁往荷兰的阿姆斯特丹，到目前为止，AMI仍是国际上最权威的蒙台梭利教师培训组织。

AMI在全球已授权35个中心进行三个阶段的认证培训，即0—3岁、3—6岁、6—12岁的课程。

1960年，由南希·麦考察克·兰布什（Nancy McCormick Rambusch）创立了美国蒙台梭利协会（American Montessori Society，缩写为AMS），AMS是国际上得到广泛认可的第二大培训机构。

二、蒙台梭利教师培训的课程及发展情况

蒙台梭利博士对教师的要求非常高，她的培训也非常严格。按照AMI的标准，教师要经过理论学习、观察、实习等诸多方面的全方位学习，才能有资格担任"新人类"的引导者。

（一）AMI 3—6岁课程内容[①]

- 蒙台梭利关于早期儿童教育的哲学和心理学
- 日常生活练习及儿童基本学习技能的获得
- 感官的发展
- 语言的发展
- 数学教育
- 地理、历史、艺术、生物学和音乐
- 蒙台梭利教具以及它们在帮助儿童成长过程中所扮演的角色
- 蒙台梭利教室里的观察
- 导师监督下的蒙台梭利教育实践性教学

---

① http://ami-global.org/

- 制作教具

……

（二）扩展课程

经过多年的发展和完善，AMS等机构在原有课程的基础上扩展了如下课程：

- 儿童成长与发展
- 自然科学课程
- 社会科学课程
- 课堂领导力
- 儿童、家庭与社会
- 计划编制课程
- 和平教育
- 中文教育
- 主题活动课程设计与实施

……

蒙台梭利博士曾说："一个教师应该在她（他）接受教师培训的时候就以她（他）的兴趣和对一个学科的爱好，在所有的基础课程以及如何指导一个儿童的研究方面有所准备。"蒙台梭利教师在接受教师培训时就在所有的学科领域——数学、语言、科学、历史、地理、艺术、音乐等花大量时间学习了很多课程，教师要根据儿童的年龄、能力、兴趣安排具体的教学内容，而且要学习指导个别化的发展而不是对一群儿童集体授课和布置作业。

教师要像一本"百科全书"，随时指导孩子学习各方面的内容。在蒙台梭利教室里，学生更像是具有研究性质的学者，教师开启科学的大门，孩子们在里面快乐地尽情探索、发现、创新。教师要抱有终身学习的专业精神，才能得到不断成长中的学生的敬重，他们共同学习，共同成长。

三、目前蒙台梭利培训的形式

（一）培训课时

1. AMI

1919年9月，蒙台梭利博士在英国开设国际培训课程班，本次培训班采用了后来成为标准的培训模式：讲座＋教具操作＋观察蒙台梭利班级。每期培训时间为6个月。

经过后人不断发展和完善，现在AMI的课程包括理论观察共计20周左右，目前已在中国开始了合作。

2. AMS

AMS培训总课时数为900小时，其中理论课为360小时，实习课为540小时。

上海的蒙台梭利教师进修部门就是与AMS合作的机构。

3. 美国华盛顿蒙台梭利教师培训（Montessori Teacher Preparation，简称MTP）

理论学习部分中学习两个月，实习9个月。已与中国各机构开展合作。

（二）培训方式

1. 机构培训

这是很多初学蒙台梭利教育人士的首选。通过专业机构的系统培训，掌握蒙台梭利系统教学，并获取书、教具等资源。若机构培训非常专业、到位，则教师一般都可以初步胜任蒙台梭利教师的工作。

2. 入园培训

幼儿园聘请专家直接上门指导、培训或聘请专家做本园顾问，这种培训有针对性，可即时解决问题，但最了解园所的人还是幼儿教师，所以无法从根本上解决问题。

3. 进阶式培训

这是指每隔一段时间进行研修。因为幼儿教师集训时间有限，分阶段的培训不仅可以有效利用教师们的时间,而且有助于教师们学完后进行实践、反思,然后再带着新的问题参加下一阶段的培训。

4. 专项培训

这是指针对某个领域的专业培训,如蒙台梭利中文教学培训、蒙台梭利音乐培训、蒙台梭利艺术培训、蒙台梭利和平教育培训等,这样的培训能使教师系统掌握本领域的专业知识,培训后可以直接应用于教学,具有很强的实用性。

5. 园本培训

这是目前大部分园所都会进行的培训。园本培训具有很强的针对性,能使教师的发展与幼儿园的发展相统一。主要方式有:园长或园所自己培养几位主要教师,辐射培训其他教师,这几位教师再不断进修,然后再由他们进行园本培训。

(三)培训种类

培训的种类主要有:

(1)0—3岁蒙台梭利教师培训;

(2)0—3岁蒙台梭利讲师培训;

(3)3—6岁蒙台梭利教师培训;

(4)3—6岁蒙台梭利讲师培训;

(5)6—12岁蒙台梭利教师培训;

(6)6—12岁蒙台梭利讲师培训;

(7)助教培训等。

四、国内机构正规化培训常见问题

(一)优秀师资短缺

蒙台梭利教育对教师要求很高,除了要参加 AMI、AMS 或 MTP 的全程培训,还有人格品质上的要求,并且要有实践经验。缺其一,则教师可能不易真正领悟其教学法的真正内涵。具备以上条件的师资讲授的课程会有很深的理论水平和很强的实际指导意义,而这样资深的教师目前国内很少。

(二)标准实习园所匮乏

国内缺少完全符合蒙台梭利教育标准的国际性园所作为受训教师的实习园所。要达到标准,该园所必须具备两个基本条件:①教师全部为持证教师,即全部持有国际 AMI、AMS 和 MTP 证书,而不仅仅是园长或教学主任才持有;②环境创设符合国际标准。国内的园所往往能达到第二个要求,但大部分缺少第一个条件,因为涉及成本问题,目前国内只有少数机构,比如杭州的心元儿童之家,能做到全部主教老师持有 AMI、AMS 和 MTP 证书,而且环境创设全部采用国际标准。

(三)缺少专业的延伸课程

蒙台梭利教育的中国"本土化"缺乏专业、系统的科学研究与实践活动。这是个系统而长期的工作,需要有一批热衷于蒙台梭利教育又能抱持修行心态的人去完成。虽然国内有机构从事过此方面的研究和推广工作,但并未达到专业、系统和持久,这就使得蒙台梭利教育在本土的扎根受到影响,而专业化的蒙台梭利培训一定要有后续的培训才能完全满足"本土化"的需求。例如,美国之所以近一个世纪以来全国有 2000 多所学校采用这种教学方法,就是因为美国人做到了蒙台梭利教育本土化,发展了符合本国文化的蒙台梭利延伸课程。如蒙台梭利和平教育,由 AMS 三位老师创设的"和平之花"课程,非常系统、完整、可实施性强,在学校推广实施得很好。

中国目前亟需类似的以蒙台梭利理念为基础的融合中国传统文化特色的延展课程,更准确地说,亟需这方面的人才和专业机构。

第二节　蒙台梭利教师本土培训的创新性研究

一、培训方式蒙台梭利化

首先我们要了解蒙台梭利教学的特点，可以用几个关键词来概括：预备环境、以儿童为中心、动手做、自由、引导启发、自主探究、注重人格完善。既然要求教师深刻领悟蒙台梭利教学的特色，并能在培训之后应用到实际教学中去，那么培训方式蒙台梭利化就非常重要。所谓的培训方式蒙台梭利化，即培训的时候教师要能把上面几个关键词具体应用到培训中去。

（一）预备环境

首先培训的硬件环境应是完整、标准的蒙台梭利环境，其次讲师要了解每一位学员，无论机构培训还是园本培训，合格的教师都要对学员的情况进行了解，然后根据学员的情况考虑授课深度、广度，锁定培训内容、制订培训方案。

可参考《学前教师技能》一书[1]：

- 帮助学习者确定自己的需要；
- 参与选择培训师；
- 帮助设立培训方案；
- 帮助确定何时达到目标，下一步需要进行何种进阶培训。

（二）以学习者为中心

使学习者成为培训项目的中心，充分调动他们的积极性、主动性，根据他们的需求灵活调整课程。讲师不仅是教者，也是倾听者、参与者、引导者。让学习者从形式内化到自己内心深处，引导他们逐步转变思维模式，目的是使他们从教后能以儿童为中心。

---

[1] 比蒂.学前教师技能［M］.嵇珺，译.南京：江苏教育出版社，2011：2-388.

（三）动手做

蒙台梭利博士说："我听了，我随后就忘了；我看了，我就记住了；我做了，我就理解了。"不仅仅对孩子来讲是这样，对成人来讲也是这样，学习者只有自己动手操作，才能记住，才能理解蒙台梭利教学法。有学者把这种培训形式叫作参与式培训，陈美希在论文《对幼儿教师参与式培训的新思考》中系统讲述了参与式培训[①]：

参与式培训通过创设情境，引导参与者在活动、表现和体验中反思自己的经验与观念，在交流和分享中学习他人的长处，产生新的思想，达到新的认识，从而实现自我提高，并能采取行动改善现状。

这种体验式培训不同于以往的听讲和观摩式培训，它要求培训者和学习者共同承担学习任务，共同承担责任，它更加强调的是学而不是教。这就带来了培训者与学习者角色的变化以及培训过程与方式的一系列变化，这样的培训方式更适合一线教师。

我们用什么样的方式培训教师，教师就会用什么样的方式教育幼儿。教师的成长不仅要有"经验+反思"，更重要的是要"实践"，因为教师的理论和观念是通过实践得以理解、内化并指导实践的。培训必须考虑让教师先感觉体验，体验之后再总结活动的目的与意义，使教师真正内化教学理念。

有一位学员在反思中这样写道："我亲身体会到了跟大家分享成果的喜悦心情，主讲老师给我们做培训，就如我们给孩子上课一样。通过操作，我感觉理论已经潜移默化地渗透到实践中了。"

会说不等于理解，理解不等于内化。要想真正地了解和培训教师，不仅要听教师说，更要看教师做；不仅要给教师讲道理，更要给教师支出可供选择的、能解决实际问题的"高招"。

[①] 陈美希. 对幼儿教师参与式培训的新思考[J]. 中国蒙台梭利，2007，1（1）：12-15.

（四）自由、引导启发

提出启发性问题，不直接作答，通过培训讲解，让学员自寻答案。

培训气氛一定是轻松、自由、快乐的，如操作时播放优美的班得瑞音乐，这样学员会感受到学习的快乐，感受到蒙台梭利教师是一份令人向往的职业，讲师要创造这种氛围，让学员们自由发言、自由组合、自由分享成果。

（五）小组学习、自主探究

在培训过程中，要尽量让学员自主探究，这个过程是个发现过程、产生疑问的过程，对于调动学员思维的积极性非常重要。自主探究主要以小组形式进行。

流程为：提出问题—分组讨论—讲师指导—小组汇报—全体讨论—总结。

这时通过小组参与式学习，教师们在分享自己已有经验的过程中获得了自信与快乐，在倾听他人教学经验与方法的过程中建构了新的经验；在合作中发现了他人的优点，让培训气氛活跃起来，呈现蓬勃的生机[①]。

（六）蒙台梭利教师气质修养与道德行为培训

主要包括职业道德、行为修养培训。蒙台梭利教育注重人格的完善，作为环境中重要的角色，教师的形象气质、言行修养非常重要，要让孩子觉得教师是人间"美的化身"。很少有机构会专门做此方面的培训，但是这方面非常重要，教师操作得再好，专业再过硬，没有亲和力也很难让孩子喜欢。教师有效的教育行为要建立在与孩子良好的情感关系之上，最新的研究也表明，思想主要建立在情感基础上，而不是以认知刺激为基础。教师的言语表达非常重要，简练、明了、能让孩子马上意会的表达是需要练习的。为什么有的教师一进班就能吸引孩子呢？这

---

① 陈美希. 对幼儿教师参与式培训的新思考［J］. 中国蒙台梭利，2007，1（1）：12-15.

种气质修养需要培训，更需要教师不断地修炼，培训机构可以借鉴蒙台梭利和平教育的理念和方法进行此方面的培训。

《学前教师技能》一书中提到了全美幼教协会道德行为准则，这些准则也可从全美幼教协会的网站上查到。孩子的哪些行为问题涉及道德问题，教师应该以何种正确的方式来解决？有这样一个职业道德行为准则作为参照，可帮助大家用客观的态度去看待可能出现的敏感情况[1]。

（七）国际教育培训新理念

霍益萍和王建军在《科教合作》中写道：国际教育培训的新理念以激活受训者的思维为核心，通过案例分析、小组讨论、集体作业、个人报告、全班讨论、教师点评、情境模拟等多种方法，使培训始终在民主参与和师生互动中进行[2]。

要尽量让学员自己探究，自己寻找答案，自由发表看法，对于初学者要预设问题；对于已从事过幼教工作的学员，要让学员自己提出问题，大家分析，由讲师提升高度。

讲师的任务是使学员顿悟，某个点顿悟带来的是开悟一个面的效果。讲师真正要做的事情是使学员的思路开阔、思维转变。

二、蒙台梭利优秀园所的有效带动

从1994年起，蒙台梭利教育在中国真正发展已有20年时间，在这20年里，蒙台梭利教育的传播着实推动了中国幼儿教育的发展。虽然园所参差不齐，有的甚至以营利为目的，并未真正落实蒙台梭利教育理念，但总体上，中国幼儿教育受到了一次洗礼，这是发展中的过程，民办幼儿教育会呈现集团化发展趋势，而无论民办园还是传统园都已把蒙台梭利教育法融入到园本课程中，这样除了有专业性的蒙台梭利幼儿园

---

[1] 比蒂. 学前教师技能 [M]. 嵇珺, 译. 南京：江苏教育出版社，2011：2-388.
[2] 霍益萍，王建军. 科教合作：高中科学教师培训新探索 [M]. 北京：科学普及出版社，2007：68-69.

外,也有一批融合了先进教育理念的特色园所,它们在环境创设、办园宗旨、目标定位、课程设置、家长服务等方面有了专业化、系统化、特色化,独树一帜。因为有多年的积淀,这样优秀的园所就是专业化的学校,可以开展几方面的工作:

- 非常适合经过理论学习的教师在这里实践。
- 优秀园所之间也可以优势互补,强强联合,进行延展课程的研究与推广工作。
- 成为高校的教学基地,依托高校的师资及较完备的理论,进行专题调研、课题开发、教育教学改革。
- 与专业的培训机构合作,共同进行师资培训。

也可以开辟如工作坊性质的场所,使其成为蒙台梭利教育创新课程、优秀师资的孵化基地。

三、建立专业化教师成长系统

幼儿教师不再是单纯的保姆角色,这不仅是幼儿教育科学化的时代发展要求,也是教师专业化成长的必然转变,蒙台梭利教师应该教会孩子照顾自己,而不是一直围着孩子的吃、喝、拉、撒、睡转。21世纪的教师必须走专业化路线。今天,我们把目光重点放在了孩子身上,却忽略了幼儿教师,导致教师问题层出不穷。我们的社会是否真正关爱幼儿教师这个群体?

蒙台梭利教师被称为唤醒儿童人格的人,换句话说,人类文明的前进,有很大一部分责任是在教师身上。在培训中,几乎都会讲到教师应该达到的标准,有爱心、耐心、学会倾听孩子的要求等,可这些并不是说做到就能做到的,面对几十个孩子、一大堆园务问题和教学问题,真的能做得那么完美,而且数十年如一日吗?

我们要思考是否给教师创造了一个很好的大环境,比如:是否建立了有归属感的园所文化?是否建立了能得到不断提升的职业发展系统?

每个处在稳定发展中的蒙台梭利幼儿园一定会有自己的特色，不管管理层是否意识到这一点，只不过有些特色需要强化才能突显，有些则较隐蔽。蒙台梭利幼儿园需要明确自己的特色，然后明确自己需要吸纳什么样的教师、重点在什么方面培养他们。

建立专业化教师成长系统具有划时代的意义，具体方式有：

（一）建立园所文化

园所要建立自己的精神文化系统，包括办学指导思想、教育观、道德观、价值观、思维方式、园风、行为习惯等。精神文化好的园所，会使教师产生依恋、认同、热爱的感情，从而具有责任感、归属感、优越感和献身精神。另外，园所要对教育活动和幼儿的发展水平有一定的希望和追求，这是园所发展的精神动力。一个充满精神追求的教育园地一定会成为人才的摇篮。园所的凝聚力、积极向上的氛围是教师专业成长的根基。

（二）园本培训

机构培训不足以满足教师专业化发展的需要，园本培训是一个很好的继续培养方式，有的园所已做得非常专业。

甘肃省兰州城市学院实验幼儿园的王丽娟在《促进幼儿园新入职教师专业发展的策略》[1]一文中讲道：

> 园本培训要明确培训目标和内容，组建培训团队，通过真实课堂、现场诊断、名师示范、观摩实践等形式，支持和引导新入职教师提升教育活动设计能力，做到及时发现并解决实际问题，创新教育教学模式，形成多元化的实践智慧。
>
> 幼儿园还应基于当地的教育资源，在园外组建由学前教育专家教授、各实践基地幼儿园园长组成的专家培训团队，同时在园内由园长负

---

[1] 王丽娟.促进幼儿园新入职教师专业发展的策略[J].学前教育研究，2013（11）：66-68.

责，以教学副园长、保教主任、年级组长、骨干教师为主的教育活动设计专题教研团队。

园本培训根据教师发展情况，可分为入职前培训和在职培训两部分。

（1）入职前培训：大部分幼儿园会招聘幼儿师范院校毕业的有专业技能的教师，但他们在学校学的知识和技能还不足以应对实际教学，相对成熟的教学园长应该积累新入职教师常见问题及应对办法，并且在入职前对教师进行这方面的培训，比如与孩子的相处方式、日常工作流程、各岗位职责、常见儿童问题、常见家长问题等，使教师在工作中处理这些问题时能够得心应手。

（2）在职培训：根据教师的成熟度进行划分，新手教师需要进行进阶式培训；经验型教师需要进行加强式培训；骨干教师需要进行专业式培训，最终成为专家型教师。在职培训可以请专家教授进园培训，也可以请骨干教师给新手教师培训，还可以走出去，参加专业的培训机构组织的培训、研讨会，甚至可以走出国门。见多识广，思维自然开阔。

（三）设立教师成长基金

在蒙台梭利幼儿园有幼儿成长手册，那么为什么不能有教师成长手册？关爱每个教师的成长，把"服从文化"转为"自觉文化"，如每年年末评选进步最大的教师，并从成长基金里拿出一部分作为激励，以调动全园教师的成长热情。

在《教育大未来》一书中，作者提到了教师档案，"其中包括一份备课样本，至少两节课的教学录像和学生作业样本，还需要一份'书面表扬'，以证明申请者在课堂以外的时间所做的工作，并证明这些工作对学生的学习有何帮助"。这些都是非常实在的业绩，而不是传统的教师评估系统[1]。

湖北省荆州市实验幼儿园每学期给参加教研组的教师发放专门的教

---

[1] 瓦格纳. 教育大未来[M]. 余燕，译. 海口：南海出版公司，2013：143-157.

研补贴，还专门建立园本教研考核奖励机制，对教师执教观摩课、研究课、展示课以及撰写研究活动、获奖案例、论文给予奖励，形成《教科研经费保障制度》[①]。

（四）课题研究

蒙台梭利教育博大精深。若要问蒙台梭利教育是什么，越是对蒙台梭利教育有深刻研究的人越是难以回答，因为要涉及太多的方面，每一方面都自有其特色，而且不同思想的人对它有不同的诠释。从这一点上分析，我们可以说从事蒙台梭利教育的教师，每个人都有自己的特点，对蒙台梭利教育都有自己擅长的方面。若在一个园所，那么教学负责人可以考虑让每个教师进行专属领域的深入研究，比如有的教师喜欢语言，那么中文研究就可以交给她做。这样每个教师经过努力都会成为专家。

1. 课题拟订

蒙台梭利教育的每一个领域都可以进行无限的拓展与探究，每一个点都可以作为课题进行研究。园所除了可参加国家级、省级课题外，也可以根据自身园所的特色自拟课题。最能调动教师积极性的，当属解决幼儿园实际工作中存在的问题。从中选择针对性强的问题作为研究课题，必要时请专家指导，可使自身更加专业、突出。

例如，江苏省扬州大学幼教中心第三幼儿园开展了微型课题研究，季旭萍在《研究在身边》一文中写道[②]：

微型课题是指将日常教育教学工作中遇到的问题即时梳理和提炼，使之成为一个课题，并开展扎实的研究。这种研究切入口小，研究的周期短，见效较快，很容易让教师体验到研究的成功。因此，我们倡导每一位教师树立"问题即课题"的意识，关注教育教学中的细节，注重从自身的需求出发，在若干问题中选择迫切需要解决的问题作为课题。

---

① 朱晓燕，赵薇. 科学制定幼儿园的研究保障制度 [J]. 学前教育，2013（11）：30-31.
② 季旭萍. 研究在身边 [J]. 学前教育，2013（11）：28.

研究是一个学习提高的过程，更是一个体验分享的过程，只要我们以研究的态度对待本职工作，多反思，多实践，巧妙地将研究贯穿于日常的教育教学过程中，不但不会增加额外的工作量，而且能提高活动的效率，自然而然地解决带班和研究之间的矛盾。

2. 研究过程

园所除了要给教师宽松、自由的教研环境外，还要在资金和物质上加以支持，如中国福利会托儿所就形成了研究方法有指导、研究资源有支持、研究进程有监控的一套机制，这样科研工作就能顺利有效地开展下去。

园所要对教师进行观察法、调查法、谈话法、实验法、作品分析法、比较法、历史法，以及新兴的教育行动研究、教育质性研究、教育叙事研究等研究方法的培训。

建立教师图书馆，让教师随时有资料可查、可指导。教师最终的研究成果也可编辑成册，放在图书馆中保存。河北省廊坊市管道局各幼儿园每年都会把研究成果装订成册，有文字有图片，作为园本资源保存。

建立科学研究管理制度：开题报告会要进行立项，实施过程中要有交流、探讨的阶段性成果报告会，最后要有结题、总结的成果展示会。

为了保证教研的顺利进行，要制定一定的研究保障制度。湖北省荆州市实验幼儿园实行了教研积分制度，朱晓燕、赵薇在《科学制定幼儿园的研究保障制度》[①]一文中写道：

我园采用了教研积分制度，制定了《荆州市实验幼儿园积分制实施细则》，比如参加教研活动、业务学习每次记 1 分，自觉开展各种日常教学研究或特色研究每项记 5 分，取得教研成果记 2 分等。教师根据细则中的提示，自主参与、开展教研活动，而不必逢研究必参加，为研究而研究，以致疲于奔命。

---

① 朱晓燕，赵薇．科学制定幼儿园的研究保障制度［J］．学前教育，2013（11）：30-31．

骨干教师必须承担一项园本教研课题研究，经验型教师可以根据自己的情况开展班级课题研究，新手型教师则根据自己的兴趣，有选择地参与教研活动。

新手型教师（工作1—3年）25分合格。

经验型教师（7年）35分合格。

骨干型教师50分合格。

每月统计积分，根据积分的多少，随时进行月评、单项奖评和学期总评，一方面对教师的研究工作进行及时监督，另一方面作为教师评优晋级的一项重要内容，纳入考核评价体系。教研积分制的实施让教师明确了自己在教研中的主体地位，赋予了教师自主权。

研究课题要与日常教学有机结合，比如广西壮族自治区直属机关第二幼儿园开展的"蒙台梭利和平教育"课题不仅充实了教学内容，增加了新的教学方式，创设了专业的和平环境，而且增强了园所凝聚力和向上的学习动力，获得了家长们的高度评价。因此，一个课题的实施，带动的不仅仅是科研力量，还会产生很多其他方面的效应。

3. 成果保留

研究成果参加评比是次要的，重要的是保留研究成果并将其推广。研究成果的保留有几种方式：教育日记、教学随笔、研究论文等。园所可将其参评、发表、参与编写的相关书籍装订成册，放入园所图书馆。

中国福利会托儿所的吴玲玲在《实施教师个人研究项目》一文中写道[1]：

撰写研究成果是一个再思考、再梳理的过程，写作的过程不仅有助于教师将实践经验加以理性梳理，使其系统化，也有助于教师加深对自己研究成果的认识并自觉付诸行动，锤炼提升其教育行为模式。

在科研管理中，我们推出了"教师随笔集"、"教研简报"等校内教

---

[1] 吴玲玲. 实施教师个人研究项目 [J]. 学前教育，2013（11）：26-27.

科研刊物。如今100%的幼教高级教师都有自己的独立研究项目，95%的教师在各级各类杂志上公开发表文章，15人次的教科研成果获得市级以上奖项。

幼儿园形成了求真、求实、求新的科研氛围，6年中相继承担和完成了4项国家级、市级课题，经过锤炼的教师队伍保证了密集的科研项目得以高质量地完成，最终我园获得了上海市教科研成果一等奖1项、二等奖2项。

四、蒙台梭利教师成长树

蒙台梭利教师成长树如下图所示：

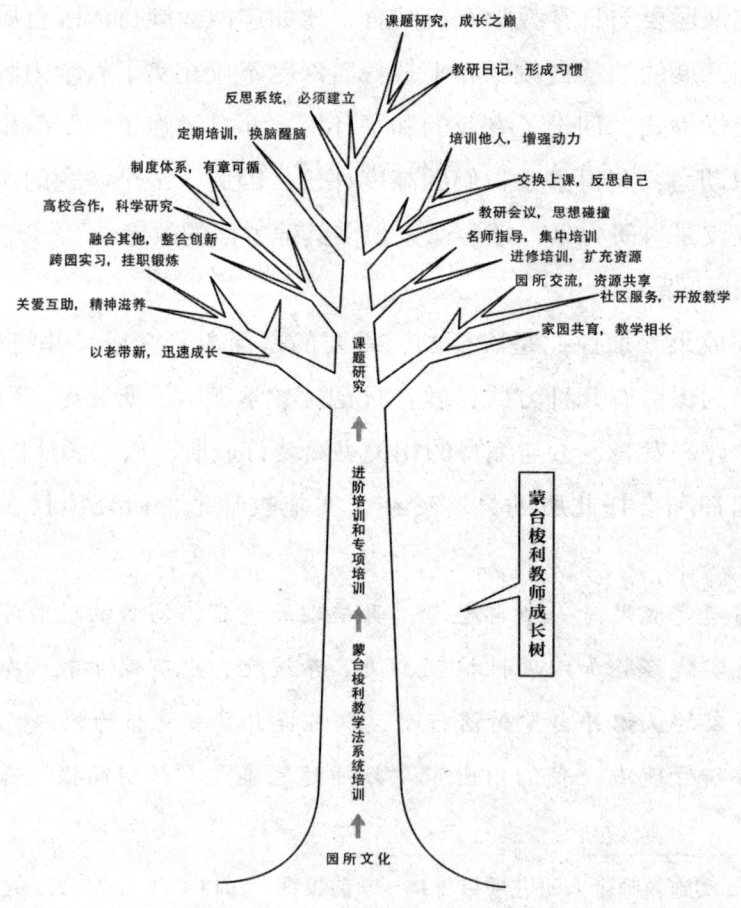

第十四章 蒙台梭利亲子教育和家园共育

- 第一节 蒙台梭利亲子教育
- 第二节 建立幼儿园与家庭共育的桥梁

第一节　蒙台梭利亲子教育

家庭是幼儿成长中最重要的部分。家庭环境不仅为幼儿的发展提供了经济上的支持，对幼儿在生活习惯、个性特征、能力倾向、价值观念等各个方面都有非常重要的影响。幼儿刚出生的时候还分不清自己和母亲的差别，他们没有自我意识，认为自己和在母亲体内一样。仍然只是母亲的一部分，这时母亲的一颦一笑都对他们产生着影响，他们在不知不觉中进行着学习模仿。之后，随着成长，他们逐渐学会了行走、掌握了语言、交了新朋友、上了幼儿园，但是每个幼儿的根基仍在家庭之中，父母的评价、喜好、关爱、帮助仍然是他们生命中不可或缺的重要部分。因此，父母应该仔细地观察幼儿、研究幼儿，尊重他们自然发展的进程及规律性，在幼儿自由地活动时帮助他们达到智力、精神和个性的自然发展[①]。

一、尊重幼儿是蒙台梭利教育的核心精神

蒙台梭利教育是一种尊重儿童成长自然规律的教育，是一种培养儿童成长自觉精神的教育，是一种增强儿童成长自制能力的教育[②]。蒙台梭利教育法非常重视尊重幼儿，认为幼儿的生长发展有其自身的规律和倾向，在不同时期幼儿会呈现出不同的发展特征。尊重幼儿的发展规律，就是要尊重幼儿自身的需求，而不是一味地以权威的态度，以家长自己的意愿去要求幼儿。尤其在中国社会中，家长们普遍具有"望子成龙"、"望女成凤"的心态，想要"赢在起跑线上"，这很容易导致他们忽视生

[①] 梁志燊.蒙台梭利教育在幼儿园中的成功运用［M］.上海：第二军医大学出版社，2004：133.
[②] 宋一.蒙台梭利教育思想在家庭教育中的运用［J］.沙洋师范高等专科学校学报，2008（2）：1.

命本身的发展特点，而做出"揠苗助长"的事情。只有让家长充分认识到尊重的重要性，学会以平等的心态听取幼儿的意见和心声，才能使幼儿健康快乐地成长。

二、学会在观察中理解幼儿

学会观察幼儿既是对蒙台梭利教师的要求，也是对家长的要求。中国人常说"知子莫若母"，这种对子女的深刻了解其实就是来自于观察。同样一件事，不同的幼儿做可能是因为不同的原因，比如年幼的幼儿到朋友家里玩，拿了别人的东西回家，并不一定意味着他们"品行不端"，而可能仅仅是因为他们还不能清楚地知道权属关系的概念；又如，幼儿一直不喜欢画画，并不一定说明他在美术方面没有天分，而可能是因为他的手指精细动作不熟练，无法使用画笔。家长们应经常对幼儿的行为进行细致的观察，对于幼儿出现的一些问题，不要急着按照成人的标准下结论，而应多思考一下：事情真的是这样吗？孩子这样做是不是有自己的道理？是否还有其他的可能性？

三、重视启发教育的作用

蒙台梭利教育法强调尊重幼儿自身的发展需求，认为家长和教师在教育中应着重启发而非指导。启发教育就是要求家长在幼儿碰到困难的时候，不急于告诉他们解决问题的办法，而是通过提问、类比、提示等技巧，促使幼儿自己发现解决问题的办法。通过这种方法教育的幼儿往往善于思考、独立、自信、有主见、乐于接受挑战；相反，采用权威指导式方法教育的幼儿，由于长期只能跟随权威的"指导"解决问题，缺少独立思考的机会，很难形成创造性思维能力。

第二节　建立幼儿园与家庭共育的桥梁

一、建立与家长和谐互动的关系

家庭教育是幼儿发展成长的重要土壤，幼儿的生活习惯、价值观念、行为模式等各个方面都源于家庭的影响。蒙台梭利幼儿园非常重视家庭与幼儿园之间的教育合作关系，强调"家"、"园"在理念观点、指导方向上的一致性，积极促进幼儿家庭成员与幼儿、幼儿园的共同成长。

幼儿园与家庭的合作并不意味着幼儿园对家长的单方面教育，而是一个相互学习、探讨、协作的过程；家长不是被动地接受指导，而是要积极投入到幼儿教育的实践中去，通过参与义工活动、教育讨论活动、读书会等活动深入学习蒙台梭利教育理念的原理及内涵，体会幼儿成长发展中的每一个变化，与幼儿园一起为幼儿搭建营养丰富的教育平台。

幼儿园园长要采用积极、温和、平等的态度面对每一位家长，要让家长明确知道自己可以在幼儿的教育过程中扮演什么角色、获得怎样的分工。有些家长由于自身教育经历、生活环境等因素的影响，对幼儿园与家庭在教育分工上的看法不全面、有偏颇，他们或者夸大了幼儿园在幼儿教育中的作用，认为只要把幼儿放到幼儿园就能获得全部的教育资源，教师的教育影响力一定比父母强，家长无须再在教育上操心；或者认为，幼儿教师只需要教授幼儿课堂知识就行了，在其他方面不需要插手介入，家长怎么管教幼儿是家长自己的事情，与幼儿园无关。遇到这些情况，园长应经常与家长沟通联系，耐心地为家长讲解家庭教育和幼儿园教育的关系，积极争取家长的理解和支持。

教师、保安、校车司机等幼儿园的教职工，在日常与家长沟通交流的时候应保持良好的心态，热情有礼，对所有家长一视同仁，尊重他们、欢迎他们的到来，让家长们一进入幼儿园就能感受到温暖、关怀的气氛，自然而然地融入到幼儿园的环境中来，在平等、互信的气氛中积极参与幼儿园的各项活动。

幼儿园的家长招待区是家长进入幼儿园首先看到的区域，决定着家长对幼儿园的第一印象。幼儿园应充分重视对这一区域的设计和布置，将幼儿园的特色和吸引力表现出来。设计思路应着眼于舒适、活泼、艺术，选用的家具应色彩鲜艳且富于创造性，墙面板报可将幼儿们创作的作品、活动的照片、学习的情况展示出来，同时可设置书架放置儿童画报或者教育学习的书籍，供家长休息时自由阅读。

二、建立良好的沟通渠道帮助新生入学

蒙台梭利幼儿园应在幼儿入园之初就与家长建立稳定的沟通渠道，以减少或消除新生家长的担忧。

（一）向家长发放入园手册

幼儿园在向家长发放录取通知的同时，应发放一份家长手册，向家长全面介绍蒙台梭利幼儿园的组织背景、地理位置、规章制度、对家长的要求等各方面的信息，使家长能够及时了解自己与幼儿园之间的基本合作方法和沟通方式。家长手册的内容主要包括：

（1）蒙台梭利幼儿园的组织架构、投资背景、地理位置、发展历史、核心理念等。

（2）家长入学时应办理哪些手续，入学手续办理的时间、地点。

（3）蒙台梭利幼儿园园长、幼儿入读的班级、校车老师和司机等幼儿园教职工的姓名、联系方式及基本资料介绍。

（4）家长应参与的义工活动的次数和活动内容，蒙台梭利幼儿园将会定期开展的亲子活动、家长学习活动、讨论活动的方式及频率，以及家长、教师会议的召开时间和会议主旨等重要活动信息。

（5）幼儿入园时应当携带的物品和不能携带的物品。

（6）校服的领取和每周固定的穿着时间以及幼儿日常服装的基本要求。

（7）重要节日、生日活动的安排与建议。蒙台梭利幼儿园可在家长手册中简单说明一年中有哪些节日将会重点举行活动，幼儿园将如何为幼儿庆祝生日，并建议家长如何为幼儿庆祝生日。

（8）蒙台梭利幼儿园将如何组织幼儿外出游玩，外出游玩的目的是什么，如何保障幼儿外出游玩的安全，相关花费如何计算和收取等。

（9）家长到蒙台梭利幼儿园参观或参与活动时应注意什么，必须遵守什么样的安全保障条款，如何应对紧急情况。

（10）蒙台梭利幼儿园在什么情况下会停课，停课通知会以什么方式、提前多长时间传达。

（11）家长发现幼儿生病时，应如何处理；当幼儿病情加重或者可能会传染他人的时候，家长应如何在保护幼儿身体健康的同时，避免幼儿园的其他人受到影响；需要幼儿教师辅助幼儿吃药时应该怎么做，等等。

（12）学费如何支付，在什么情况下可以退费，退费比例如何确定，以及拖欠学费会如何处理等。

（13）在什么情况下幼儿可能会面临被开除、停学或换班。

（14）家长碰到问题的时候应如何与园长或教师联系，蒙台梭利幼儿园各个岗位的职权范围和主要工作内容。

（15）家长可以阅读幼儿园提供的哪些关于幼儿的资料，查看幼儿资料的手续和预约制度以及幼儿资料的存档时间。

（16）如果幼儿的父母由于离异等原因，只有一人享有监护权，幼儿园如何处理相关事宜。例如，有些幼儿园规定，由于幼儿园无法确定也无权调取幼儿监护人的资料，因此，一般来说，幼儿园不会限制幼儿的亲生父母了解幼儿教育情况的权利，除非有法院指令或有法律条文明确禁止一方参与幼儿的教育活动，否则幼儿园将为幼儿的亲生父母或监护人提供平等的了解幼儿教育情况的机会。

（17）其他方面，诸如作业、测试、在家读书、看电视、饮食营养等方面的园方意向和建议。

（二）新生及其家长的接待、帮助

正式开学前，蒙台梭利幼儿园应邀请家长开一次家长会，通过面对面的沟通向家长清晰地说明幼儿园的学习环境、活动安排。同时，更重要的是要对新学生进入蒙台梭利幼儿园可能会遇到的问题、面临的困难做一个更细致的阐述。例如，告诉家长适应期并不是不可逾越的，对不同的幼儿来说反应可能完全不同。有些幼儿在适应期间的情绪反应比较强烈一些；有些幼儿可能在刚开始的时候没有多大的情绪反应，后期则会出现反复；甚至还有一些幼儿基本上没有什么不适应的反应出现。这些情况都是很正常的，家长不需要过于担心，尤其是不要在幼儿面前表现出这种担心，否则很可能会加重幼儿的不适反应。另外，在入园的准备方面，蒙台梭利幼儿园不会要求幼儿必须具备数数、识别颜色等方面的能力，反而更加关注幼儿的自理能力、语言表达能力、探索精神、情绪处理能力等方面的情况，并会根据每个幼儿的实际情况因材施教，给予适当的帮助和支持。

新生入园之前，为帮助幼儿融入新环境，蒙台梭利幼儿园可以和家长商议是否为幼儿提供一次提前参观的机会。由家长陪伴幼儿进入蒙台梭利幼儿园，参观幼儿园的游乐设施、玩具房间、休息环境，并与班主任和园长等教师做初步的接触，有一两个老师作为情感的支撑点，可让幼儿熟悉并喜欢新的环境，减少幼儿对陌生环境、陌生人群的焦虑和担心。同时，园长和班主任老师也可以借由这个机会观察幼儿的反应，预测幼儿入园可能会碰到的问题和适应的困难，提前做好应对准备。

对于年龄较小的幼儿，如 2.5 岁以下的幼儿，有些蒙台梭利幼儿园会安排一段分离适应的时间，允许家长陪伴几天，再让家长慢慢离开；或者刚开始只让幼儿每天入园几个小时，再根据情况慢慢延长时间；也有些蒙台梭利幼儿园认为这样的陪伴可能会导致幼儿的依赖心理，也会影响教师和幼儿建立情感联系，因此取消了这样的陪伴策略，而是安排专门的教师暂时代替家长的角色,与幼儿较长时间地待在一起,帮助幼儿建立对教师和幼儿园的情感。

对于年龄较大的幼儿,尤其是已经在其他幼儿园学习过一段时间的幼儿,入园时的分离焦虑一般不会是家长和幼儿园关注的重点。处于这个阶段的幼儿,由于活动范围已经不仅仅局限于手头的玩具,而是更渴望群体游戏,所以能否帮助他们在新的环境中快速寻找到朋友,就成为家长和园方应该共同关心的问题。这期间,蒙台梭利幼儿园应多向班里原有的学生介绍、推荐新生。看到新生想要结交朋友而又不知道该怎么办的时候,要及时给予帮助。同时,应及时将幼儿的交友情况反馈给家长,并可建议家长积极联系班级里的其他家长,通过家庭联谊等方式促进幼儿之间的友谊。

幼儿入园后一段时间,蒙台梭利幼儿园应组织班主任老师及其他教师到幼儿的家里进行一次家访,通过面对面的交流增进对家长、家庭里其他成员、家庭环境、家庭气氛等方面的了解,并帮助教师和家长建立朋友般的亲切关系,使幼儿能够更加放松愉快地在幼儿园生活。

三、促进家长对蒙台梭利理念的学习与理解

在当今社会,竞争越来越激烈,幼儿的教育对每个家庭来说都是至关重要的。年轻的父母们,由于处在一个快速变化的年代,每天接收到的信息远远超过他们的父辈,在教育领域,各种各样的理念、方法不断充斥着他们的耳朵。应试教育的、强硬教育的、赏识教育的、开明教育的,大量的教育理念使得这些新生代的父母难以取舍、莫衷一是。随着幼儿的成长,他们也在不断地提高自己教育的能力和水平,渴望获取更多有关教育的知识和方法。对于选择了蒙台梭利幼儿园的家长来说,他们往往对蒙台梭利教育法已经有了一些基本的了解,但由于并未进行深入的学习,对这一理念的理解还不够深刻,所以迫切地希望能够从家长的角度进行更系统的学习。

同时，为了保持幼儿教育环境的一致性，蒙台梭利幼儿园本身也有义务为家长提供更富有营养的、更适合他们的学习机会，促进园方和家长在教育思路、教育策略上的一致性，使幼儿能够在一个相对稳定的环境下更好地成长。因此，幼儿园应该在日常教学生活中考虑到家长们的学习需求，通过各种活动向家长提供有用的教育资源。

（一）课程设置会议

蒙台梭利课程自成一体，拥有专门的学习教具，蒙台梭利教师可以通过课程设置会议，清晰直观地将这些教具的原理和使用方法展示给家长，通过教师的现场示范，向家长说明蒙台梭利幼儿园如何使用这些教具、用什么方式教导幼儿。同时，由于蒙台梭利教具本身就具有开放性，它鼓励使用者在原有教具的基础上创造出新的符合这一理念的教具。在会议过程中，教师可以将教材发给每位家长，提示、启发他们探讨自己的见解和创造性的想法，激发家长们对蒙台梭利教育法的学习兴趣和钻研精神，和家长一起提升教育学习的品质。

（二）播放影像资料

蒙台梭利教育法创立几十年以来，国内外已经有许多专业影像媒体资料，幼儿园可通过一些销售平台向幼儿家长推荐一些精选的教学资料。考虑到幼儿家长一般都对幼儿在校的情况比较关心，幼儿教师也可通过播放幼儿园教学的实际影像，一方面激发家长观看的兴趣，满足家长们了解孩子在园情况的愿望；另一方面以潜移默化的方式向家长传达蒙台梭利教育法的实际使用方法和精神主旨。

（三）开展专题教育讲座

开展专题教育讲座既可以提升幼儿园的知名度、吸引潜在的家长客户，又能够提升幼儿园的专业水准，提高在园家长的忠诚度。讲座的主题应尽量围绕幼儿教育开展，既可以从蒙台梭利教育理念的原理介绍出发，也可以从幼儿教育的普遍问题出发，更可以从家庭亲子关系等社会热点问题出发，邀请专业教育机构的教师或者幼儿园的资深教师举行演讲，让家长通过听专家专题报告初步了解蒙氏教育理念。[①]

（四）组织家长会、亲子活动帮助家长学会观察幼儿

蒙台梭利教育法特别强调家长、教师的观察在教育中的作用。由于幼儿敏感期对幼儿的发展具有重要的影响，家长应学会在日常生活中观察幼儿可能出现的敏感期，并根据幼儿的发展需要提供支持。根据这一需求，幼儿园可以定期组织家长会、亲子活动，通过观看幼儿活动的录像或者在实际活动中解决亲子互动中遇到的问题，为幼儿家长提供可实际操作的方法和建议，促进家长在亲子教育领域的发展。

四、以书面形式与家长沟通交流

书面方式的沟通交流具有稳定、成本低、可留存的特点，可以在不影响家长上班时间的情况下，为家长提供更全面的幼儿资讯，确保幼儿在园资讯的及时传达。一般来说，蒙台梭利幼儿园经常使用的书面沟通方式主要包括：

（一）蒙台梭利幼儿园的幼儿活动记录表

蒙台梭利幼儿园可以通过幼儿活动记录表记录幼儿每天在园的情况，包括幼儿的饮食情况、午睡情况、工作情况、活动内容、敏感期特点、人际活动情况等重要信息，使家长及时了解幼儿在园的身体状况和兴趣特点，并根据幼儿的发展近况调整引导方向和亲子活动的内容。

（二）蒙台梭利幼儿园的幼儿发展状况学期报告

一个学期过去，幼儿身心的各方面都会有一个较大的发展，蒙台梭利幼儿园应及时对每一个幼儿的发展情况进行总结对比，告诉家长幼儿在这个学期中哪些方面有了比较大的变化，哪些方面的发展可能还有空间，可以用哪些方法、从哪些角度引导幼儿的进一步发展。

[①] 陈学东．蒙台梭利教学法园本化探索［D］．武汉：华中师范大学，2006：28．

(三)蒙台梭利幼儿园的毕业调查

对于即将毕业的幼儿,家长都很关心孩子这几年在蒙台梭利幼儿园重点发展了哪些方面的能力,是否已经准备好进入小学了,离开幼儿园后家长应该在哪些方面关注幼儿的发展。这些问题都是幼儿毕业时蒙台梭利幼儿园应该给予专门回复的。为了使回复信息更具中立性和科学性,一些幼儿园会请园外的评测机构对幼儿进行专业评测,采用辩证的观点和态度对结果予以分析说明,为家长提供进一步的教育帮助。

五、蒙台梭利幼儿园的家长义工

(一)家长参与的方式

召开家长会、座谈会本身就需要家长的参与,但是相对来说,家长们大多是被动地参加这些活动的,而这里讲的家长参与则更强调家长们以义工等形式主动参与。对于双职工家庭来说,由于上班时间与幼儿园活动时间相冲突,参与义工的时间可能相对较少;相反,对于非双职工的家庭,无须上班的一方家长往往有较多的空闲时间,他们一方面可能会对蒙台梭利幼儿园的生活和教育方式感兴趣、想了解,另一方面也希望通过自己的努力使生活更有意义。此外,蒙台梭利幼儿园在组织一些中大型活动时,也可能面临人手不够、忙不过来的情况,需要义工家长们的帮助。在这种情况下,义工制度是一个对园方和家长双方都有利的制度,同时也为融合家长和教师的关系、增进彼此之间的了解创造了条件。在实际教学活动中,我们常常见到的家长参与方式有:

1. 组织读书会

读书活动是幼儿比较喜欢的活动,虽然蒙台梭利幼儿园本身就有比较多的幼儿书籍,但是幼儿对新书的需求还是会不断增加,为了降低幼儿园的购书成本,也减少书籍的浪费,许多蒙台梭利幼儿园都会采用读书会的形式组织幼儿阅读书籍。读书会的书籍往往由义工家庭提供,他们从家里带来几本比较优秀的绘本,在读书会上给幼儿诵读,为幼儿讲述生动有趣的故事。

2. 组织家长委员会

家长委员会一方面体现家长们的共同利益，另一方面也是家长和幼儿园沟通的桥梁。通过家长委员会，蒙台梭利幼儿园可以向家长征召有意愿的家长参加班级的日常工作，承担诸如记录、整理、图书管理等方面的工作，也可以邀请具备资源的家长在筹资、宣传、教学、活动等方面提供帮助。但是幼儿园不能就此对无法提供帮助的家长施加压力，或者对有贡献家庭的幼儿给予特殊的"照顾"，以避免家庭之间的攀比。

3. 外出活动的家长义工

每个学期，蒙台梭利幼儿园都需要组织幼儿到外面进行几次外出参观的活动，由于班级老师的人数有限，为保障幼儿外出的安全，幼儿园希望能够招募家长义工参与外出活动。在这种情况下，蒙台梭利幼儿园应提前几天向家长们说明外出活动的地点和时间，并明确需要几名义工参与活动。在活动过程中，应提醒家长不能只关注自己的孩子，而应从教师的角色出发照顾好每一个幼儿。

4. 节日庆祝活动的家长义工

组织节日庆祝活动是每个蒙台梭利幼儿园不可缺少的重要工作内容，每年的圣诞节、元旦、儿童节、中秋节等节日，幼儿园都需要准备相应的庆祝节目。为了活跃气氛、增强家长们的参与度，在节目设计、具体安排等环节都可以吸纳家长们的意见。一些家园关系比较好的幼儿园还常常邀请家长参加节目表演，让幼儿在展示自己才艺的同时也能欣赏家长的表演，既增强了幼儿的自豪感，也有利于增进家长和幼儿之间的亲子关系。

（二）家长参与可能会遇到的问题

家长参与蒙台梭利幼儿园的具体事务，既可减少教师的工作压力，也可增进教师与家长之间的感情，又为蒙台梭利幼儿园的各项活动带来了新的想法和创意，是对幼儿教育的有益补充。但凡事有利必有弊，在

家长参与的过程中,园方应注意以下几方面的问题:

(1)尽量减少家长对自己孩子班级的接触,尤其是要注意对班级幼儿家庭资料信息的保密。班主任老师应及时向义工家长说明保密原则,并明确要求家长义工避免在未经老师允许的情况下与其他家长谈论幼儿园中其他幼儿的情况。

(2)家长义工在幼儿园的活动应严格按照蒙台梭利幼儿园的规定进行,不能因为不是幼儿园的正式雇员就无视幼儿园的规定,随意在幼儿园中走动,甚至影响班级的正常工作秩序。

(3)有些家长个性活泼,喜欢参与幼儿园的各项活动,容易被幼儿园邀请参加活动;有些家长相对来说个性安静,参与幼儿园的活动不太主动。蒙台梭利幼儿园的教师在考虑义工人选的时候,不能太过偏向积极的家长,而应主动邀请不太积极的家长,争取让更多的家长加入到义工活动中来。

幼儿的成长是家庭和幼儿园共同努力的结果,蒙台梭利幼儿园应积极主动地与家长取得联系,通过各种途径与家长互通信息,互相学习,为幼儿营造和谐友好的生活环境。

六、建设和谐的大家园

家庭孕育了幼儿,为幼儿提供了成长所需的土壤,不同的家庭提供的营养成分不同,呈现在幼儿身上的特质也各不相同。而幼儿园教育则更像阳光雨露,它促进幼儿向外伸展,使幼儿能够更好地发展各种能力并适应时代环境。在幼儿阶段,家庭教育和幼儿园教育都是幼儿必不可少的营养资源。

(一)促进家长之间的相互了解和信任

幼儿在幼儿园里除了要跟老师接触互动以外,更多的时候是跟小朋友游戏,同伴之间的关系常常对幼儿的情绪有较大的影响。蒙台梭利幼儿园教师应对幼儿之间的交往给予关注,促进家庭之间的往来,帮助幼儿营造更轻松温暖的生活环境。

1. 召开家长会促进新老家长之间的相互了解

由于蒙台梭利幼儿园采用混龄教学法，班级中的幼儿常常不是在同一个学期入学的。就像幼儿刚入学时会产生陌生感和担忧一样，新入学幼儿的家长也可能会有这样的感受。为促进新家长尽快融入新集体，在入学后的第一次家长会上，班主任老师应安排时间向老家长介绍新成员的基本情况，同时也请老家长主动向新家长做简单的自我介绍。

2. 开展活动促进家长之间的沟通交流

每年蒙台梭利幼儿园都会组织几次较大型的节日活动，教师可以借助这样的活动机会促使家长们发挥特长展示才艺，尤其是一些群体的游戏或表演，可以很快拉近家长之间的距离。

3. 创建家庭互助小组

创建家庭互助小组也是帮助家长之间相互了解、拉近关系的有效方式。蒙台梭利幼儿园的班主任老师可以根据幼儿的年龄和活动组群，将班级中的家庭予以分组。要求家庭小组轮流向幼儿园提供义务帮助，或者根据小组情况划分节日活动的分工。这样的小组模式，既方便了家长委员会的管理，也促进了小组内成员的相互支持与帮助。但在划分小组的时候要注意，应定期对小组成员进行调整，以免在班级内部形成人为的"小集体"。

（二）营造家长之间、家园之间的亲子互动气氛

1. 亲子出游

由蒙台梭利幼儿园安排的亲子出游活动，既可以增进家长和幼儿之间的亲子关系，也可以增进家长之间的友好关系。在亲子活动中，家长们可以一边烧烤，一边聊天，也可以齐心协力寻找"宝藏"，或者分组参加拔河比赛……和幼儿在一起的时光总是那么快乐，家长们也可在活动中感受到友谊的甜美。

2. 请有经验的家长解答教育问题

由于蒙台梭利幼儿园具有混龄教育的优势，班级中年龄较大幼儿的

家长可以为年龄较小幼儿的家长提供宝贵的建议。一些家长会面临幼儿的分离焦虑、交友困难、执拗敏感期、容易生病等问题，这个时候，有经验的家长提供的建议往往非常有效，对年幼幼儿的家长的情绪也能起到安抚作用。

3. 建立家长讨论平台

有条件的蒙台梭利幼儿园可以搭建家长讨论平台，例如每周固定一天在晚上召开网络会议，由班上幼儿的家长轮流担任主持人，选取幼儿教育中比较热门、常见的问题做专题讨论。家长们在讨论的过程中，既可以学习其他家长比较好的教育思路，也可以将话题由育儿延展到生活的各个方面，营造一个"大家庭"般的温暖氛围。

（三）建立平台促进资源共享

1. 图书交换

图书绘本是幼儿成长过程中必不可少的营养资源，现代社会的家庭中，几乎每个幼儿都拥有许多书籍。蒙台梭利幼儿园的家长们除了可以直接在书店购买书籍，也可以通过幼儿园的书籍互换活动与其他家庭交换。这样既节省了费用，又有利于环保，是应该大力提倡的书籍阅读方式之一。

2. 教育资讯共享

当今社会处于一个信息爆炸的时代，尤其在幼儿教育的领域，各种文字的、音频的、视频的资料快速呈现在网络世界的各个角落，这大大减少了我们搜寻有用资源的时间成本。蒙台梭利幼儿园班级中的家长们有比较一致的教育理念，他们对教育资源的需求常常是相同的，幼儿园应帮助家长们建立资源共享平台，促进家长之间的互动互助。

蒙台梭利家园共育是蒙台梭利教育中的重要课题，它的发展既有利于蒙台梭利教育理念在中国的推广传播，也有利于幼儿园与幼儿家庭的和睦共处，更有利于为幼儿身心的健康成长创造良好的环境，具有非常重要的现实意义。

附录1：蒙台梭利幼儿教育优秀教案（8篇）

教案1：构成三角形

【适合年龄】4岁以上。

【活动准备】构成三角形之大三角形盒。

【直接目的】学习将三角形组合成不同的图形，了解图形的组合规律。

【间接目的】培养良好的抽象几何能力。

【示范步骤】

1. 走线

（1）配班老师控制音乐，主班老师邀请小朋友站在线上进行走线。

（2）幼儿可按照自己觉得舒服的步幅走线。

（3）走线快结束时，教师请幼儿取小垫子坐下，教师准备下一个环节。

2. 教师展示

（1）取工作毯，铺好，将教具取来放在工作毯上，介绍工作名称。

（2）教师将三角形取出散放在工作毯上。请幼儿将三角形先按照颜色分类，再组合成大三角形。教师请幼儿思考还能怎么组合。示范将三个大三角形组合成一个更大的三角形。

（3）将大三角形拆散，请幼儿尝试。

（4）更换幼儿进行练习。

（5）反复练习后将教具归位。

3. 自由工作

（1）请幼儿自由工作。（建议幼儿结成小组）

(2)在幼儿工作期间教师做观察记录。

(3)幼儿询问的时候教师进行指导,指导幼儿学习工作礼仪。

(4)指导幼儿对工作材料进行归位。

教案2:了解"我"自己

【提示方法】小组提示。

【适合年龄】5岁以上。

【材料】

(1)"我"的字卡。

(2)父母对"我"的评价,写在纸上。

(3)教师事先制作的关于"我"的各种句卡,包括:我的名字是……,我喜欢的食物是……,我最好的朋友是……,我不喜欢……,我最喜欢的动画片是……,我最喜欢的动物是……,我最喜欢的颜色是……,等我长大了,我想成为……

(4)"我"1岁时的照片,2岁时的照片,3岁时的照片,4岁时的照片,5岁时的照片。

【兴趣点】了解自己,了解他人。

【直接目的】全面系统地了解自己。

【间接目的】

(1)尊重自己、他人的特别之处。

(2)发展个性。

(3)建立良好的社会性基础。

【示范步骤】

(1)让幼儿围坐在蒙氏线上,教师告诉幼儿:"我们每个人都是不同的,每个小朋友都是这个世界上的唯一,每个人都是特别的。"

(2)"那么如何知道自己是特别的呢?""我与别人有哪些不同

呢?""今天老师就带小朋友们来了解你们自己。"(主教老师询问时,请助教老师做好记录)

(3)教师出示第一张句卡,请大家一起念:"我的名字是……"请小朋友依次说出自己的名字。

(4)教师出示第二张句卡,请大家一起念:"我喜欢的食物是……"请小朋友们依次做出回答。

(5)教师出示第三张句卡,直到小朋友们回答完所有的问题。

(6)问小朋友:"想不想知道爸爸妈妈是怎么评价你的呢?"

(7)出示父母评价卡,依次念给小朋友们听。

(8)教师说出一个小朋友的特点,请其他小朋友猜猜这个人是谁。

【延伸操作】出示自己成长的照片与小朋友们分享,制作个人成长时间线,并在每一张照片下面写上"我"的喜好。

教案3:洗手

【适合年龄】3岁。

【前经验】幼儿已有舀水、倒水的动作经验。

【材料】托盘、玻璃小盆、水罐、小碟子、香皂、两条毛巾、护手霜。

【兴趣点】

(1)手从脏的变成干净的。

(2)水和手接触的感觉。

【控制点】手是否洗干净了。

【直接目的】学会正确洗手。

【间接目的】学会照顾自己。

【示范步骤】

(1)邀请一名幼儿:"我们一起来进行洗手的工作,好吗?"

(2)从工作柜中取出材料,放在桌上。

（3）将物品一一放在桌子上，有序排列好。

（4）用水罐取水。

（5）将少量水倒入玻璃小盆中。

（6）双手在盆中浸泡，提起双手，滴水。

（7）取香皂抹在双手上。

（8）手心相对，上下搓手。

（9）左右手交替搓手背。

（10）左右手交替搓手指、手指缝。

（11）将手放入玻璃小盆中打湿，再搓手心、手背、手指。

（12）用玻璃小盆中的水清洗手。

（13）将脏水倒掉。

（14）将水罐里剩下的水倒入玻璃小盆中。

（15）再次清洗手。

（16）用干毛巾将手擦干。

（17）检查手是否洗干净。

（18）将脏水倒掉。

（19）用另一条毛巾将玻璃小盆擦干净。

（20）取少量护手霜擦拭双手。

（21）将物品一一放入托盘，并送回柜子。

（22）将脏毛巾放在指定的地方。

教案 4：洗桌子

【适合年龄】 3 岁。

【前经验】 幼儿有刷的动作经验。

【材料】 蓝色系大托盘、大毛巾、小水桶、水罐、盆子、小碟子 3 个、刷子、肥皂、海绵、毛巾、小围裙。

【兴趣点】 桌子从脏的变成干净的。

【控制点】 检查桌子是否擦干净了。

【直接目的】 学会擦桌子。

【间接目的】

（1）训练幼儿动作协调，手眼协调。

（2）为照顾环境做准备。

【示范步骤】

（1）邀请一名幼儿："老师要去做洗桌子的工作，你愿意和我一起洗桌子吗？"

（2）老师围上围裙。

（3）邀请幼儿一起到工作柜前将材料取出，搬到要洗的桌子前。

（4）将大毛巾平铺在桌子旁边的地上。

（5）取出水桶、水罐、盆子、肥皂、海绵、小毛巾，一一摆放在大毛巾上。

（6）用水罐取一罐水。

（7）先倒一点水在盆子里。

（8）将海绵在盆子里浸湿，再稍稍拧干。

（9）用湿海绵从上到下打湿桌子。（反复几次，直到桌面全部擦一遍）

（10）将盆子里的脏水倒入水桶里。

（11）再倒一点水在盆子里。

（12）将刷子在盆子里蘸湿。

（13）取肥皂抹于小刷子上。

（14）将小刷子沾上水从左到右在桌上画小圈。

（15）再次将刷子放在盆子里蘸湿。

（16）用小刷子沿桌子边画小圈。

（17）用盆子里的水清洁刷子。

（18）将脏水倒入水桶里。

（19）往盆子里倒入一点清水。

（20）浸湿海绵后用海绵从上向下擦桌子。（反复进行，直到桌面全部清洁）

（21）用海绵将桌子边擦一圈。

（22）用盆子里的水清洁海绵，并将脏水倒入水桶里。

（23）倒入一点清水清洁盆子，并将脏水倒入水桶里。

（24）将水桶里的脏水倒掉。

（25）将水罐里的水全部倒入水桶，清洁水桶并倒掉水。

（26）用干毛巾将盆子、水桶、水罐一一擦干。

（27）将物品放入托盘并一起放回柜子。

（28）将脏毛巾放在指定地方。

（29）收拾整理环境。

教案 5：榨橙汁

【适合年龄】4岁。

【前经验】幼儿已有切、清洁物品、擦桌子的动作经验。

【材料】橙子、榨汁器、刀、菜板、毛巾、托盘、小水盆、勺子、小刷子、杯子。

【兴趣点】饮用果汁。

【控制点】倒果汁时，将果肉舀干净；正确使用刀。

【直接目的】学会榨橙汁。

【间接目的】

（1）培养幼儿的专注力。

（2）训练幼儿的动作协调、手眼协调。

（3）学会照顾自己、服务别人。

【示范步骤】

（1）邀请一名幼儿："老师要去做榨橙汁的工作，你愿意参加吗？"

（2）老师围上围裙，到水池边洗手。

（3）老师走到果篮边，请幼儿选一个橙子。

（4）将橙子放在桌上，取水盆放在旁边。

（5）取出菜板和刀放在桌上（绝对是干净的）。

（6）用水罐取水，倒入水盆，洗橙子。

（7）用毛巾擦干手，将洗净的橙子放在菜板上。

（8）用刀在菜板上将橙子切成两半，并将刀用毛巾包好，放入托盘。

（9）让幼儿选择其中一半橙子来榨汁，将另一半橙子放入托盘放回柜子里。

（10）将选好的橙子放在榨汁器上，一手握住榨汁器，一手按住橙子，并使劲向下挤。

（11）边挤边拧，反复几次。

（12）橙子榨干汁后将皮扔进垃圾桶。

（13）将果汁倒入杯子里。

（14）用勺子将榨汁器上的果肉舀下来放在杯子里。

（15）老师邀请幼儿品尝橙汁。

（16）将用完的榨汁机、盖子放入水盆中，用小刷子清洗。（从最小的开始清洗）

（17）将杯子、勺子放入水盆中，用小刷子清洗。

（18）将水盆中的脏水倒掉。

（19）取出毛巾擦干水盆，并将水盆放回柜中。

（20）用毛巾将物品一一擦干放回托盘，再一起放回柜子。

（21）用毛巾擦干桌上的水。

（22）将脏毛巾放在指定的地方。

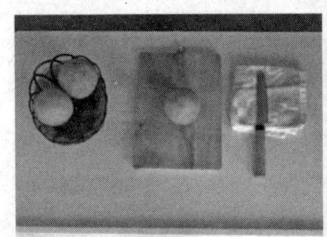 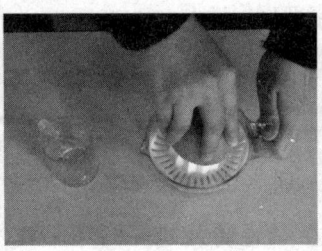 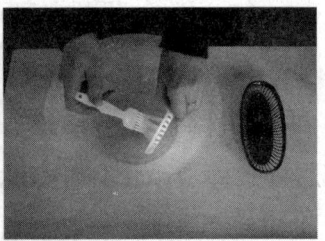

教案 6：制作彩色树叶小书

【提示方法】小组提示。

【适合年龄】4 岁以上。

【材料】事先捡到的秋天的各种形状的落叶，调色盘（上面已有调好的各种颜料），水粉画笔，白纸，剪刀，胶水，棉签，裁好的白色卡纸（15cm×15cm），彩色水笔，植物嵌板橱。

【兴趣点】印彩色的叶子。

【直接目的】增强对植物的兴趣。

【间接目的】通过艺术与植物学的结合,让幼儿感受大自然带给我们的美,从而培养幼儿对艺术的热爱。

【示范步骤】

(1)出示植物嵌板橱里的各种树叶嵌板,请幼儿说出各种叶子的形状。

(2)出示捡到的新鲜叶子,请幼儿说出叶子的形状。

(3)请每名幼儿选一片自己喜欢的叶子。

(4)老师示范给叶子"穿上彩色衣",用水粉画笔沾上各种颜色,涂在叶子上,要涂得薄一些、匀一些。

(5)将一面涂上彩色的叶子压在白纸上,轻拍几下,然后纸上印出彩色的、有着清晰脉络的叶子图案,非常漂亮。

(6)用剪刀把它剪下,用棉签沾上胶水涂在背面,粘在白色卡纸上,用彩色水笔写上自己的名字。

(7)请幼儿按照老师的示范操作。

(8)对于想做成叶子嵌板形状的幼儿,可让其用剪刀把叶子剪成该形状。

(9)都做好后,以5页为一本书,若班级有30名幼儿,则可做成6本书,放在图书角或科学区。

教案 7:10 以内的合成

【适合年龄】4 岁左右。

【材料】数棒、记录纸张、笔、工作毯。

【教学目的】感受 10 以内数量的合成;培养幼儿的秩序感、专注力。

【兴趣点】数棒之间的组合;小书的制作。

【错误控制】以"10"的数棒为基准的视觉辨别;教师和同伴的提示。

【前经验】幼儿有操作数棒和数字板相结合的工作经验;书写 1—10

数字的经验；理解"+"号的含义。

【示范步骤】

（1）将"10"的数棒放置在工作毯上，说："这是'10'的数棒。"

（2）将"9"的数棒放在"10"的数棒下（以左边为基准对齐），并说："这是'9'的数棒，请观察一下，它和几的数棒合起来跟'10'的数棒一样多？"（幼儿可以通过视觉辨别出"9"和"1"的数棒能合成"10"）

（3）教师将"1"的数棒放置在"9"的数棒旁，比对出与"10"的数棒长度相等。

（4）书写并记录"9+1=10"，然后在纸张的右下方涂画一个点，代表"小书"的第一页。用同样的方法比对出"8"和"2"的数棒、"7"和"3"的数棒、"6"和"4"的数棒。

（5）当还剩一根"5"的数棒时，将"10"的数棒以"5"的数棒为基准进行对折，感受"5+5=10"并记录下来。最后制作出一本《10的合成小书》。

【延伸操作】用同样的方法操作并制作出《9的合成小书》、《8的合成小书》……《2的合成小书》。

教案8：数苹果

【适合年龄】4岁左右。

【材料】木质苹果插装的嵌板1组，苹果木钮（数量与嵌板上的洞穴数相符),骰子,放苹果的小碟,地毯。

【教学目的】手口如一的点数能力;培养幼儿的秩序感、专注力。

【兴趣点】掷骰子的动作;插苹果、摘苹果的动作。

【错误控制】苹果的数量与洞穴数刚好吻合;点数时教师的引导和提示。

【前经验】幼儿有认识10以内数量的经验。

【示范步骤】

(1)插苹果:在地毯上掷骰子,看看掷出数字几。

(2)依据所掷的数字用小碟取相应数量的"苹果"。

(3)边点数边将苹果插在洞穴中,注意插装的方式依照从左到右、从上到下的顺序。

(4)摘苹果:边数边从"树"上依次摘下苹果放入小碟中,最后数出一共有××个苹果。

【延伸操作】数苹果并进行记录。

【前经验】幼儿有书写数字、了解"+"号的经验。

【材料】"数苹果"的基础教具、笔、记录的纸张。

【操作方法】每掷一次骰子,插装相应的苹果,并在纸上记录,用"+"号连接数量,如"6+3+4+5+2+1+6……"等,最后得出答案"有××个苹果"。

附录2：蒙台梭利幼儿园周计划（样表）

周计划1：跨世纪幼儿园周计划

_____班____月第____周课时安排

主题		小组：我和雪人过冬天　中组：辘轳辘轳　大组：小小探索家				
教学目标		小组：认识数与量　中组：分解与合成　大组：灵活运用加减法				
家园配合		及时与老师沟通幼儿在家的情况				
幼儿自我锻炼		小组：逻辑思维　中组：逻辑思维　大组：理解与思维				
		周一主班：	周二主班：	周三主班：	周四主班：	周五主班：
上午活动	分组上课 9:00—10:00	分享日	小组：认识数量 中组：2的分解 大组：几何嵌板橱——四边形	小组：找相同 中组：3的分解 大组：减法蛇	小组：认识彩色串珠 中组：4的分解 大组：认识整点	小组：小动物找食物 中组：5的分解 大组：认识半点
	探索与活动 10:10—10:30	安全健康教育	小组：冬天不生病 中组：快乐的轮胎 大组：堆雪人	小组：漂亮的雪花 中组：认识交通标志 大组：奇妙的盐	小组：松树 中组：辘轳的旅行 大组：冰雪中的动物	小组：圣诞节 中组：哪里有辘轳 大组：动物过冬
	户外活动 10:40—11:20	老狼老狼几点了	捕鱼	贴烧饼	木头人	滑滑梯
下午活动	探索与活动 15:00—15:30	科学文化	感觉统合训练	外教英语	奥尔夫音乐	美术
	户外活动 15:40—16:40	小小邮递员	赛跑	水果蹲	小动物走路	丢手绢

周计划2：心元儿童之家周计划

____年____月____日—____月____日

姓名： 年龄： 入园： 1. 2. 3. 4.	姓名： 年龄： 入园： 1. 2. 3. 4.	姓名： 年龄： 入园： 1. 2. 3. 4.	姓名： 年龄： 入园： 1. 2. 3. 4.	姓名： 年龄： 入园： 1. 2. 3. 4.	姓名： 年龄： 入园： 1. 2. 3. 4.	姓名： 年龄： 入园： 1. 2. 3. 4.	姓名： 年龄： 入园： 1. 2. 3. 4.
姓名： 年龄： 入园： 1. 2. 3. 4.	姓名： 年龄： 入园： 1. 2. 3. 4.	姓名： 年龄： 入园： 1. 2. 3. 4.	姓名： 年龄： 入园： 1. 2. 3. 4.	姓名： 年龄： 入园： 1. 2. 3. 4.	姓名： 年龄： 入园： 1. 2. 3. 4.	姓名： 年龄： 入园： 1. 2. 3. 4.	姓名： 年龄： 入园： 1. 2. 3. 4.
姓名： 年龄： 入园： 1. 2. 3. 4.	姓名： 年龄： 入园： 1. 2. 3. 4.	姓名： 年龄： 入园： 1. 2. 3. 4.	姓名： 年龄： 入园： 1. 2. 3. 4.	姓名： 年龄： 入园： 1. 2. 3. 4.	姓名： 年龄： 入园： 1. 2. 3. 4.	姓名： 年龄： 入园： 1. 2. 3. 4.	姓名： 年龄： 入园： 1. 2. 3. 4.

团体活动			
周一	周二	周三	周四	周五

注：此表格可根据班级幼儿人数进行调整。

周计划3：全体幼儿周工作计划、观察统合表

____月____日—____月____日　　第____周

姓名	日常生活	感官	语言	数学	文化	艺术
	上周工作回顾：					
	本周工作：					
	备注：					
	上周工作回顾：					
	本周工作：					
	备注：					

附录 3：蒙台梭利幼儿园学期总计划（柱表）

月份：2013 年 8 月—2014 年 1 月

月份	行政工作				教研工作				家园共育		
	人事工作	安全卫生	后勤、财务管理	教师工作	蒙氏计划	家长计划	主题活动	户外、节日活动	特色教育	家长培训	家园共育
九月	全园人事安排	新学期安全教育培训	收集各班所需物品总清单	全体教师蒙氏理论学习	各班班主任订新学期班务计划（含特色计划）			户外团体：秋季郊游（爬山）	奥尔夫音乐培训	制订新学期蒙台梭利教育家长讲座计划	新学期家长会
	通知各部门制订本学期工作计划	卫生工作标准培训	采购物品，并及时发放、存储。	混龄班新生安排	每位老师制订新学期个人计划	礼仪教育		节日：中秋节活动	各班下午奥尔夫音乐上课安排	蒙台梭利教育家长讲座（一）	成立新学期家长委员会
	策划中秋节活动	幼儿园整体环境安全检查	节约使用物品规则培训		设计新学期幼儿成长手册						
					制订该月每个幼儿的蒙氏工作计划						

续表

月份	行政工作			教研工作					家园共育	
	人事工作	安全卫生	后勤、财务管理	教师工作	蒙氏计划	主题活动	户外、节日活动	特色教育	家长培训	家园共育
十月	全园人员品德考核绩会议；策划万圣节活动	安全主题：消防演习；安全卫生检查整改；开展秋季流行病的预防工作	拟订特殊体质幼儿的营养计划；厨房工作会议	教师演讲比赛	制订该月每个幼儿的蒙氏工作计划；自制教具的制作原理培训及活动开展；总结九月份蒙氏工作	植物王国	户外团体：采摘（葡萄）；节日：万圣节活动	瑞吉欧艺木培训；各班下午瑞吉欧上课安排；月末进行绘画作品展	蒙台梭利教育家长讲座（二）	总结九月份家园共育中存在的问题，寻找解决方案；家长开放日
十一月	策划运动会、感恩节活动	环境创设特色班评比；安全卫生检查整改；安全主题：警惕陌生人	户外器材的采购和布置；资料的整理归档工作	班主任交流会	制订该月每个幼儿的蒙氏工作计划；各班自制教具评比及交换使用	动物王国	户外团体：幼儿园运动会；节日：感恩节活动	教师手工创作技能培训；各班根据情况每天下午开展手工课；月末手工作品展	蒙台梭利教育家长讲座（三）	总结十月份家园共育中存在的问题，寻找解决方案；开展家长教育活动

续表

月份	行政工作			教研工作					家园共育	
	人事工作	安全卫生	后勤、财务管理	教师工作	蒙氏计划	主题活动	户外、节日活动	特色教育	家长培训	家园共育
十二月	策划圣诞节活动	安全卫生检查整改	整理仓库	主教、助教老师交流会	制订该月每个幼儿的蒙氏工作计划	传统文化(一)	户外团体:参观科技馆	传统文化教师培训	蒙台梭利教育家长讲座(四)	总结十月份家园共育中存在的问题,寻找解决方案
	学期末各项总结、评选、成果展示计划	卫生最优班评比	做好幼儿园财产登记、清理、归放		蒙氏工作突出问题研讨会		节日:圣诞节活动	各班老师下午开展传统文化课程		亲子活动
		全园卫生彻底大扫除			传统文化环境创设					

续表

月份	行政工作				教研工作				家园共育	
	人事工作	安全卫生	后勤、财务管理	教师工作	蒙氏计划	主题活动	户外、节日活动	特色教育	家长培训	家园共育
一月	策划元旦活动	安全卫生检查整改	梳理本学期账目	本学期进步最大教师表彰	制订该月每个幼儿的蒙氏工作计划	传统文化（二）	户外团体：参观雕塑园	各班老师下午开展传统文化课程	蒙台梭利教育家长讲座（五）	学期末家园共育总结
	安排评选、成果展示、研讨等活动	安全无事故班最优评比			传统文化环境创设		节日：元旦活动	特色课成果展示及研讨		各班班主任向家长汇报该学期每个幼儿的发展状况总结
备注	此表为总计划表，各部门要根据总表拟订各自的计划，对需要调整之处再商议调整。									

蒙台梭利幼儿园计划制订标准：

1. 有别于传统教育，重视教师的素质提高，以减少过多的行政工作。
2. 儿童之家是幼儿的乐园，尽量充实蒙台梭利教育课程，使其跟上时代潮流，突出本园特色。
3. 发挥幼儿的主体地位特色，尽量避免人过多的主观干预，计划尽量简单、有效，避免空话、大话。在实际落实中，根据幼儿的情况随时调整，真正做到"以儿童为中心"。
4. 要成为优秀的蒙台梭利幼儿园，一定要家园共育，要跟家长讲明蒙台梭利幼儿园的特色，蒙台梭利教育方法的科学性，而且要经常讲，使幼儿能够在家、在园得到一致的教育，同时也可给教师减压，使教学能更加顺利地进行。
5. 计划本无固定模式，以上表格内容仅供参考。

附录4：个别幼儿工作观察记录表

姓名：豆豆　　　性别：女　　　年龄：22个月

日期	观察者	工作名称	状态	持续时间	客观描述	主观描述
7月2日		掸灰尘	√	7分钟	擦拭时没有秩序	折布的动作需要练习
		拖地	○	8分钟	专注、秩序性很好	
7月3日		擦桌子	√	15分钟	兴趣浓，专注	擦边缘及工作的顺序需要练习
		看书		10分钟	较专注	
		涂鸦	√	13分钟		

可用符号记录：√表示掌握，×表示不会，○表示较熟练，△表示需再次展示，F表示第一次示范，S表示第二次示范，T表示第三次示范。
"持续时间"一栏写幼儿做这个"工作"所用的时间。

附录5：全体幼儿工作观察记录表

日期：_____

姓名	周一	周二	周三	周四	周五

记录内容：工作名称、状态、持续时间、专注程度等。部分内容可用自己喜欢的符号代替。

主要参考文献

[1] 比蒂. 学前教师技能 [M]. 嵇珺, 译. 南京: 江苏教育出版社, 2011: 2-388.

[2] 波拉德. 蒙台梭利传 [M]. 陈美芳, 译. 上海: 上海世界图书出版公司, 1997: 99.

[3] 蔡迎旗. 学前教育概论 [M]. 武汉: 华中师范大学出版社, 2006: 84-96.

[4] 陈惠虹. 论蒙台梭利体系之感觉教育 [D]. 上海: 华东师范大学学前教育与特殊教育学院学前教育系, 2006: 3-45.

[5] 陈美希. 对幼儿教师参与式培训的新思考 [J]. 中国蒙台梭利, 2007, 1 (1): 12-15.

[6] 陈学东. 蒙台梭利教学法园本化探索 [D]. 武汉: 华中师范大学, 2006: 28.

[7] 段云波, 林丽. 蒙台梭利和平教育 [M]. 长春: 北方妇女儿童出版社, 2012: 4-12.

[8] 段云波. 蒙台梭利感觉教育 [M]. 长春: 北方妇女儿童出版社, 2011: 5-11.

[9] 段云波. 蒙台梭利和平教育 [M]. 北京: 世界儿童出版社, 2010: 94-110.

[10] 段云波. 蒙台梭利科学文化教育 [M]. 济南: 山东教育出版社, 2008: 42.

[11] 段云波. 蒙台梭利日常生活教育及教具操作手册 [M]. 济南: 山东教育出版社, 2007: 4-11.

[12] 段云波. 蒙台梭利数学教育 [M]. 长春: 北方妇女儿童出版社,

2011：5-12．

[13] 段云波．蒙特梭利双语幼儿园的运营与管理[M]．青岛：中国海洋大学出版社，2004：16-193．

[14] 洪明，高展鹏．蒙台梭利教师教育认证协会的标准与程序及其启示[J]．学前教育研究，2014（4）：28-35．

[15] 霍益萍，王建军．科教合作：高中科学教师培训新探索[M]．北京：科学普及出版社，2007：68-69．

[16] 季旭萍．研究在身边[J]．学前教育，2013（11）：28．

[17] 兰小茹，宋茂蕾，等．蒙台梭利语言教育[M]．长春：北方妇女儿童出版社，2009：23．

[18] 梁志燊．蒙台梭利教育在幼儿园中的成功运用[M]．上海：第二军医大学出版社，2004：133．

[19] 刘华．蒙台梭利[M]．北京：科学出版社，2009：3-160．

[20] 刘华．蒙台梭利教师的素质要求[J]．幼儿教育，2008（3）：13．

[21] 刘文，段云波．科学的蒙台梭利教育[M]．北京：科学技术文献出版社，2013：7-255．

[22] 刘文，李毅，胡艳红．蒙台梭利幼儿教育思想与实践[M]．大连：大连出版社，2002：2-306．

[23] 刘文．蒙台梭利幼儿感官教育[M]．上海：第二军医大学出版社，2004：103．

[24] 刘文，魏玉枝．蒙台梭利教育实践在中国的发展与展望[J]．幼儿教育：教育科学，2008（3）：9-12．

[25] 刘晓东．儿童精神哲学[M]．南京：南京师范大学出版社，1999：70-386．

[26] 卢乐山．蒙台梭利幼儿教育[M]．北京：北京师范大学出版社，1985：21．

[27] 茅潇潇．蒙氏幼儿早期教育本土化实践研究——以社会适应性为核

心［D］．武汉：华中农业大学文法学院，2013．

[28] 梅珍兰．论谦卑作为一种教育态度［J］．教育研究与实验，2012（3）：28-31．

[29] 蒙台梭利．发现儿童［M］．许惠珠，邱舒雅，译．台北：国立中央图书馆，1990：114．

[30] 蒙台梭利．发现孩子［M］．2版．胡纯玉，译．北京：中国发展出版社，2006：79．

[31] 蒙台梭利．蒙台梭利儿童教育手册［M］．肖咏捷，译．北京：中国发展出版社，2006：188．

[32] 蒙台梭利．蒙台梭利幼儿教育科学方法［M］．任代文，主译校．北京：人民教育出版社，2001：23-726．

[33] 蒙台梭利．蒙台梭利早期教育法［M］．祝东平，译．北京：中国发展出版社，2006：45-143．

[34] 蒙台梭利．童年的秘密［M］．2版．金晶，孔伟，译．北京：中国发展出版社，2012：13-116．

[35] 蒙台梭利．童年的秘密［M］．马荣根，译．北京：人民教育出版社，1990：110-202．

[36] 蒙台梭利．吸收性心智［M］．蒙台梭利教育研究组，编译．兰州：兰州大学出版社，2001：35．

[37] 蒙台梭利．有吸收力的心灵［M］．2版．高潮，薛杰，译．北京：中国发展出版社，2007：177．

[38] 蒙台梭利．幼儿的心智［M］．许惠珠，译．台北：国立中央图书馆，1989：43．

[39] 单伟儒．如何经营一所儿童之家——蒙特梭利园管理手册［M］．台北：蒙特梭利文化公司，1997：83．

[40] 单伟儒．小青的一天——蒙特梭利园教学简介［M］．台北：蒙特梭利文化公司，2001：14-46．

[41] 宋一. 蒙台梭利教育思想在家庭教育中的运用[J]. 沙洋师范高等专科学校学报, 2008（2）: 1.

[42] 孙瑞雪. 捕捉儿童敏感期[M]. 北京: 中国妇女出版社, 2008: 128-189.

[43] 孙永竹, 高嘉欣. 浅谈蒙台梭利语言教具制作[J]. 中国蒙台梭利, 2010（9）: 5-8.

[44] 田正平. 蒙台梭利教育思想在近代中国[J]. 河北师范大学学报: 教育科学版, 2007, 9（4）: 52-55.

[45] 瓦格纳. 教育大未来[M]. 余燕, 译. 海口: 南海出版公司, 2013: 143-157.

[46] 王静涛. 为成为一名蒙台梭利教师而准备[OL]. 2008-06-13. http://www.montessori-china.org/Html/?462.html.

[47] 王丽娟. 促进幼儿新入职教师专业发展的策略[J]. 学前教育研究, 2013（11）: 66-68.

[48] 魏玉枝, 杨莹. 做幼儿活动的观察者[J]. 幼儿教育, 2008（3）: 13-14.

[49] 吴玲玲. 实施教师个人研究项目[J]. 学前教育, 2013（11）: 26-27.

[50] 吴晓丹. 蒙台梭利教育思想与方法[M]. 1版. 上海: 复旦大学出版社, 2011: 45-49.

[51] 杨汉麟. 外国幼儿教育大事记（续）[J]. 学前教育研究, 1997（1）: 57-61.

[52] 郑玉玲. 蒙台梭利教育思想的现实意义[J]. 潭州师范学院学报, 2000（4）: 94-96.

[53] 朱家雄. 幼儿园课程[M]. 上海: 华东师范大学出版社, 2011: 210.

[54] 朱晓燕, 赵薇. 科学制定幼儿园的研究保障制度[J]. 学前教育,

2013（11）：30-31.

［55］Lillard P P. 蒙台梭利新探［M］. 陈怡全，译. 台北：台湾及幼文化出版股份有限公司，1992：42.

［56］Montanaro S Q. 人类的奥秘［M］. 魏渭堂，等，译. 台北：台湾及幼文化出版股份有限公司，1992：176.

［57］McFarland J，McFarland S. Montessori Parenting：Unveiling the Authentic Self［M］. Buena Vista：Shining Mountains Press，2010.

［58］Montessori M. The Absorbent Mind［M］. New York：Dell Publishing Company，1967：25.

［59］Montessori M. The Discovery of the Child［M］. New York：Dell Publishing Company，1966：92.

［60］Montessori M. The Secret of Childhood［M］. New York：Dell Publishing Company，1966：34.

［61］Standing E M. Maria Montessori：Her Life and Work［M］. Rev ed.. New York：New American Library，1984：199.